专区与地区政府法制研究

翁有为 著

人民出版社

目　录

序 ·· 张晋藩(1)

自　序 ·· (1)

引　论 ·· (1)
　　一、问题的提出 ·· (1)
　　二、现有研究状况和需要进一步研究的问题 ············ (2)
　　三、研究的基本思路 ······································ (6)

第一章　南京国民政府行政督察专员制的法制考察 ········ (10)
　　一、专员制度法制的确立与统一 ·························· (10)
　　二、抗战时期专员制度的法律规定与实际运作 ·········· (15)
　　三、抗战胜利后专员制度的法规调整与实际运作 ········ (16)
　　四、专员资格、任用的法律设定与任期 ·················· (19)
　　五、专员职权的法律设定、实际运作与辖区 ············ (25)
　　六、专员公署组织的法律设定、实际运作与经费 ········ (32)
　　七、专员公署与国民党地方党组织的关系 ················ (37)
　　八、专员制度初创与实施之背景 ·························· (45)
　　九、专员制度的法律地位与实际 ·························· (55)
　　十、余论 ·· (61)

第二章　新民主主义革命政权体系中的行政督察专员制的法制考察：以抗日根据地为例 …… (68)

一、专员公署的设立和发展 …… (71)

二、专员公署组织的法律规定及特点 …… (75)

三、专署专员职权的法律规定与辖区 …… (79)

四、与专署同层级的中共"地委"组织之演变 …… (88)

五、专员公署与中共"地委"的关系 …… (101)

六、余论 …… (108)

第三章　当代中国专员公署制到地区行署制的法制考察：演变（上）…… (115)

一、第一时期：1949—1966 …… (116)

二、第二时期：1966—1976 …… (139)

三、第三时期：1976—2000 …… (144)

四、余论 …… (152)

第四章　当代中国专员公署制到地区行署制的法制考察：组织（中）…… (156)

一、第一时期：1949—1966 …… (156)

二、第二时期：1966—1976 …… (161)

三、第三时期：1976—2000 …… (164)

五、余论 …… (171)

第五章　当代中国专员公署制到地区行署制的法制考察：职权及其他（下）…… (174)

一、专/地行政组织的职权 …… (174)

二、专/地行政组织的辖区 …… (181)

三、专/地行政组织的地位 …… (189)

四、专/地行政组织与中共地方党组织的关系 …… (192)

五、余论 ……………………………………………………（216）

第六章　专/地行政组织与省县地方及中央之
　　　　法律关系 ……………………………………………（221）
　　一、专/地行政组织与省级政府的关系 ………………（221）
　　二、专/地行政组织与县政府的关系 ……………………（228）
　　三、专/地行政组织与中央机关的关系 …………………（232）
　　四、余论 ……………………………………………………（237）

结　语 ………………………………………………………（240）

主要参考文献 ………………………………………………（269）
　　一、档案与文史文献 ………………………………………（269）
　　二、著作文献 ………………………………………………（272）
　　三、论文文献 ………………………………………………（279）

后　记 ………………………………………………………（283）

序

张晋藩

制度是人类文明中最主要和最核心的成果。如果把人类文明比喻成一棵大树，那么制度就是这棵大树的树干和股叉。没有制度存在的人类文明社会是不可想象的。制度既是人类文明存在和发展的基础性条件，它本身又是饱含着经验和教训的人类文明智慧的结晶，伴随人类从早期文明国家发展到今天成熟、发达的现代文明社会。制度对于人类生存和发展的重要性，早就引起了人们的充分关注，一些杰出的社会活动家和思想家，往往把对自己所信仰的制度的捍卫和创造，作为自己一生的追求，其因就在于此。当然，从根本上说，制度虽离不开思想家的设计和创设，但更重要的是时代需要和社会矛盾运动的产物。

制度史就是研究人类历史文明的主干和核心历史部分。任何制度都是由法律或具有法律性质和功能的规则所确定的。法制史既是法学的一个重要分支，也是制度史重要的基础部分。法制史的研究，对于推进法制文明的变革和社会文明的进步，无疑具有积极的借鉴作用。中国改革开放 30 年来对法律史的研究，对于引导和推动我国法制建设的开展和进行，发挥了重要的作用。尽管如此，我们还应看到，法制建设中还存在若干薄弱的环节和领域，如行政组织法制就是亟须进一步推进和加强的领域。行政组织法制的这一状况，与学界对这一领域研究的薄弱状况有一定的联系。因此，法制史学界对于各个历史时期行政组织法制领域的研究,不仅具有其必要的学术价值,对于加强我国行政组织法制建设,也具有重要的现实借鉴意义。

翁有为教授的这部著作,就是这一行政组织法制领域的一项很有学术价值、很有现实借鉴意义、很有思想性的研究成果。这部著作,探讨的是民国时期至当代中国省县之间的行政组织法制——专员区公署制度到地区行署制度——的问题。这一层级行政组织的设置和演变,与省制和县制显著不同,呈现出自己特殊的风貌和极为重要的历史价值。这部著作对于这一行政组织制度的法制演进状况如何?其内部机构设置的法制状况如何?其职权的行使与法制的规定的关系如何?其关于组织的法律设定和实际运转状况之间反映了什么样的关系?作为行政区域管理组织,这一行政层级组织的管理区划是否合理与科学?这一层级的行政组织与其同级执政党之党组织之间表现为什么样的权力关系?这一行政组织的法律地位和实际地位如何?这一层级行政组织与法制的关系反映了什么规律、说明了什么道理、有什么启示等等问题,进行了具体的研究。这些问题的研究,填补了行政组织法制研究领域在这一问题上的空白,表现了这部著作学术上的原创性。这一研究成果,对于行政组织法制领域,以及政治法律制度史研究领域,都具有重要的学术积累价值。作者对这一课题的研究,是建立在翔实的资料论证和精当有力的分析的基础上,因而持之有据,言之成理,令人信服。作者的这一研究,虽然是对具体问题的研究,但研究的视野并不止于具体问题;虽然做的是学术研究,但关怀的并不止于历史中的学术问题。作者通过这一课题的研究,进一步关注的是近代以来的缩小省区问题、改革开放以来所进行的地市改革问题和围绕上述所有大小问题所反映出来的行政组织和组织法的关系问题。也就是说,作者通过研究,关怀的是现实中的行政组织法制建设问题,扩而广之,也就是以法治国的大问题。因此,作者这一研究成果,对于亟待加强的行政组织法制建设,具有重要的现实的意义。应该指出的是,作者的这部书稿,是由长期的研究积累做基础的。他最初发表专员制度的学术论文是在1997年,至今已有十个年头了。俗语云"十年磨一剑",范文澜先生"板凳宁坐十年冷"的治学训诫,都是讲治学积累功夫的重要性。作者是知道学术积累的重要性的。十年间,就这一课题,他通过各种途径收集、积累了大量的资料,以此为基础,在中国政法大学攻读博士学位期间,在我的指导下,通过他辛勤的耕耘,完成了其很扎实、也很有思想性的博士论文。

这部著作是在他随我攻读博士学位期间完成的博士论文的基础上稍作修订而成的。有为教授治学勤奋、扎实、严谨,为人忠诚谦厚,也很有思想。他在攻读博士学位期间,经常谦诚地向我请教并交流有关学术问题,是我很欣赏、很喜欢的一位弟子。他在努力做好原单位一份很不错的学术刊物的审读、编辑、校对以及研究生教学等繁重工作的同时,严格地要求自己,按时出色地完成了自己的学业和论文写作,这是很不容易的。他的研究路向是明确的,正按自己既定的规划一步步地做下去。在他的博士论文即将出版之际,作为导师,我由衷地向他祝贺;并相信他在今后的治学道路上,会取得更好的成就。

是为序。

于京西　星标家园书斋
2007年1月8日

自 序

昔仲尼作《春秋》，非好古以薄今，其意在匡世纠弊，经国维民；太史公著《史记》，究天人之际，通古今之变，非专为成一家之言，其意在续民族之大统，扬天下之大义；司马温公撰《通鉴》，其意昭昭，借前史为镜鉴，专意于使治天下者明治国之道。古之学人，治学非仅专意于利禄，尤悬修身、齐家、治国、平天下的宗旨。此等主导中国数千年学术话语权者，即所谓君子儒。这样，学统与政统紧密结合，学在经世，是为至理。但近世以来，西学东渐，传统经世之学，渐被代取。西式新学，或成为经国纬民的真理，或成为国民日常生活的护具；且分科治学，理、工、农、医、文、史、政、经、法、哲、艺、体诸门，与中国传统学术的经、史、子、集四部分科全然不同。传统学术可谓诸门皆为史学，而于新学中，史学仅为诸学科中的一种，且渐被排除于新的经国纬民的显学体系之外。在此情景之下，学者将西方考据学思想与方法引入，不再高悬经国纬民的旌旗，专注史学纯学术的研究。这种思想，意在将学术与政治分离，使学术独立于政治意识及政治需要之外，使史学成为一门有自己独立的学科理论与学科方法，有自己独特的学科体系与学科规范，有自己独立的学科地位和学科尊严的现代专门学术。这一学风，在民国时代渐居史学主流地位。但也有学者认为，史学研究应以经世关怀为己任，并不完全赞同纯学术的研究。新中国成立后,史学在革命旗帜下,学术研究渐与政治合一,而至"文化大革命"时期,蜕变为"影射"史学,纯为现实政治需要的工具。史学遂再为显学。"文化大革命"后,史学虽然失去"显学"地位,回归学术之林,但在1980年代,史学研究仍积极配合对"文化大革命"的"拨乱反正"及随后的改革开放,仍见经世的余韵。1990年代以后,史学进一步退守学术研究之门内。虽时有学人高倡史学研究应积极参与现实,但并未引起研究者的积极响应。究其原因应是,史学研究领域呈细化趋向,学者潜心于事实考证与分析,不愿再做些虽具有"现实"参与性但与研究领域无关的空说。学风与时代变迁相联,学术研究深受时代学术环境的影响。

就作者而论,个人研究体现了时代的影响。1980年代的大学和研究生阶段,正处于学习专业知识和初入研究之门状态,自然受到在今天看来那个思想颇为活跃的时代学风的影响。我于1988年完成的硕士论文,探讨的是南京国民政府政治制度方面的课题,关注的是政治体制改革问题,研究的是大题目。1990年代后,随着学术研究的逐渐深入,自己对大的研究课题失去兴趣,在研究的方向上关注一些具体的问题,在研究的价值取向上关注纯学术性的课题。出于这一考虑,接续硕士论文的研究,我把方向定于研究近现代地方政府问题。在近现代地方政府研究中,我计划分三个阶段进行:第一步,先研究省县之间的专员区公署制度;第二步,再研究省制;第三步,再研究县制。待地方政府制度全部研究完成后,再回头来研究中央政府的政治制度。不料,从那时到现在,由于各种原因,仅专员区公署制度的研究,就时断时续地进行了十个年头;而且,把这一课题作为我法律史专业的博士论文的选题后,由于法律学科强烈的现实性和理论性要求,必须对原来的设想进行两个方面的修正:第一,在研究方法上,将原来专注实证性研究,改为实证研究与理论阐释相结合;第二,在研究价值取向上,将学术研究和社会关怀相结合,正是出于这一考虑,将原来设计的民国时期的专员区公署的研究,扩展、延伸到对当代中国的地

自　　序

区行署研究。这样,本书便成了虽然探讨的是具体的问题,但仍有其相当的社会关怀的一种研究。这样的结果,虽然和我原来的设计有所出入,但倒也颇合我心。因为,不经意间,我又找回了曾经丢失的某些还颇有些价值的东西。

引 论

引 论

一、问题的提出

在中国近现代法制史上,从行政督察专员区公署制度到地区行署制度①,是一种跨越两个政治体系和两个政治时代的地方行政制度。南京国民政府创设并普遍实施了这一制度。早在抗日战争时期,中共领导的各敌后根据地对其加以改造并普遍援用了这一制度。代国民党统治而起的中华人民共和国,也普遍推行了这一制度。由此可见此制度生命力之顽强,及其在中国法制史上之重要地位。行政组织法制是一个国家法制的有机部分,对于国家、社会甚至公民的关系,并不亚于经济法制度、民法制度和司法制度。盖因行政组织法制,是一个国家从中央到地方的行政管理机构赖以正常运作的法制体系。而国家机器的正常运转,是社会稳定与发展、人民安居乐业的重要保障。在中国这样一个有着悠久中央集权制的国家,在由传统地方行政组织法制向现代法制转化的过程中,行政督察专员区公署制——地区行署制有着特殊的意义。

---

① 本书在不同的语境中,专员区公署制度、行政督察专员制度、专员制度、专署制度语意相同,指该行政组织制度;专区制语意稍有区别,主要指区划和层级制度。行署制、地区行署制、地区行政公署制语意相同,指该行政组织制度;地区制语意则为区划和层级制度。本书书名中的"专区与地区政府",系指专员区公署、地区革命委员会和地区行署,其中专员区公署和地区行署是虚级政府,地区革命委员会是实级政府,均以"政府"称之,特说明。

1

在地方行政组织的现代化转型中,现代化的省制、县制,是在中国传统省制、县制的基础上,吸收西方现代行政法制度发展起来的。相比之下,行政督察专员区公署制,是在民国初年废除了相沿千年的府制和州制而独存道制,南京国民政府成立后又废除道制的前提下,创设的既具有西方现代行政组织法制特点,又具有传统州府道中间层级的地方行政组织法律制度。这一制度,在国共对峙十年后的国共合作时期至解放战争时期,中共在抗日根据地和解放区借鉴国民党的做法,通过改造行政督察专员区公署制,使这一制度得到普遍实施。中华人民共和国成立后,在中国共产党宣布彻底废除国民党政权的政治法律制度时,经改造过的行政督察专员区公署制在新中国仍得到了普遍推行。专员区公署制在"文化大革命"时期,又演变为地区革命委员会制。"文化大革命"结束后,又变为地区行署制,及今之地级市制。其内涵的历史信息非常丰富。从法制的角度考察、研究行政督察专员制——地区行署制,可以填补中国法制史研究在这一问题上的空白,有助于进一步加强对中国地方行政组织法制史的深入研究。同时,对于当代中国的地方行政制度的法制建设、地方行政制度的改革和发展,对于当代中国的政治文明和法制文明建设,都有一定的借鉴价值。

二、现有研究状况和需要进一步研究的问题

在学术研究中,无论多么原创性的研究成果,都是在已有研究的基础上取得的。从某种意义上说,这种研究是学者之间合作进行的。

南京国民政府创设专员区公署制不久,学界就开始关注此一新设制度,并发表了一定数量的研究成果。陈之迈对行政督察专员制的研究较早。1936年夏,时为清华大学教授的陈之迈,被行政院聘请前往各省考察正在实施中的行政督察专员制度。陈于考察结束后,写有《研究行政督察专员制度报告》一文。该文对行政督察专员制度设置的缘由和经过、专员制度的性质和作用等问题进行了探讨。他认为,专员制度不构成地方三级制,并不违背孙中山关于地方省县二级制遗教之规定,其性质为省政府推行法令、促进地

方政治之一种辅助机关。专员设置之目的除办理特种事务、行政督察与指导、统筹外,其设置的中心目的在其"领导之功用"。因此,专员制度实为补救现行地方政治之一种有效力的制度,政府自应审查人才供给情形,竭力为之推广,以期普及于全国。① 陈氏此一研究随即发表在1936年创刊的《行政研究》创刊号上,为专员制的进一步推行进行了权威性的学术论证。而陈之迈在其后的《中国政府》这部著作的第四十七章"行政督察专员制度"中,介绍了专员制设置的经过和抗战时期专员制的现状,认为行政督察专员制度的实施,并没有达到其预期的各项目的。其所论甚简。② 论者杨适生在《行政研究》创刊号上著文,对专员的职权问题进行了探讨,认为专员的职权较轻,难以完成任务,要其完成其行政任务,根本在划分省县税源,最低亦须给专员以整理田赋之全权与便利。③ 论者江禄煜在《东方杂志》上著文探讨地方行政改革问题时认为,省与县间应设立一个中间的行政层级,表示赞成设立行政督察专员制度。④ 其立论是从赞成地方三级制的立场来论证专员制度实施之必要的。论者高铿在《东方杂志》上著文,从地方行政改革的角度,探讨了行政督察专员制创设的缘起和演变、专员制实施的利弊等问题。高氏认为,行政督察专员制度虽不失为补救中国地方行政弊病的一个办法,且经过多年的实验,但缺点亦复不少;并根据实施的情况,指出专员制有确立为普遍、永久的地方行政制度的倾向。⑤ 萧文哲在《东方杂志》上发表有专员制度研究的专文,对专员制的历史渊源、设置缘起、推行状况、设置利弊等问题进行了研究。萧氏认为,专员制度其利在于统筹便利、指挥便利、监督便利三方面;而弊端表现在地方行政层次增多、辖区太小、省府与专署职责不清、专署职权不实、专署组织不健全等方面;并提出了扩大专署辖区、提高专

---

① 陈之迈:《研究行政督察专员制度报告》,《行政研究》第1卷第1期,1936年。
② 陈之迈:《中国政府》第三册,商务印书馆,民国三十五年版,第134—140页。
③ 杨适生:《专员制度之研究》,《行政研究》第1卷第1期,1936年。
④ 江禄煜:《我国地方行政制度改革刍议》,《东方杂志》第34卷第14号,1937年7月16日。
⑤ 高铿:《地方行政改革中之行政督察专员制度》,《东方杂志》第33卷第19号,1936年10月11日。

署职权、除特殊情形外不得兼任其他职务、充实专署组织的改革意见。这些认识也体现在他撰写的《行政督察专员制度研究》一书中。① 周必璋在其所著《改进行政督察专员制度刍议》中,对专员制设置的历史渊源、设置缘由和经过、推行状况进行了探讨,并提出了提高专员职权、辖县以8县为准(边远辖县亦不过5)、可免兼区保安司令等改进建议。② 此外,根据萧文哲的介绍,对于专员制还有主张废除的观点,认为,一是专员制与孙中山《建国大纲》规定的省县二级制不合;二是行政督察事项属于省府职权,同一职权分隶两种机关,推诿摩擦,不利于事;三是专员制度实行后功效殊鲜,流弊滋生,且不兼县长又无特殊任务,其功用完全消失;四是各省政治的进步,由省政当局图治的多,由专员制度实施的少。③ 宪政研究专家钱端升等著的《民国政制史》④在其第七章第三节中,专门叙述了行政督察专员制度问题,对专员制度的设置缘由和经过、专员公署的组织、专员的职权等问题有简明的叙述和介绍,但由于该书是大学教材用书,因此,该书对专员制度的研究较之同时期已经出版或发表的论著显得有些不足。

上述对行政督察专员制的研究,集中在1936年至1941年之间,主要是围绕行政督察专员区制的推行与改革问题而作的研究或论证。这些成果,一方面由于作者系依据当时的资料并有亲身的感受和独特的观察,其研究价值是弥足珍贵的。另一方面,这些研究,主要集中在对专员制在中国古代历史上的渊源、专员制改革意见等方面,在对专员制的缘起和经过等事实方

---

① 萧文哲:《行政督察专员制度研究》,重庆,独立出版社民国二十九年版;《行政督察专员制度改革问题》,《东方杂志》第37卷第16号,1940年8月16日。萧氏在《行政督察专员制度研究》一书绪言中称:"行政院所定战时第二期行政计划,于内政部分中规定改善行政督察专员制度之方针,在充实组织,提高职权,扩大职权。……爰于应命之余,检阅卷宗,参考典籍,博访专家与实行者意见,编具是篇。"可见萧氏之作与陈之迈之研究报告同,皆为应命论证之作,不过,二氏之研究主要还是学术性的。

② 周必璋:《改进行政督察专员制度刍议》,重庆,中央政治学校研究部出版,民国三十年。

③ 萧文哲:《行政督察专员制度改革问题》,《东方杂志》第37卷第16号,1940年8月16日。

④ 钱端升等:《民国政制史》(下),上海,商务印书馆民国三十五年版,第149—163页。

面难免大体相同,缺乏深入;而且,由于作者研究时限的局限,对专员制度的研究也只有在1940年之前的时限范围之内。更为重要的是,这些研究,主要是从行政制度的层面立论,未从法制的视角进行研究。无疑,民国时期若干学人对专员制的研究,取得了一定的研究成果,这些成果对进一步全面、系统、深入地研究这一问题,提供了一定的研究基础和研究便利。

由于国民党政权于20世纪40年代末在大陆的崩溃,其原控制区所推行的专员区制度亦随之寿终正寝。为创制者所始料未及的是,曾于国共合作条件下抗日根据地所推行的专员区制度,中华人民共和国成立之后又被推行于全国。然而,专员区制在建国后的推行,在当时的学术环境下,不可能得到相关的研究。对专员区公署制的重新研究以至地区行署制的研究,是在改革开放之后。1987年程幸超的新著《中国地方政府》[①],对行政督察专员制和地区行署制作了通论性的叙述;1988年陆建洪的《论国民党政府行政督察专员制之性质》一文[②],对南京国民政府推行的行政督察专员制的阶级属性和法律地位等问题进行了探讨和分析。孔庆泰等著的《国民党政府政治制度史》一书,在第八章第四节"行政督察专员制的确立与推行"、第十章第四节"行政督察区制"中,对专员制设置与推行情况作了简明的叙述[③]。上述情况表明,改革开放以来,这一课题的研究尽管取得了某些进展,但至今仍十分薄弱。

整体而言,民国时期以来的研究,主要成果集中在对国民党行政督察专员制的研究上,研究的深度和广度还十分不够。而且,从法制的角度看,专员区公署—地区行署与其组织法制的关系问题的研究,尚是一个全新的课题。南京政府行政督察专员区公署制度的法制状况如何,需要进一步研究;中共领导的新民主主义革命政权下的专员区公署制度的法制状况,尚是研究的空白,需要开拓。当代中国专员区公署制—地区行署制的法制情形,更是一个待研究的领域;而专员区公署制与省、县及中央的法律关系问题,也

---

① 中华书局1987年版。
② 《华东师范大学学报》(哲学社会科学版)1988年第4期。
③ 孔庆泰等:《国民党政府政治制度史》,安徽教育出版社1998年版。

是一个需要解决的新问题。

三、研究的基本思路

近代以来,中国社会处于急剧和全面变动的转型时期。就政府行政组织法制而言,其变动之急剧和全面,不亚于其他领域。

中国的传统法律政治制度,向以德治和仁政为最高治理理念,以天下太平、世界大同为最高治理目标。在此治理理念下,以德治熏化社会,以仁政训导官吏。社会不到山穷水尽之时,亦可维持一平安之局,并形成此一平安之局中开放的用人制度。尤其是科举制的实行,使中国政治社会始终成长着一支在正常情况下,能够维持社会常规运转的官僚队伍。在此治理目标下,逐渐形成中国统一的、中央集权的、地方分层管理的行政管理制度。这种传统行政法制的特点是:(一)贤人政治,人存政举,人亡政息,缺乏对法律的尊崇;(二)权力集中,缺乏制度安排上对权力集中体制的必要约束;(三)法律儒家化,牧民政治,求稳定甚于发展;(四)地方行政管理层级愈益增多,但地方管理粗疏。尽管这一法律政治制度有其弊端,但在传统农耕社会和中华帝国没有强劲外敌的情况下,亦可适应。但近代以降,中国以战败国身份被迫纳入世界体系之中。中国传统法律政治制度衰微,遂处在始于被迫随之主动地向以工商业社会为基础的西方法律政治文明的学习和转型之中。从晚清戊戌变法之际康梁维新人士的君主立宪制呼吁,到孙中山革命党人的民主共和追求;从民国初年的议会选举,到孙中山晚年以俄为师和国共合作;从国民政府的五权宪法,到中华人民共和国的人民民主专政体制,中国在采用新式的政治法律制度道路上的探索,可谓是历尽坎坷,前赴后继。

而近代中国的地方行政组织法制之问题,便在此一背景下发生。中国传统的以松散和模糊治理为特征的地方衙门管理形式,已经不适应急剧变化的社会需要。新式的以法制化、技术化为特征的现代地方行政管理制度形式得以确立。这一新式的地方行政组织法制形式,在晚清即已萌芽,在民国北洋政府时代得以试行,在南京国民政府时期正式确立并普遍实行,在当代中国又有新的演进。其主要特征是:第一,地方行政层级结构和地方行政组织结构均由相应法律明定;第二,地方行政机关名称和行政官员职务名称均采现代制度;第三,地方行政职位和职权由相应法律或法规明定;第四,地方行政主要官员和普通职员的任免或由上级机关任命或由选举产生均由法律确定;第五,地方主要行政官员及其职员的任职资格或由法律确定或由政策确定;第六,地方行政职员系国家公务员或国家雇员,薪俸由国家支付;第七,地方行政财政支出有严格的财务制度和预算制度;第八,地方行政机关工作内容、工作方式方法、工作程序由法律确定;第九,地方行政机关的设立、变更、废撤、调整须有法律依据或由法律确定。其总的要求是行政组织要依法行政。①

地方行政的上述特征,只是一种文本上的"应然"和大体,或者说从法律上对行政制度的规定和要求。而在行政制度的建设过程中的"实然"和具体,则要复杂得多。仅就地方行政的层级结构而言,如南京国民政府相关法律明确规定为省县二级制,但在实施过程中,却遇到是实行地方二级制还是地方三级制(皆以县为最低层)的问题。这一问题事实上自民国初年就已经出现,到南京国民政府时期正式提出,至 21 世纪的当今仍未得以解决。这就是南京国民政府时期的专员区公署制,以及中华人民共和国成立后的专员区公署制、地区行署制乃至地级市制②的设废问题。而就地方行政的组织结构来看,地方行政的组织及其职能结构是由相应的组织法规加以明确规定,或应制定相应的组织法规予以明定的。然而,事实上即使有法律明确的规定,地方行政组织机构的设置在不同的时期、不同的地区,也有事实上的不同;而没有相应的组织法规的约束,地方行政机关的设置就不再仅是不同时

---

① 此种变化显与中国传统地方行政制度不同。参见瞿同祖先生对传统中国地方政府的论述。见瞿氏著:《清代地方政府》,法律出版社 2003 年版。
② 本文主要探讨从专员公署制到地区行署制范围内的问题(专员公署和地区行署实质上为同一制度,至多是同一制度的不同阶段,只是名称不同而已,见后详论),一般不涉及地级市问题。由于地区行署制和地级市制的紧密关系,在探讨到相关问题时,可能在某方面又不能不有所联系。

期、不同地区相同不相同的问题,而是机构设置极度膨胀、行政效率低下、人民负担增加的问题了。其他如地方行政职权的法律规定与实际一致与否问题,地方行政官员的任职资格和任用的法律规定和实际执行问题,地方行政机关对社会的管理合法性、合理性、科学性问题等等,在地方行政组织法制现代化的实际过程中,并不是简单的是与否所能论定的,而需要运用史料重建史实,通过对历史事实的考察和分析,得出符合历史实际的回答。

  基于此,笔者选择近现代地方行政层级体系中变动最为频繁的省县之间的专员区公署制——地区行署制为对象,以行政督察专员区公署制——地区行署制与其组织法制的关系为视角,探讨行政组织与组织法的关系问题。由于中国近现代的特定的法制环境,要准确、真实地理解和把握行政组织的法制形态及其实际运作关系,还必须研究法律规定背后的权力关系,地方党政关系就是这样的一种权能关系。本书主要考察和研究这一时期法制设计与实际运作的历史状况,力图从法制的角度,梳理行政督察专员区公署制到地区行署制之创设、发展、演变的历史轨迹和基本脉络,深入探讨地方行政组织的内部组织构造、行政层次及其变迁,研究地方行政组织的法律设计与其实际状况的关系,揭示近现代地方行政制度法制发展、演变的规律和特点,总结地方行政制度法制的经验和教训。

  本书共六章和引论与结语部分。第一章主要对南京国民政府时期行政督察专员区公署制的法制演变,专员资格、组织机构、职权与辖区、党政关系、地位等方面的法律规定及其实际状况等问题,进行了全面而翔实的探讨与论述。第二章通过对抗日根据地政权体系中专员区公署制的法制演变、组织机构、职权与辖区、党政关系等方面的法律规定及其实际状况等问题,进行了充分而翔实的论述与探讨。第三章通过对当代中国从专员区公署制到地区革命委员会制,由地区革命委员会制到地区行署制,由地区行署制到今之地级市制的演变的考察,探讨行政组织与政策和法律之间的复杂变动关系。第四章通过对当代中国专员区公署制——地区行署制机构设置状况的考察与分析,探讨机构设置变动过度与膨胀的法制原因。第五章通过对当代中国专员区公署制——地区行署制行政职权、辖区状况、党政关系、性质与地位问题的考察与分析,探讨了法规、政策与实际状况之间的关系。第六章通过对专员区公署——地区行署与省、县及中央机关的法律关系,探讨专员区公署——地区行署在行政层级体系中的具体法律地位问题。总之,本文的上述研究可以归纳为三个方面的内容:第一方面,通过对国民政府专员区公署制的法制考察,揭示了其专员公署组织法制比较健全、完善而其专员公署依法而行、依法而为的史实和结论;第二方面,通过对新民主主义革命政权体系中抗日根据地专员区公署制的法制考察,同样揭示了其专员公署组织法制比较健全、完善而专员区公署依法而行、依法而为的史实和结论;第三方面,通过对当代中国专员区公署制到地区行署制之演变,及组织、职权和辖区、地位等问题的法制考察,揭示了其缺乏法制约束、忽视法制建设、始终没制定这一层级行政组织的组织法,从而呈现了这一层级组织靠政策而不靠法制、变动与调整无度、机构严重膨胀、人员严重超编等缺乏法制现象的史实与结论。通过三个方面实证性的考察,揭示了隐含于其历史发展中的这样一条基本规则:行政组织必须有行政组织法,而且必须有完善的行政组织法。

本课题是法律史学、历史学、行政法学、政治学、行政学等多学科交叉的研究领域,因此,在研究中,充分运用上述多学科的知识和方法,以实证研究和理论分析相结合,以宏观透视和微观研究相参用,进行多学科、多方法、多层面的研究。

第一章 南京国民政府行政督察专员制的法制考察

在南京国民政府制定的《训政约法》和《中华民国宪法》中,都一脉相承地沿袭了孙中山订定的《建国大纲》中所规定的地方省县二级制。自1932年始,南京政府却在省县之间,创制了行政督察专员制这一层级,后又逐渐普遍实施。对于这种颇具悖论意味的行政督察专员制的实施,不能不引起我们进一步探究和考察的兴趣。那么,这一制度的法制演进状况如何?专员的资格和任用的法律规定和实际任期状况如何?专员的法定职权与实际是否如江南先生所说的那样"位高权轻"?专员公署组织机构设置的法律规定与实际状况及经费状况如何?专员公署与国民党的地方党组织呈现为什么样的党政关系?专员制创制的背景是什么?专员公署的法律地位与实际地位如何?这些是本章所要解决的主要问题。

一、专员制度法制的确立与统一

南京国民政府行政督察专员制度,创设、形成并确立于20世纪30年代初期至抗战前夕。

行政督察专员制度,其创制可以追溯到广州国民政府时期在广东省设立的介于省县之间的区行政委员制。当时,广东省为谋行政统一和管理方便,而将广东的行政区划分为广州、西江、东江、南路、琼崖5区,每区设置行政委员公署。公署由行政委员负责,监督指导辖区各县行政事宜。这一制度创设的意义在于:第一,突破了孙中山先生手订的《建国大纲》关于地方行政管理取省县二级制的规定,为以后类似此制的设置奠立了先例。第二,在辖区过大的情况下,确存在行政管理不便的事实,有必要设置一级介于省县之间的机构,以发挥其联系省县、加强区域管理之效。

正是基于此因,南京国民政府成立后,虽然宣布废除了北洋政府时期的道制,实行省县两级制,但在实际行政区域管理中,在某些地区自觉不自觉地创设了一些介于省县之间的临时性质的行政机构。如广西行政督察委员制,安徽首席县长制,江苏行政区监察制,浙江县政督察专员制,江西党政委员分会制①,河南行政长公署制②,宁夏行政视察员公署制③等。上述各地此类机构,虽有管理辖区内各县行政的权力,却往往此设彼废,彼废此设。究其设废原因,并不在于此制是否合于实际需要,而在于此类制度从理论上不符合孙中山所定省县两级制的原则。考其实情,显然创制者既冀图推行这种制度,又要不违背法理上的原则。这种两难情况,使南京国民政府内政部当事者终于认识到,在中国"省区大都辽阔,交通不便"的情况下,增介于省县间的"一级行政机构",确"非无必要"。④ 正是基于这种认识,南京国民政府总结各地区创制的经验,并吸取北洋政府道制的教训⑤,终于承认介于省县之间的行政机构存在的合理性,并正式定制为行政督察专员制。行政院内政部所定《行政督察专员暂行条例》,于1932年8月2日行政院第54次会议讨论修正通过,于8月6日公布;⑥军事委员会豫鄂皖总司令部所定《剿匪区内各省行政督察专员公署组织条例》,也于8月6日颁行。这两个条例

---

① 钱端升等:《民国政制史》(下),上海,商务印书馆民国三十五版,第135—146页。
② 《河南省志·政府志》,河南人民出版社1997年版,第20页。
③ 石月秋:《国民党临夏专员公署始末》,《临夏文史》(甘肃)第2辑。
④ 《国民党政府政治制度档案史料选编》下册,安徽教育出版社1994年版,第458页。
⑤ 翁有为:《南京国民政府行政督察专员制度探析》,《史学月刊》1997年第6期。
⑥ 见《国民党政府政治制度档案史料选编》下册,安徽教育出版社1994年版,第461页注一;钱端升等:《民国政制史》(下),上海,商务印书馆民国三十五版,第148页。

的实行,标志着行政督察专员制的确立。

同时实施的这两个条例,对一些重要事项的规定,颇有不同。综其大要,有如下几点:

第一,《暂行条例》所定行政督察专员的地位较低,《组织条例》所定行政督察专员的地位较高。行政院内政部所定《暂行条例》规定:行政督察专员由省政府就本督察区域内各县县长中指定一人兼任之,由省政府委员会议决遴派,并咨报内政部转行政院备案。① 并规定:行政督察专员,仍支县长原俸,但于必要时,经省政府委员会决议,得支简任初级俸。② 而军事委员会公布之《组织条例》则规定:行政督察公署设专员1人,由本部委派,简任待遇。行政督察专员由省政府加委兼任驻在地之县长。③ 两相比较,前者规定行政督察专员仍维持其县长地位,只是于必要时,尚经省政府委员会决议,始得支简任初级俸,足见其一般低于简任待遇。而后者规定专员一律为简任待遇,且以简任专员职兼任驻在地县长职,其地位显然高于前者。考《组织条例》隆专员之用意,诚如蒋介石所言:"精选有为有守之干员,使之专任其责,具有俨然难犯之势,乃易实行其监察、督促之权。"④

第二,《暂行条例》所定行政督察专员机构,为特定某域内所设一临时特设之简易"办事处";《组织条例》所定行政督察专员机构则为特定某域内较为常设性的、较前者周备的"公署"。《暂行条例》规定:省政府在离省会过远地方因有特种事件发生(如剿匪、清乡等等),得指某某等县为特种区域,临时设置督察专员,于不抵触中央法令范围内,督察该特种区域内地方行政。前项行政督察专员,于某项特种事件办理完竣后,即撤废之。⑤ 规定其建制为:行政督察专员得于原县政府内附设"办事处",置秘书1人,事务员2人,

---

① 《国民党政府政治制度档案史料选编》下册,安徽教育出版社1994年版,第462页。
② 《国民党政府政治制度档案史料选编》下册,安徽教育出版社1994年版,第462页。
③ 《国民党政府政治制度档案史料选编》下册,安徽教育出版社1994年版,第474—475页。
④ 《国民党政府政治制度档案史料选编》下册,安徽教育出版社1994年版,第472页。
⑤ 《国民党政府政治制度档案史料选编》下册,安徽教育出版社1994年版,第462页。

第一章　南京国民政府行政督察专员制的法制考察

书记2人,助理一切文件及应行事宜。前项办事处得于本督察区内流动设置之。① 与此不同,《组织条例》则规定:本部依各省面积、地形、户口、交通、经济状况、人民习惯,酌划一省为若干区,各设行政督察专员"公署"。公署设秘书1人,荐任待遇,由行政督察专员呈本部委任,署员4人、事务员6人,均由专员委任。公署聘参事5至9人参赞署务,或委托分赴各县、乡实行调查或指导。公署设区保安副司令1人,承专员之命,负责团队管理及区保安事宜。并设参谋1人、副官2人,助理长官负责。② 两相比较,《暂行条例》对行政督察专员制多方限制,意在使其不能成为豫鄂皖等省内一级行政机构而致破坏省县两级制;《组织条例》对行政督察专员尽力培植,意在使其成为介于豫鄂皖等省内省县之间的一级常设行政机构。

第三,《暂行条例》所定行政督察专员职权较轻,《组织条例》所定行政督察专员职权较重。关于此种职权问题容后再专论。

以上两个条例所定此制如此不同,那么在实行中应以哪一个条例为准呢?

据国民政府行政院秘书刘泳闾于1935年9月16日在关于此制实行情况给行政院的签呈中说:"查各省行政督察专员,有依据豫鄂皖三省总司令部颁布之剿匪区内行政督察专员公署组织条例设置者,如豫、鄂、皖、闽、川、黔等省是,其专员由军事(委员会)委员长行营任免;有依据二十一年八月本院颁布之行政督察专员暂行条例设置者,如苏、浙、陕、甘、湘等省是,其专员由省政府委员会议决遴派,呈行政院并咨内政部备案。河北省滦榆、蓟密两区行政督察专员,系于二十二年九月依据院颁条例设置。"③可见,在实施过程中,存在着依据《暂行条例》和《组织条例》不同的两类情况。这种分制并立的情况,表明南京国民政府行政院和军事委员会两个中枢机关对这一制度有着不同的认识和态度。可以说,在行政督察专员制设置的背后,任军事委员会委员长的蒋介石,力图利用这一机构的设置,将他的权力扩张到更多

---

① 《国民党政府政治制度档案史料选编》下册,安徽教育出版社1994年版,第462—463页。
② 《国民党政府政治制度档案史料选编》下册,安徽教育出版社1994年版,第473—474页。
③ 《国民党政府政治制度档案史料选编》下册,安徽教育出版社1994年版,第487—488页。

省份所辖的每一地区;而担任院长的汪精卫所辖的行政院,则力图将此制限度在一定的空间和时间。这一方面有囿于孙中山省县两级制理论的成分,另一方面可能还有汪抵制蒋势力扩展以维持汪主政、蒋主军的蒋汪合作局面的原因;甚至地方实力派为抵制国民党中央的势力,在行政督察专员制的推行上也大做文章。

1935年11月1日,国民政府行政院院长汪精卫因亲日而被爱国志士孙凤鸣刺杀受伤,遂被迫辞去行政院院长之职。同年12月7日,军事委员会委员长蒋介石接替汪兼任行政院院长职务。可以说,这一重要人事变动,为行政督察专员制的统一实施提供了条件。

1936年3月,以蒋介石为委员长的军事委员会,颁布了《各省行政督察专员及县长兼办军法事务暂行办法》。接着,以蒋介石为院长的行政院,于1936年10月15日颁布了修正之《行政督察专员公署组织暂行条例》,同时还制定并颁布了《行政院审查行政督察专员人选暂行办法》、《行政督察专员资格审查委员会规则》、《行政督察专员办事成绩考核暂行办法》诸法规。上述法规较之前述两个条例有如下特点:第一,取消了行政督察专员制因特种事件、在特定区域和特定时间而设置的"临时"性质的限制,而为行政院在各省和所辖县之间常设的"省政府辅助机关"。第二,除保留前《组织条例》所定的行政督察专员诸项职权外,又新规定了一些重要的职权(此问题容后专论)。第三,规定了行政督察专员人选审查办法、办事成绩考核办法。第四,1932年8月行政院所颁《行政督察专员暂行条例》与军事委员会所颁《剿匪区内各省行政督察专员公署组织条例》均告废止。①

上述法规的颁布,既使分制并立的行政督察专员制统一,又使这种统一的体制推行于各省。据统计,到1936年,有16个省共成立了122个行政督察专员区。②

---

① 《国民党政府政治制度档案史料选编》下册,安徽教育出版社1994年版,第489—497页。
② 此处数字系笔者根据刘寿林《民国职官年表》、刘国铭《中华民国政府军政职官人物志》等统计而得。

第一章　南京国民政府行政督察专员制的法制考察

二、抗战时期专员制度的法律规定与实际运作

抗日战争时期,行政督察专员制度又有了新的变化和发展。

1937年11月行政院通令,行政督察专员兼任团管区司令者,一律免兼县长。此后,无论专员兼司令否,概不兼县长。①专员兼县长,意在使专员在所辖各县其他县长中起表率作用;不兼县长,意在使督察与执行分开。应该说,不兼县长的规定,使专员高于县长的层级地位得到巩固,是专员制度发展的一个重要环节。1938年5月15日,军事委员会颁行了《战区行政督察专员及区保安司令兼任军法执行总监部督察官服务规则》,规定军事委员会得委派各战区之行政督察专员或区保安司令,兼任军法执行总监部督察官,受军法执行总监部及战区司令长官之命,并受战区军法执行监之命,具有战时军法权,执行战时军法事务。②这一规定,是1936年《各省行政督察专员及县长兼办军法事务暂行办法》,在抗战形势下的发展,使专员有了更大的军法权力。

1941年10月2日,行政院颁布《战时各省行政督察专员公署及区保安司令部合并组织暂行办法》,将独立的区保安司令部合并于专员公署内。显然,其改制重点在于扩大专员的职权,提高专员的地位,以应抗战形势之需。

抗战时期专员制度的发展,还可从其在区域上的扩展得到证明。据统计,1937年有16省共设专员区133个;到1942年有19省共设专员区199个;而至1944年有21省共设专员区208个。③考虑到抗战时期国土大片沦丧的事实,应该承认专员区的推行状况和发展状况是颇有进展的。

事实上,当时就有人肯定专员区制度对抗战的重大作用。时人指出,专

---

① 萧文哲:《行政督察专员制度改革问题》,《东方杂志》第37卷第16号,1940年8月16日。
② 孔庆泰等《国民党政府政治制度史》(安徽教育出版社1998年版)认为,此制于1938年5月15日颁行,见该书607页;而钱端升等《民国政制史》(上海商务印书馆民国三十五年版)中则认为,此规则于1939年3月颁行,见该书下册第163页。
③ 此处数字系笔者根据《民国职官年表》、《中华民国政府军政职官人物志》等统计而得。

15

区的设置,不仅在大后方普遍存在,就是在沦陷区、游击区,也是"地方行政中的中坚单位","既不像一省那么的辽阔,又驾于各县之上,是比较适宜的编制。这又是游击区行政机构的特色"。① 还有人指出,专署"辅助省府监督指导暨统筹辖区内县市行政,俾省府无鞭长莫及呼应不灵之苦,县市官吏无阳奉阴违蒙蔽取巧之行,以达整顿吏治,绥靖地方,增进行政效率之目的。实行以来,颇著成效,如交通事业的发展,地方治安的巩固,以及动员地方人力物力以助抗战建国等,虽由于地方当局的努力,实有赖于专员制度的存在"。②

三、抗战胜利后专员制度的法规调整与实际运作

抗战胜利后,南京国民党政府当局挑起内战。但令其始料未及的是,其战局由攻为守以至颓败。其控制的区域,因不断被解放军攻占而缩小。国民党为挽救其败局,除了军事战略调整外,在地方行政制度上也进行了调整。

在此背景下,国民党政府国防部向行政院呈交《剿匪地区军政机构配合方案》,经行政院会议修正通过,呈奉国民政府。1948年4月29日,国民党政府指令准予备案,即通饬实施。1948年5月11日,《国民政府公报》行政院训令国防字第二二七六号将此案颁布。此案有关行政督察专员制的内容主要有两点。第一,在戡乱地区各省境内,划分为若干绥靖区,设区绥靖公署,置行政长1人,以绥靖区司令长官兼任。而现有各省行政督察专员公署兼保安司令部,除有特别情形外,均予撤销。第二,绥靖区行政长公署内置秘书长1人,行政督察专员及佐治人员若干人,承行政长之命,督察该辖区内各县行政事宜。

据上述资料,行政督察专员制度是否撤止了呢?有的论者认为,南京国民政府行政督察专员制度于1948年5月崩溃。③ 还有的论者认为,1948年

---

① 张公量:《战时地方行政机构的改进》,《东方杂志》第37卷第10号,1940年5月11日。
② 萧文哲:《行政督察专员制度改革问题》,《东方杂志》第37卷第16号,1940年8月16日。
③ 陆建洪:《论国民党政府行政督察专员制度之性质》,《华东师范大学学报》(哲学社会科学版),1988年第4期。

5月后,"撤销行政督察专员公署,于情况特殊地区改设绥靖司令部,现任官吏成绩卓著者,改任政治专员"。①

上述观点显然认定行政督察专员制度于1948年5月或其后不久就撤废了。而其他有关涉及专员制度的论著,对此制何时被废止这一问题则均未论及。笔者根据有关资料认为,上述观点与史实不符。

首先,从笔者掌握的相关资料看,1948年5月及其后相当一段时间内,行政督察专员制度事实上一直在运作着。这从个案和一般两方面来考察。个案材料我们选择河南的情况。河南属于其所定戡乱地区。1948年12月20日,国民党政府行政院颁布豫北、豫南、豫东3个行署组织规程,据此,各行署分领各辖区行政督察专员公署。② 据统计资料显示,河南省1948年5月后,仍开始任职的专区专员有:第一专署专员赵质宸(1949年5月被俘)、第二专署专员薛凌云(1948年5月到任)、第四专署专员张从虞(1948年10月到任)、第五专署专员汪宪(1948年5月到任)、第七专署专员郭馨波(1948年8月到任)、第八专署专员阮勋(1948年6月在任)、第九专署专员赵旨远(1948年12月派)、第十专署专员秦霆宇(1948年5月到任)等8个专署专员。③ 也就是说,在河南的12个专署中,1948年5月以后至少仍有8个在行使其职权。对于其他4个未被统计此时段任职时限的专署专员,也不能断定已被撤废。因为此处统计的是1948年5月后开始任职的,而1948年5月以前就已开始任职、1948年5月以后一段时期内仍继续任职的,并未被统计在内。如河南第六专署专员褚怀理是1948年3月开始任职的,其任职一直到1948年9月,协助第十三绥靖区司令长官王凌云部逃出南阳。在褚怀理任该专区专员期间,专署积极配合王部成立联合法厅,并在该区各县征集第十五军新兵。④ 通过对河南省专员区这一个案的考察,可知:作为国民

---

① 《河南省志·政府志》,河南人民出版社1997年版,第289页。
② 《河南省志·政府志》,河南人民出版社1997年版,第19页。
③ 《河南省志·政府志》,河南人民出版社1997年版,第127—129页。
④ 王凌云:《蒋军十三绥靖区在南阳反人民的罪恶纪实》,《河南文史资料》第四辑,第113—126页。

党政府所定戡乱区的河南,既未撤废专员制度,也未将其改制为政治专员,而是继续保留原有的专员制度。

就整体的一般情况来看,据笔者统计,《国民政府公报》于1948年5月11日登布其军政机构配合方案后,国民党政府当局仍陆续任命了不少的专署官员。时间从1948年5月17日《国民政府公报》登布任命郭僰为江西第二区行政督察区专员兼保安司令,到1949年11月7日其《总统府公报》登布陈士英任湖南第八行政督察专员兼保安司令、董煜任广东第十四区行政督察专员兼保安司令,在这17个多月的时间里,任免职别有专署的专员兼保安司令、秘书、科长、视察、督导员、助理秘书等100多人,分别有江西、河南、广东、四川、河北、山西、甘肃、广西、福建、湖南、湖北、江苏、浙江、陕西、安徽、山东、绥远等17个省、70个行政督察区。自1949年11月7日后,该公报未再登布有关专署人员的任免情况。根据上述资料,可以说,1949年11月7日,国民党虽已败逃台湾,其在大陆的残余势力也只在西南和东南沿海的个别地区公开活动,但国民党仍企图运用专区专员制度来控制未被人民解放军占领的地方,因此,其专员制度仍然存在。根据有的当事人的回忆,也可证明专员制度在1948年5月11日后相当一段时间仍存在的事实。如据曾任国民党湖南省第十区专署人事室人事管理员兼区保安司令部第二科科长的彭国安回忆:1949年10月洪江(第十专署所在地)第十专区专员兼保安司令杨镇南在率部逃离后,于11月又率部回洪江缴械受编。① 在此之前,第十专署显然是存在的。又如,据曾任云南省第六专区专员的严中英回忆,严于1947年10月开始任该区专员,至1948年9月蒋介石下令将严撤职前,他一直在其专员任内。②

其次,就国民党政府行政院所颁军政机构配合方案看,其所实施的地区是在其所定戡乱地区,而当时其统治的西北地区和长江以南的相当一部分地区尚不包括在内。即使在其所定戡乱地区,也允许"有特殊情形应予保留

---

① 彭国安:《我所知道的第十区专署情况》,《洪江文史资料》(湖南),第一辑(1986年)。
② 严中英:《回忆国民党云南省第六行政督察专员公署的一些活动情况》,《新平文史资料选辑》(云南)第一辑(1988年)。

第一章　南京国民政府行政督察专员制的法制考察

专员公署兼保安司令部";在不属于特殊情形的地区,也规定"行政督察专员"等承行政长之命"督察该区各县行政"。就是说,在其所定戡乱地区,一是允许保留专署原制的;二是保留专员及其所属人员,而使其受该区所驻最高军事长官节制的。后者虽然受该区所驻最高军事长官节制,其专署机构并未撤销,如河南第六专署(南阳)机构的存在就是事实,由此亦可见国民党政府法律条文规定与实行的实情不一致的境况。

那么,国民党政府的行政督察专员制度是什么时间废止的呢?

据笔者查阅国民党逃亡台湾后的政府公告,1950年5月15日其《总统府公报》发布的一则指令称:"以据海南特区行政长官公署代电,为该特区各行政督察专员兼保安司令公署于三十八年十二月底一律裁撤等情。除指令准予备案外,呈请鉴核由。呈悉,此令。"(1950年4月中国人民解放军攻占解放海南岛)①这表明,随着国民党统治区的丧失,其专员在大陆已无可辖之地,于1949年年底其专员制度实际上自行废止,至1950年5月以公报形式发表,只是补一道手续而已。

四、专员资格、任用的法律设定与任期

前面探讨的是专员制度的演变问题,现在我们集中探讨专员制度的专员任职资格、任用与任期问题。

就专员的任职资格,如前所述,1932年的《暂行条例》规定,专员由该区内被指定之县长担任,专员的待遇原则上支县长原俸,但于必要时经省府委员会议议决得支"简任初级"俸;《组织条例》仅规定专员为"简任待遇",但"待遇仅属支俸问题,不涉及任用资格"。② 这表明,关于专员的任职资格问题,初期并未受到当政者的重视。行政院重视的是行政区的合法性问题,省当政者重视的是统治区内权力受否威胁问题,积极推行专员制度的蒋介石

---

① 台《总统府公报》第251号,台统(一)字第155号。1950年5月15日。
② 《国民党政府政治制度档案史料选编》下册,安徽教育出版社1994年版,第39页。

重视的则是如何利用此制直接插手省区政权问题。关于蒋介石和地方实力派之间围绕专员的任命权的争夺，在有的地方是很激烈的，如在四川"蒋介石初意要紧握用人大权，规定（专员）应由行营直接委派，而刘湘敷敷衍衍，阳奉阴违，始终很少买账，蒋终亦无如之何"。① 在这种情况下，专员任职的资格，根据各派势力的需要而不同，不可能有统一的标准，实质上是由其各自的政治背景决定的。据说在四川的 18 个区的专员中，南京国民政府蒋系介绍的有 6 人，刘湘提名保荐的有 12 人；而在刘湘保荐的人中，有刘湘的嫡系的，有刘文辉系的，有邓锡侯系的，有杨森系的，有熊克武系的，还有的是曾任道尹的旧官僚。② 这类情形，在其他实力派当政的省份中，应该同样是存在的，只是目前尚需进一步掌握这方面的实证资料。

专员任职资格的明确规定，见之于国民政府行政院 1936 年 10 月 15 日公布的《行政院审查行政督察专员人选暂行办法》。该办法规定，年龄 30 岁以上并具有下列各项资格之一者，方得为专员人选：（一）曾任政务官一年以上而有勋者、证明属实者；（二）现任简任官或曾任简任官一年以上者；（三）对党国有特殊勋劳或致力国民革命十年以上，而有行政经验者；（四）曾任县长三年以上或最高级荐任官四年以上，办事著有成绩者；（五）曾任教育部立案之大学教授二年以上、副教授或讲师三年以上，于地方行政素有研究者。③ 根据 1935 年 12 月公布的《公务员任用法施行细则》，政务官系指"须经中央政治会议议决任命之人员"。④ 所谓简任职官，根据国民政府公布之《公务员任用法》的规定，主要系指具有以下资格者：（一）现任或曾任最高级荐任职三年以上，经甄别审查或考绩合格者；（二）曾任政务官二年以上者；（三）曾

---

① 陈雁翚：《记四川推行行政督察专员制》，《四川文史资料选辑》第二十七辑。
② 陈雁翚：《记四川推行行政督察专员制》，《四川文史资料选辑》，第二十七辑；参见邓汉祥：《四川省政府及重庆行营成立的经过》，《文史资料选辑》（全国）第三十三辑。
③ 《国民党政府政治制度档案史料选编》下册，安徽教育出版社 1994 年版，第 495 页。
④ 《国民党政府政治制度档案史料选编》下册，安徽教育出版社 1994 年版，第 50 页。

第一章　南京国民政府行政督察专员制的法制考察

于民国有特殊勋劳或致力国民革命十年以上而有勋劳、证明属实者;(四)在学术上有特殊之著作或发明、经审查合格者。① 从上述法规来看,对专员的任职资格的规定是相当严格的,由此可见专员任用之重要。

关于专员的任用,最初,1932年的《暂行条例》和《组织条例》的规定是不同的。前者规定专员由省政府"指定",省政府委员会议决"遴派",并咨报内政部转呈行政院备案;②后者规定专员由军事委员会豫鄂皖三省总司令部"委派"。③ 显然,后者任用的规格高于前者。1936年10月15日,行政院修正公布的《行政督察专员公署组织暂行条例》规定,专员由"行政院院长或内政部部长提出,呈请国民政府简派"④。而行政院同时公布的《行政督察专员资格审查委员会规则》则规定,行政督察专员资格审查委员会设主任委员1人,以内政部部长充任,委员4—6人,由行政院院长就行政院及内政部高级职员中遴派。⑤ 这时,国民政府统一了原来分制并立的专员制度,专员的任用机构及相关制度也更加法制化。

就专员任用机构的变化,可以看到国民政府力图控制地方的意图。根据有关法规,县长的任命由该辖省民政厅提出,经省政府议决。县长任命权操之于省,国民政府感到难以对县地方政权进行有效的管理,且省权易于坐大。而专员的任命权操之于国民政府行政院及其内政部,国民政府便可通过专员进一步控制县地方政权。正如蒋介石所说,"须知行政督察专员,一方面为本委员长之特派员,一方面为省政府之辅佐者,作其手足耳目之寄","对各县长克收指臂相使、督察易周之效,尤非实施此项专员制度,殆无其他善策"。⑥

―――――――――

①《国民党政府政治制度档案史料选编》下册,安徽教育出版社1994年版,第13—14、42—43页。其中,1933年3月11日公布之该法,关于最高级荐任职年限规定为二年、政务官年限为一年以上;1935年11月13日修正公布之该法,关于最高级荐任职年限规定为三年、政务官年限为二年以上。见该书第13—14、42—43页。
②《国民党政府政治制度档案史料选编》下册,安徽教育出版社1994年版,第462页。
③《国民党政府政治制度档案史料选编》下册,安徽教育出版社1994年版,第474页。
④《国民党政府政治制度档案史料选编》下册,安徽教育出版社1994年版,第493页。
⑤《国民党政府政治制度档案史料选编》下册,安徽教育出版社1994年版,第496页。
⑥ 陈雁翚:《记四川推行行政督察员制》,《四川文史资料选辑》第二十七辑。

专员系管理数县乃至十数县之要官,任期之长短,在相当程度上决定着能否有效行使行政督察之权。任期过短,辖区内各县政情、民情尚不熟悉,何谈有效行使职权?从理论上讲,为官者任期愈长,愈能形成权威和有效行使职权。就专员的情况看,其任用资格是相当高的,即使是在国民政府和地方实力派当政者权力角逐的省份,各方的专员人选也是选之又选的。1936年后,专员任用的资格较前更为严格和明确,选任的范围不限于其一省,其素质当较前为高。而且由行政院及其内政部为决定专员人选的机关,其规格亦较前为高。因此,专员的任期理应相对稳定。而实际情况如何呢?我们且看表1再作分析:

表1 川豫浙苏四省专员任期统计

省别	年度	人数及比率	1年以下	1年以上至2年	2年以上至3年	3年以上至4年	4年以上至5年	5年以上	备注
四川	1936—1937	人数	5	7	5	1		7	25人18区
		%	20	28	20	4		28	
	1943—1945	人数			1	3	1	13	19人16区
		%			5.2	15.7	5.2	68	
河南	1932—1936	人数	15	8	5		3	2	33人11区
		%	45.4	24.2	15.1		9.0	6.0	
	1943—1945	人数	3	4	5	7	1	4	24人12区
		%	12.5	16.6	20.8	29.1	4.1	16.6	
浙江	1943—1945	人数		3	4	3		7	17人11区
		%		17.6	23.5	17.6		41.1	
江苏	1943—1945	人数		4	1	4	1	1	11人9区
		%		36.3	9.0	36.3	9.0	9.0	
平均		%	13	20.5	15.6	17.1	4.5	28.1	

资料来源:此表系笔者根据《民国职官年表》(刘寿林等)、《河南省志·政府志》等资料统计而得。

在对上表分析之前,容笔者先陈述选取地区和时段的考虑。专员的任期是一个动态的概念,因时期、地区不同会有不同的表现。笔者所以选取上述4省分析专员的任期问题,乃出于如下考虑:一是地区分布问题。四川作为分析西南地区的省份,很有其代表性;河南作为分析华北地区的省份,也是十分典型的;而浙江、江苏作为分析东南地区的代表,

第一章 南京国民政府行政督察专员制的法制考察

在真实性方面也应是更无问题的。二是资料的搜集问题。欲分析专员的任期问题,如果能对所有推行专员制度的省的有关资料进行分析,那自然是最理想的设计了。然而,事实上,很多省份的这方面的资料相当匮乏。在这种情况下,只有选取一些有代表性且有相关资料的省份作为分析的个案。三是时段的选取问题。笔者所以选取河南1932—1936年的材料,一是因为1932—1936年是国民政府从开始推行专员制度到统一专员制度时期,由此可以观察抗战前专员的任期情况;二是因为这一时期河南省的资料比其他省完整。选取1943—1945年这一时段,可以观察抗战时期的专员任期情况。

分析上表,我们可以得到这样两点认识:第一,在时段上,专员制度的制度化走向,随着专员制度的逐渐推行而提高。在专员制度推行的第一阶段(即1937年以前),专员的任期大多较以后的时期为短,而1936—1937年间的任期又较1943—1945年大多为短;换言之,后面时段的任期较前面时段的大多为长。如河南1932—1936年专员的任期,在11区的先后33位专员中,1年以下的15人,为45.4%,几占半数,占第一位;1—2年的8人,为24.2%,占第二位;2—3年的5人,为15.1%,占第三位;4—5年的3人,为9.0%,占第四位;5年以上的2人,为6.0%,占第五位,排最后。这表明,在专员制度推行初期,专员任期较长的极少,大多任期短暂。这说明,这一时期专员制度的制度化程度尚是很低的。专员大多任期短暂,不能久任其位,除考虑少数因升迁、死亡外,用非其人应该是合理的解释。值得注意的是,1943—1945年专员的任期情况与前时期相比,已有了相当明显的变化:这一时期在河南12区的先后24位专员中,一年以下的3人,为12.5%,占第4位,较前下降了32.9个百分点,下降了3个位次;5年以上的4人,为16.6%,占第三位,提高了10.6个百分点,上升了2个位次。四川1943—1945年专员任期与其1936—1937年的相比,1年以下的无1人,下降了20个百分点;任期1—2年无1人,下降了28个百分点;5年以上的13人,提高了40个百分点。专员的任期显著较以前为长,专员能久任其职,一方面表明用得其人的居多,另一方面也表明专员制度的制度化程度已相当提高。

　　第二,通过专员任期在地区上的不平衡性现象,可以解读出不同地区各自特殊的政治背景。就川、豫、浙、苏4省1943—1945年的任职情况来看,四川专员的任期最为稳定。在四川16区先后19位专员中,5年以上的13人,占68%,4—5年、2—3年的各1人,占5.2%,3—4年的3人,占15.7%,2年以下的无。浙江次之,5年以上的7人,占41.1%,1年以下的无。江苏、河南的情况虽有差异,亦应大体略同,1年以下的河南3人,江苏无;但5年以上的河南4人,占16.6%,江苏1人,占9.0%。如果联系当时四川是抗战大后方,四川的重庆是国民政府所在地,国民政府对四川专员的任用自然格外重视,四川的专员任期稳定情况也就不难理解了。而浙江作为蒋介石的家乡,专员的任用蒋同样格外重视,浙江的专员的任期稳定当然也在情理之中。江苏、河南两省的情况与川、浙大不相同,江苏是汪伪政权的核心地带,河南所处中原地区乃兵家必争之地,专员的处境较川、浙困难得多,显系此两省专员任期较川、浙为短的重要原因。

　　对国民政府时期专员的任期情况的判断,通过与同时期县长的任期情况相比较才能获得。请看表2。

　　表2所列专员与县长任期之比较,从时间上看,大体上相同。从省份看,都有川、浙、苏三省;豫、赣虽有差别,但由于两省都有大致相同的时段,且同属于中等省份,亦应具有可比性。通过比较可知,专员1年以下的占其总数的13%,而县长竟高达58.5%,专员任期不稳定的比率低于县长45.5个百分点,较县长大为减少;专员任期5年以上的占专员总数的28.1%,而县长仅为2.2%,远高于县长25.9个百分点。如果以2年以下1年以上为不稳定、1年以下为甚不稳定,2—3年尚稳定、3—4年为稳定、4年以上为相当稳定的话,专员任期不稳定或甚不稳定的较县长为低或甚低,专员任期尚稳定、稳定或甚稳定的较县长为高或甚高。专员任期的稳定事实由与县长的比较而得到证明。

第一章　南京国民政府行政督察专员制的法制考察

表2　专员与县长平均任期比较统计(%)

职别	省别	时段	1年以下	1—2年	2—3年	3—4年	4—5年	5年以上
专员	川	1936—1937年 1943—1945年	13	20.5	15.6	17.1	4.5	28.1
	豫	1932—1936年 1943—1945年						
	浙	1943—1945年						
	苏	1943—1945年						
县长	川	39—44年	58.5	24.4	10.3	3.9	1.0	2.2
	赣	26—40年						
		1946年						
	浙	1946年						
	苏	1946年						

资料来源：1.专员平均任期由笔者根据《民国职官年表》(刘寿林等编,中华书局1995年版)、《河南省志·政府志》(河南人民出版社1997年版)统计而得。2.县长平均任期根据王奇生《民国时期县长的群体构成与人事嬗递——以1927年至1949年长江流域省份为中心》(《历史研究》1999年第2期)之表8统计而得。

五、专员职权的法律设定、实际运作与辖区

专员的职权是专员制度的一项重要内容。刘宜良先生(江南)在其《蒋经国传》一书中因蒋经国曾任江西第四区专员而谈及专员职权的大小,他说:"专员这个位子,从权力的意义出发,位高权不大,对所属县长,能督察不能指挥,在省与县间,担任的是承上启下的职能。"① 专员的职权究竟如何呢?现在我们对这一问题作一历史考察与分析。

在1936年10月以前,由于专员制度在不同区域分制并立,专员的职权根据《暂行条例》或《组织条例》而轻重不同。

根据《暂行条例》规定,行政督察专员有下列职权:(一)督察权。对辖区内各县、市地方行政有随时考察、督促之职权;有向省府和主管厅密报区内县、市行政人员应行奖惩之职权。(二)兴革建议权。对于区内各县、市认为

---

① 江南:《蒋经国传》,中国友谊出版公司1987年版,第92页。

必须改革或创办之事,得随时呈报省政府及主管厅核办。(三)区内县市行政会议权。有随时召集区内各县、市长及各局长举行行政会议之权。(四)巡视权。得定期轮流巡视区内各县、市工作状况。(五)军警权。有因维持治安需要节制调遣区内各县、市警察、保卫团之权。根据《组织条例》规定,行政督察专员的职权较前为重:(一)综理区内行政与军事权。得综理辖区内各县、市行政及清乡事宜。(二)考核权。有随时考核辖区内各县、市长及其所属员兵成绩之权。(三)密报及紧急处分权。有随时向总部及省府密呈县长渎职行为并知照省民政处予以撤惩之权,且遇有紧急处分必要时,有先行派员代理之权。(四)命令权及处分权。有权命令停止(或撤销)及处分区内各县县长违法(或失当)之行为。(五)巡视权。每三个月内轮流亲赴区内县、市巡视一周。其巡视旅费由规定支付,不收受地方迎送和供应。(六)召集区内县、市行政会议权。可随时召集区内各县、市长及所属局长或科长举行行政会议,讨论地方兴革等事宜。(七)军警权。专员兼任该区保安司令,管辖、指挥区内各县保安队、保卫团、水陆公安警察队,及一切武装自卫之民众组织。

　　就《暂行条例》规定而言,专员除督察权外,尚有另外四项权力。尤其军警权不能说不重。《组织条例》规定专员的数项权力中,除巡视权和会议权较轻外,其他五项是相当重要的行政权和军事权。所谓综理区内行政与军事,俨然一区军政首长。考核权既具有督察性质,又具有行政性质;密报具有督察性质,紧急处分权则具有行政性质;命令权及处分权显系行政和行政审判性质。刘宜良先生所说蒋经国任江西第四区专员,江西是按《组织条例》实施专员制度的,而当蒋经国任此专员时,专员制度已于1936年10月以《组织条例》模式为基础统一体制,专员制度愈益稳固,专员的职权愈来愈大,所谓"位高权轻"之说难以成立。刘宜良(笔名江南)先生虽在美国高校研究院受过治学和治史的训练,但囿于当时的条件,作此判断是可以理解的,笔者无意苛求刘先生的历史考论之功力。

　　1936年10月,南京国民政府行政院公布修正《行政督察专员公署组织暂行条例》①，对于专员权力的规定，较前更为明确，其本职之权有如下10项：(一)审核及统筹区内各县、市行政计划或中心工作之权。如果说审核权有行政与督察性质的话，统筹权则显属行政性质了。(二)审核区内各县、市地方预算、决算权。此前的两个条例均未涉及财权。(三)审核区内各县、市单行法规权。(四)巡视及指导区内各县、市地方行政及自治权。巡视权有督察性质，指导权则系行政性质。(五)考核区内各县、市行政人员工作成绩权。(六)奖惩区内各县、市人员权。(七)召集行政会议权。(八)处理区内各县、市争议权。(九)颁行区内单行规程权。此项权力前两个条例均未涉及。(十)办理省政府交办事项。专员除上述十项权力外，规定还有如下权力：(一)军警权。除特殊情形外，专员需兼任保安司令，有指挥、监督区内保安团队和警察权。(二)兼任县长表率权。前已述及，抗战开始后专员不再兼任县长，则此权消失。但此权的消失，非但意味专员权力的削弱，实意味专员权力和地位的提高，前已论及。对于专员的上述各项职权，在该条例的具体条文中又有进一步的阐述和说明，如在第十一条阐述了命令权及行政违法之行政处分权，在第十二条阐述了密报权。

  1936年10月所颁此条例与1932年8月的两个条例相比，对专员的权力的规定较前更为详细和具体，而且增加了区内财政审核权、各县市争议处理权、单行法规制颁权。随着抗战军事的进行，专员的权力再一步得到不同程度的扩大。如湖南省的专员兼保安司令还兼任有战区伤兵管理处处长、无线电台区台长、团管区司令、新生活运动促进会主任委员等职；湖北省专员兼司令还兼任有区动员委员会主任委员、防空指挥部指挥官、防空专员、团管区司令等职；贵州省专员兼司令还兼任有国民义勇常备大队长、专员驻在地防空处长、中国航空建设协会省分会征求队长等职；浙江省专员兼司令还兼有区税务处监督、国民抗敌自卫团区司令、团管区司令等职；广东省专员兼司令还兼有防空指挥部指挥官、赈济会难民救济区主任等职。另外，专

---

① 《国民党政府政治制度档案史料选编》下册，安徽教育出版社1994年版，第491—494页。

员兼军法官的省份有四川、浙江、贵州、湖北等省。① 由此可见,专员既有行政监督权,又有行政惩罚权,还有行政执行权和立法权,有的更有军事审判权,具有行政、立法、司法三权合一的性质,职权既隆重又广泛。

　　法规所定专员的权力重要而广泛,在其权力的实际运作中如何呢? 专员对县长的权威性是考察专员权力的一个重要参照系。根据曾任陕西南郑县县长的高应笃先生的回忆,当年在其该县长任内,因与邻县发生地界纠纷,高县长"一面请示专署,一面报告省府",而该辖区专员误认为高县长"不应该呈报省府",是"不服从"专员的表现,因而表示不满。该区专员的不满和误会,使高县长认为"长官既有误会,以后不好共事",便要求请辞或他调,结果致使高县长另调他县。② 专员本无撤免县长法定之权,事实上该专员也并未有逼迫高县长的行为,而仅因该区专员的不满态度,高县长便得出长官误会不好共事的结论,并导致另调的事实本身,足以说明专员对县长的权威与其去留的影响。县长的任命权法定于省民政厅,但专员对所属县县长在事实上有推荐权,如抗战期间河南修武县的刘明德县长即为该区专员张侯生"亲自向省府推荐的县长"。③ 新任县长上任,先要晋见专员;县长上任宣誓,专员须派员监誓。④ 可以说,专员对县长的任用和去留有着巨大的作用和影响。

　　专员对辖区地方事务的管理是多方面的。根据1936年10月行政院公布《行政督察专员办事成绩考绩考核办法》的列举,专员办理如下事项:(一)办理中心工作事项;(二)办理地政事项;(三)整理地方财政事项;(四)整理田赋事项;(五)办理保安及警察事项;(六)办理保甲及训练壮丁事项;(七)办理建设事项;(八)办理教育事项。上述八项事务,包括了政治、经济、军事、文化教育各方面的内容。

---

① 萧文哲:《行政督察专员制度改革问题》,《东方杂志》第37卷第16号,1940年8月16日。
② 高应笃:《内政春秋》,台北,华欣文化事业中心印行,民国七十三年,第67页。
③ 李克己:《抗日战争时期张侯生主持河南省第三区督察专员公署情况略述》,《浚县文史资料》(河南)第二辑。
④ 许维屏:《抗战胜利后的商丘专员公署》,《河南文史资料》第30辑;重庆档案馆:《专区各级官长到职报告履历表》,全宗号:0055;目录号:0101;卷号:61。

第一章　南京国民政府行政督察专员制的法制考察

可见,专员的职权是广泛的,也是很大的。当时有的学者指出:"就其权力言,则行政执行权与行政督察权及军事权集中一身,在辖区以内,行政督察专员权力之大,不啻一国元首。凡专员之所为,既有武力为其后盾,复有督察权从而庇护之,以是而得为所欲为,凡专员之所是者,人莫敢非之,凡专员之所非者,人亦莫敢是之。"①

由于专员职高权重,且一省选几个至十几个专员,专员的能力、资历和人望应在该省是比较突出的。在各省的专员中,由专员调升省民政厅等厅长或省政府秘书长的颇不乏人。专员的重要,使专员的任命颇受政界重视,有的专员甚至是国民政府要人的亲近,如蒋经国曾任江西省第四区专员,蒋介石的侍卫长俞济时的胞弟俞济民曾任浙江省第六区专员。抗日名将范筑先在任山东省第六区专员期间,反对当日军进犯山东时韩复榘的逃跑政策,坚持在聊城抗战,名震全国,也说明专员职权之重、影响之大。

专员不仅对区内重大事务有统筹权、行政执行权和督察权,而且对区内的一般性事务以至很小的事情也需过问。如四川省永川县临江实验乡需要2名教师到该乡农校任教,也须报呈专员批准。② 专员在过问这类事情时,其权威性是毋庸置疑的。例如,四川省永川县政府因维修县城东北门及监狱瞭望所,其费用原计划需32.3元,后因材料费涨价、工价上涨等原因,所需实际费用超支60.14元,该县罗宗文县长为此呈请专员允准在预备费项下动支。该区沈鹏专员在批阅此呈文时,严责其"超过原预算数,将近两倍,当初估价时,何其草率若此?"予以驳回。③ 此例可证专员对区内事务管理细密与具体的程度。

专员权大,管理事务又多,而专员个人的能力和精力又是有限的,那么,专员一般管理多少县(市)呢?应该管理多少县(市)比较适宜呢?这是与专

---

　　① 高铦:《地方行政改革中之行政督察专员制度》,《东方杂志》第33卷第19号,1936年10月11日。
　　② 重庆档案馆:《永川县临江实验乡为派教师事呈专署》,全宗号:0055;目录号:0106;卷号:18。
　　③ 重庆档案馆:《为据财委会呈明培修东北城门超支工料费拟恳在预备费项下动支,永川县政府呈专署》,全宗号:0055;目录号:0104;卷号:264。

29

员权力相联系的一个问题。

专员管理县(市)的多少,不同省份不同,同一省的专区辖县也并不相同。

我们现在对1935年江苏、安徽、江西、湖北、河南、浙江、福建、贵州8省的专区辖县的情况作一考察。据统计,1935年江苏省共有10个专区辖县60个,各区分辖4—9县不等,平均每区辖县6个;安徽省10区辖县58个,各区分辖4—8县不等,平均每区辖县5.8个。江西省8区辖县82个,各区分辖7—12县不等,平均每区辖县10.25个;湖北省11区辖县69个,各区分辖4—8县不等,平均每区辖县6.27个;河南省11区辖县110个,各区分辖6—14县不等,平均每区辖县10个;浙江省7区辖县47个,各区分辖5—12县不等,平均每区辖县6.71个;福建省10区辖县62个,各区分辖5—9县不等,平均每区辖县6.20个;贵州省11区辖县81个,各区分辖5—10县不等,平均每区辖县7.36个。① 上述省的区辖县情况虽然各不相同,但除江西和河南外,基本上平均是一区辖6县左右,如果加上江西和河南这样辖县较多的省,应当平均7县左右。当然,由于区划的调整,专区辖县也是变动的。但即使有所变动,对7县这个平均值是不会有多大影响的。

在一般情况下,专员辖多少县比较适宜呢?这在理论上和事实上都是一个难以回答的复杂问题,而且,由于地区和时期的不同,不可能有一个硬性的数目标准。不过,限于专员的地位、能力和精力,专员辖县也应该有一个比较适宜的波动范围。专员辖县过少,就会造成管理人才资源和财政资源的浪费;辖县过多,就会造成专员力所不逮、顾此失彼甚至敷衍塞责的情况。由于专员制度系借鉴民国道制而设,专员辖县数以多大范围为宜,我们可以通过与北洋政府时期的道辖县的情况作一比较而获得认识。

民国北洋政府时期的道辖县,也以上述诸省为例作一比照,河南省共4道辖108县,平均每道辖27县;安徽省3道辖60县,平均每道辖20县;江西省4道辖81县,平均每道辖20.25县;福建省4道辖61县,平均每道辖

---

① 根据《内政部年鉴·二十四年续编》(一)民政篇第217页统计而得。

15.25 县；浙江省 4 道辖 75 县，平均每道辖 18.75 县；江苏省 5 道辖 60 县，平均每道辖 12 县；湖北省 3 道辖 69 县，平均每道辖 23 县；贵州省 3 道辖 69 县，平均每道辖 23 县。上述诸省之道平均每道辖县在 20 个之多。一道辖县少则十几，多则几十，有的辖县达 40 多个。① 道区之大，最初本是袁世凯为"废省存道"之用，袁之动机姑且不说，就实际政情而论，鉴于中国省大、辖县过多以致难以管理之因，废省而存道，实行道县两级制，未尝没有行政管理上的合理性。而事实上，省未废，袁死后道亦存而未废。但道区辖县过多、辖区过大，由于道区机构、人员所限，道区长官权限所碍，道区机关之设如蒋介石所云反而"既了无实权，更无所事事，仅为省与县间之一承转机关，未收监督县长之功，适见积压公文之弊，其无裨于地方行政之革新策进"。② 道的弊端既为国民政府主政者所认识，其在创设专区制度时，自然会考虑到辖县适宜与否的问题。这应该是专区辖县较道区为少的重要原因。

专区辖县的范围以多少为宜，应有其根据。我们可以拿清代府辖县的情况作比照来判断专区辖县的问题。清代的府和州（清代的州分与府平级的直隶州、县级州，本文指与府平级的直隶州），其地位与专区相似，是介于省县之间的中层政权机构，上面虽有道，但如盐道、粮道等只能是管理专门行业的机构，实际上不是一级政权机构。为了对比方便，我们仍以前面所提的河南等 8 省府和州辖县的情况为考察对象。清代河南省有府 9、州 5，其数与此专区数大体相当；浙江省有府 11，与此专区数接近；江西省有府 13、州 1，与此专区数接近；其他湖北省有府 10、州 1，福建省有府 9、州 2，贵州省有府 12、州 1，江苏省有府 8、州 3，③与南京政府时期的专区数皆比较接近。南京国民政府时期的上述省份所辖县数，和清代的省辖县数相比，变化很小，因此，各省专区所辖县数应与清代府、州所辖县数大致相当，应该是可信的。而清代的府、州，又是在秦之郡制、汉之州制、宋之府制和州制的基础上发展

---

① 根据钱实甫《北洋政府时期的政治制度》（中华书局 1984 年版，第 287—289 页）统计而得。
② 《国民党政府政治制度档案史料选编》下册，安徽教育出版社 1994 年版，第 471 页。
③ 程辛超：《中国地方政府》，中华书局香港分局 1987 年版，第 175—181 页。

来的,专区的区划既与清代的府、州相当,那么,说专区的辖县幅度有其历史上的依据,又是历代地方行政区划发展的结果,这一说法应该是站得住脚的。因此,专区辖县的范围和幅度,基本上应该是合理的。

六、专员公署组织的法律设定、实际运作与经费

考察专员的组织是一个颇为棘手的问题。这是因为,专员的组织的设立,不仅最初有按《组织条例》与《暂行条例》的不同,还有按甲、乙、丙3等划分的不同,更有实际编制与法规所定的不同,厘清其演变和名与实,这些,都是我们应予特别注意的。

根据《组织条例》和《剿匪区内行政督察专员公署办事通则》,专员公署除专员外,设秘书1人,掌管机要及专员指定事项;设一、二、三、四科,分掌民政、保安、财政、建设等事项;除专员和秘书外,设署员4人、事务员6人。专署法定编内行政人员12人。此外,得聘参事5—9人,参赞署务或赴县乡调查及指导,参事为无给职。在军事保安方面,除专员兼任司令外,设副司令1人、参谋1人、副官2人。以12人编内行政人员之力,管理全专区行政事务,绝非易事。稍后有研究行政学的学者已注意到,"以一专员公署,并兼理一县之事务,绝非条例所设一秘书,四署员,及六事务员所能胜任"。① 因此,依《组织条例》各省之专区组织,与其条例并非并无出入之处,如安徽省第八区专署,就设有秘书1人、科长4人(第一科长由秘书兼任)、科员16人,另有管卷员、税收管理人员等等。②

根据《暂行条例》,专员在其所任县政府内仅"附设办事处",办事处除专员外,设秘书1人、事务员2人、书记2人。专员办事处包括专员在内,共6人。实际上,在具体实施该条例的过程中,亦有变通。如河北省系"援照行政院所订专员条例,临时设置滦榆、蓟密两区行政督察专员",该两区专员均

---

① 钱端升等:《民国政制史》(下),商务印书馆民国三十五年版,第155页。
② 钱端升等:《民国政制史》(下),商务印书馆民国三十五年版,第155页。

第一章 南京国民政府行政督察专员制的法制考察

设置公署,并制定《河北省行政督察专员公署办事细则》报行政院通过。该细则规定,专员公署设秘书1人、署员1—3人、事务员2—6人、书记2人,较院颁条例人员为多。① 江苏省亦按照院颁条例设置专员公署,除专员外,设有秘书1人、科长2人(两科)、科员4人、参谋2人、副官2人,必要时得任用侦探、书记若干人,②亦较院颁条例人员为多。

专员机构设置不仅有依《组织条例》和《暂行条例》之分,还有甲、乙、丙等之别。根据1934年4月军事委员会南昌行营治字第5362号训令所定编制,专员公署分甲、乙、丙三等。甲等专员兼理县长,职员人数编制多,除专员外,有秘书1人、署员4人、技士2人、事务员6人、区保安副司令1人、参谋2人、副官2人、雇员6人、录事8人、卫士8人、侦探6人、传令兵8人、工役12人、马夫3人、伙夫6人、马乾3人,共79人;乙等专员不兼县长,有直辖团队,职员人数编制次之,除专员外,有秘书1人、署员2人、技士2人、事务员4人、区副司令1人、参谋2人、副官2人、雇员6人、录事6人、卫士6人、侦探4人、传令兵6人、工役10人、马夫3人、伙夫6人、马乾3人,共65人;丙等专员不兼县长,又无直辖团队。职员人数编制最少,除专员外,有秘书1人、署员2人、技士2人、事务员4人、区副司令1人、参谋2人、副官1人、雇员3人、录事5人、卫士6人、侦探4人、传令兵6人、工役9人、马夫3人、伙夫5人、马乾3人,共58人。③ 在这里,我们可以看到专员公署的具体内部编制。就其原则看,仍是依《组织条例》为基础的。就其整体来看,其机构也是比较简单的,机构等级的差别也并不突出,其经费差别亦不应很大。值得注意的是,其甲乙等级之分的标准,系以兼否县长为度,而如本文前已所述,抗战开始之后,专员不再兼任县长,此后其等级划分依据为何,尚待资料说明。

1936年10月15日修正之《组织暂行条例》统一体制后,专署除专员外,

---

① 《内政部年鉴·二十四年续编》,民政篇,商务印书馆,第223页。
② 《内政部年鉴·二十四年续编》,民政篇,商务印书馆,第219页。
③ 高铿:《地方行政改革中之行政督察专员制度》,《东方杂志》第33卷第19号,1936年10月11日。

设秘书1人,设2—4科,科长2—4人,视察1人,技士1—2人,科员2—4人,事务员3—6人。此外,规定另组区保安司令部,除专员兼任司令外,设副司令1人,参谋1—2人,副官2人,军法官助理员1人,办事员1—4人,书记2人,并得招募士兵若干人。① 应该说,就专署行政机构来看,与《组织条例》相比并无大的变化,只是人员编制较前有增加,更具弹性,以适应专署各不同等级的编制,并新增加"视察"一职,废除原"参事"一职。而就军事方面来看,1936年10月24日,行政院制定条例明确规定另组区保安司令部,②并得自主招募士兵,其军事功能较前强化。

1941年3月,重庆国民政府行政院以勇字第16532号训令颁发《战时各省行政督察专员公署及区保安司令部合并组织暂行办法》。该办法规定,专署机构与区保安司令部合并,其组织名称定为"某省某区行政督察专员公署"。公署设专员兼区保安司令1人,上校副司令1人,秘书1人,科长2—3人,视察1—2人,技士1人,技佐1—2人,科员4—6人,中、少校参谋各1人,同军法助理员1人,会计员1人,办事员6—9人,书记8—9人,共29—38人。从法规上看,专员公署组织由此定型。

事实上,专员公署机构的设置情况与法规所定有一定的距离。一般而言,实际状况较法规所定的机构可能要大,职员可能要多。如四川省第三专署,有民政、财政、建设、教育、总务四科和一秘书室,文职人员有28人,武职人员19人,工役14人,共60多人。③ 湖南第十专署1947年以后设有两科九室,第一科为民政科,管民政、教育;第二科为财政科,管财政、建设;其他九室是会计室、统计室、视察室、机要室、秘书室、人事室、参谋室、副官室、军法室。后参谋室又扩大为两个科。另有无线电台通讯人员。其职员、官佐共

---

① 钱端升等:《民国政制史》下册,商务印书馆民国三十五年版,第156—157页。
② 在此之前,1934年4月31日军事委员会委员长南昌行营公布《各省保安制度大纲》规定,省分区设立保安司令部。见孔庆泰等:《国民党政府政治制度史》,安徽教育出版社1998年版,第609页。
③ 重庆档案馆:《四川省第三行政督察专员公署》,全宗号:0055;目录号:0101;卷号:5。该馆藏。

有40余人。① 专署的编制应该说是比较精简的,而且,事实上由于无论一些专署的实际编制和人员如何与法规不同,但其经费却是按其由省政府统一制定的标准拨发的。因此,专署的实际编制和人员的上下波动情况与其法规所定,不应有过大的出入。对专署的编制情况的评价,可以通过与县政府的比较中而得知。国民政府时期的县政府组织编制虽几经变动,但就其整体情况看,是比较健全的,一般以民政、财政、建设、教育、军事五科及秘书、会计两室为原则。② 就此而言,专署的机构与编制是简易型的。这可能与专署始终未获法定一级政府地位有直接关系。

影响行政组织能否正常运作的因素,除其行政编制是否合理外,还有经费是否充足这一重要因素。③ 专署的经费情况,我们通过河南省拨专署的经费与其拨县政府经费的比较中,可窥知大概。现以河南省1935年6—12月和1936年1—6月专署经费与县政府经费的情况为例,作一统计(见表3、表4),再作分析。

表3　1935年6—12月河南省专员公署与县政府经费比较统计(单位:元)

月份	专署经费数额	专署数	县经费数额	县政府数
6月	36800.00	11	57530.00	112
7月	41400.00	11	95218.00	112
8月	41400.00	11	36898.00	112
9月	41400.00	11	67888.00	112
10月	78200.00	11	111255.40	112
11月	59800.00	11	121526.00	112
12月	63480.00	11	157243.50	112
合计	362480.00	11	647558.90	112
每专、县月平均	4707.53	1	825.97	1

---

① 彭国安:《我所知道的第十区专署情况》,《洪江市文史资料》(湖南)第一辑,1986年。
② 杨鸿年、欧阳鑫:《中国政制史》,安徽教育出版社1988年版,第498页。
③ 专署经费,根据内政部1936年10月有关定制,为甲等每月4920元,乙等4070元,丙等2900元。见萧文哲:《行政督察专员制度研究》,重庆独立出版社民国二十九年版,第105—106页。

表4 1936年1—6月河南省专员公署与县政府经费比较统计(单位:元)

月份	专署经费数额	专署数	县经费数额	县政府数
1月	62429.70	11	74033.50	112
2月	39429.70	11	80176.15	112
3月	35558.20	11	132084.05	112
4月	115289.00	11	186781.45	112
5月	35358.80	11	121055.55	112
6月	48639.95	11	100283.00	112
合计	336705.35	11	694413.70	112
每专、县月平均	5101.59	1	1033.35	1

表3、表4资料来源:河南省统计学会等编:《民国时期河南省统计资料》上册,1986年内部印刷,第510—558页。

通过上述两表可知,河南省11个专署1935年6—12月的财政经费总额为362480.00元,而112个县政府同期的经费总额为647558.90元,11个专署的经费相当112个县政府经费的50%多。平均每专署月经费为4707.53元,平均每县政府月经费为825.97元,平均每专署的月经费是县政府的5.7倍多。该省1936年11个专署1—6月的财政经费总额为336705.35元,而112个县政府同期的经费为694413.70元,虽然专署的经费比上年有所减少、县政府的经费比上年有所增加,但11个专署的经费仍接近112个县政府经费的50%。平均每专署月经费为5101.59元,平均每县政府月经费为1033.35元,平均每专署的月经费是县政府的4.9倍多。如前所分析,专署的机构和人员并不一定比县政府的多,而专署的经费显然要比县政府宽裕得多了。当然,南京国民政府时期,财政困难始终相随,所谓"宽裕"也不过是比较而言罢了。抗战期间,财政经费更加困难,当时有人对专署经费的困难情况进行了考察,指出"考察各省设置专署之事实,有因经费困难,仅列乙、丙两等者"这一情况。[①]

[①] 萧文哲:《行政督察专员制度改革问题》,《东方杂志》第37卷第16号,1940年8月16日。

七、专员公署与国民党地方党组织的关系

国民党政权的治理模式,一般概括为"党治",即由国民党治理国家。就其实际情形而言,则需要具体探讨。就中央层级,国民党通过法规、组织、人事以及督察等途径支配了国民政府,是为"以党统政"。① 一般而论,在中央层,在国民党与国民政府的关系中,国民党是主导者。但是,在其地方的党政关系中,情形则有很大不同,远非"党治"一语所能概括。对于国民党地方党部与其地方政府的关系,学界虽有所关注,②但对这一问题的研究仍有进一步深入的必要。至于专署与其地方党组织的关系,则尚未有研究者涉足。

要厘清专署与其地方党组织的关系,需要了解国民党地方党组织与其政府的关系。国民党的党组织,中央层设中央党部;在地方,省设党部,县或市设县或市党部,在区(县之下单位)设区党部,在院辖市设特别党部,在海外设海外支部。从层级看,共有中央、省、县或市、区四级党部,地方党组织有省、县或市、区三级党部,而主要是省、县或市二级。国民党的地方党与政的关系,也主要表现为省、县两级。所以,从国民党的有关文献看,地方党与政的关系,也主要反映的是省党部与省政府、县党部与县政府的关系。

早在广州国民政府时代,在国民政府成立后不久,国民政府就于1926年1月14日颁令通告各党部及各团体,称:"国民政府基于以党治国之精神而成立,凡政府所举措,皆本于党之主张。最高党部代表本党对于政府施行指导、监督,其余各属党部及各种人民团体对于政治问题,固有自由讨论及建议之权,而对于财政收入及一切行政事项,不容直接干涉;否则破坏行政统

---

① 参见翁有为:《南京政府政治制度批判研究(1927—1949)》,《民国档案》1993年第1期。
② 参见钟声、唐森树:《论南京国民政府训政时期的地方党政关系》,《益阳师专学报》1998年第2期;王奇生:《党政关系:国民党党治在地方层级的运作(1927—1937)》,《中国社会科学》2001年第3期;刘会军、李秀原:《论南京政府宪政时期的党政关系》,《长春师范学院学报》2002年第6期;孙桂珍:《抗战时期国统区地方党政关系运作研究》,《广西社会科学》2004年第7期等。

一,纪纲不存,国无以立。为此通令各属党部及各种士、农、工、商团体,概不得擅自干涉财政收入及一切行政事项;如认为必要,应建议于财政当局或省政府,如有违抗,以破坏统一论罪。此令。"①论者或以为,这一通告表明,国民党最初所设计的党政关系模式,只打算在中央一级实行直接党治,而在地方则保持行政权的统一性和独立性,不允许地方党部直接干涉地方行政。问题是,这则通告是广州国民政府颁发的,而不是国民党中央执行委员会发布的,很难说其在多大程度上代表了国民党中央的理念。就该通告的内容看,它反映的是国民政府在当时党权高涨、军权重要、农民运动和工人运动蓬勃开展的格局中,其财政权和行政权被分割或侵蚀的严重事实,所以提出各属党部概不得擅自干涉财政收入及一切行政事宜。其提出"以破坏统一论罪"的严厉应对措施,自然也具体表达了国民政府及其下属省政府作为行政系统谋求行政统一、不再受各属党部及农会工会等团体干涉的愿望。

明确表达国民党地方党政关系的是1926年10月20日中央各省区联席会议通过的《省党部与省政府之关系议决案》。该议决案规定,省党部与省政府的关系,根据各省情形不同而为三种办法:一是省政府在省党部指导之下;二是省政府在中央特别政治委员及省党部指导之下;三是省政府与省党部合作。② 所以有上述三种党政关系的办法,事实上皆缘于有上述三种客观事实存在。在国民党势力占主导的省区,自然采取前两种办法,在国民党势力不占主导的省区,则采用第三种办法。前两种办法,当时以苏俄为师的国民党显然受苏联地方党政关系模式的影响。后一种办法,则表现了国民党在北伐时期在地方党政关系问题上的灵活性。而1926年11月10日国民政府公布的《修正省政府组织法》第一条称:"省政府于中国国民党中央执行委员会及省执行委员会指导、监督之下,受国民政府之命令,管理全省政务。"③因国民政府所颁法规,系由国民党中央执行委员会动议和创制,故这种由中央和地方党部来指导、监督地方政府的规定,代表了北伐时期国民党对地方

---

① 《国民党政府政治制度档案史料选编》下册,安徽教育出版社1994年版,第260—261页。
② 《国民党政府政治制度档案史料选编》下册,安徽教育出版社1994年版,第546页。
③ 《国民党政府政治制度档案史料选编》下册,安徽教育出版社1994年版,第547页。

第一章　南京国民政府行政督察专员制的法制考察

党政关系的理念。

南京政府建立后,在党政关系认识上与北伐时期有了很大的不同。在中央层的党政关系问题上,南京政府坚持在理念上以党统政,并以法律规范之。但在地方党政关系问题上,取消了地方省部对地方政府的指导与监督之权,而规定地方党政分属的体制。1928年8月11日,国民党二届五中全会通过了各级党部与同级政府关系临时办法之决议。该决议规定:"凡各级党部对于同级政府之举措有认为不合时,得报告上级党部,由上级党部请政府依法查办。各级政府对于同级党部之举措有认为不满意时,亦得报告上级政府,转咨其上级党部处理。"①这一临时办法之决议规定,显然是地方党政各成系统,各自独立,互不统属,但同级党政机构可相互监督,而监督之方法需报各该系统上级机关而由对方上级机关处理,同级之间党政分开,不直接发生权能关系。1929年6月15日,国民党三届二中全会上通过的关于党与政府对于训政之权限及各级党部与同级政府关系之决议中,重申前关于地方党政分属的原则,较之前1928年8月11日临时办法之决议,则郑重表明了国民党此后对于地方党政关系的原则立场:"(一)凡各级党部对于同级政府之用人、行政、司法及其他举措,有认为不合时,应报告上级党部,由上级党部咨其上级政府处理。(二)凡各级政府对于同级党部之举措认为不满意时,应报告上级政府转咨其上级党部处理。"②

国民党关于地方党政关系相分属原则的规定的制度,有其多方面的原因。就大的背景而言,南京政府实行反苏清共的政策,对其地方党政关系的认识的转变应不无影响。同时,国民党要人对地方党部的认识,在对地方党政关系的处理上必然也产生一定影响。如时任河南省政府主席的刘峙著文指出:本党取得政权,正式公开以后,于是党部成了衙门,一班无耻的官僚政客,以为这是升官发财的捷径,都纷纷钻进本党,而党本身遂一天天地腐化下去,一天天地为民众所厌恶,党部既成了衙门,于是就要干涉政权,而党员

---

① 《国民党政府政治制度档案史料选编》上册,安徽教育出版社1994年版,第1页。
② 《国民党政府政治制度档案史料选编》上册,安徽教育出版社1994年版,第5页。

遂成了一个高于一切的特殊阶级。① 从刘峙的上述文字中,可知刘峙对党部的看法是:第一,党部由一班以升官发财为目的的官僚政客所把持,一方面成为衙门,另一方面本身腐化;第二,党部成为衙门,干涉政权,把持党部的党员成了高高在上的特殊阶级。既然如刘峙这样的国民党地方大员都认为地方党部本身既腐化又干涉政权,那么,限制地方党部的权能,使之不能干涉行政就成为题中应有之义了。而使党部不干涉行政,在国民党的党治原则下,就只有采用地方党政分属的办法。

然而,地方党政分属的办法,并不是解决其地方党政关系的妙方。第一,诚如国民党于1938年临全大会上对党政关系的检讨所云:"本党执政以后,党政似成为两个重心,除中央有正常之党政关系外,各级地方,此两个重心始终处于似并立而非并立之地位,因之地方政府之设施,与党部之工作,有往往未尽协调之处。"②第二,由于党政两个重心,"各地常常发生党政的冲突"③,各省省党部,各县县党部,没有一个党部不和同级政府发生冲突。④在党政分属、两个权力重心的格局下,党政纠纷和冲突成为一种普遍的政治现象。它不仅造成国民党政治体系的严重内耗,也严重地影响了国民党及其政府的权威和信誉。诚如河南省政府主席刘峙不无自嘲的一句话:"这真是以党治国下的一个大笑话。"⑤

正是由于地方党政分属体制下,形成了党政两个重心和党政的冲突问题,抗战发生后国民党开始调整其地方党政关系。1938年3月31日国民党临全大会通过的有关决议,对地方党政关系进行了调整,即在"中央采取以党统政的形态",在"省及特别市采取党政联系的形态",在"县采取党政融化的形态"。在省一级,省党部委员会采取主任委员会及委员分区督察制,由中央执行委员会特派中央执行委员1人为省党部主任委员,同时由全国代表

---

① 刘峙:《党与政府的关系》,《河南政治月刊》第4卷第2期,1934年。
② 《国民党政府政治制度档案史料选编》上册,安徽教育出版社1994年版,第5页。
③ 刘峙:《党与政府的关系》,《河南政治月刊》第4卷第2期,1934年。
④ 孙科:《办党的错误和纠正》,《中央党务月刊》第29期。见前引王奇生文。
⑤ 刘峙:《党与政府的关系》,《河南政治月刊》第4卷第2期,1934年。

第一章　南京国民政府行政督察专员制的法制考察

大会选举若干人充任省党部委员。除主任委员外，委员名额可按区划之需要定之。除主任委员驻省经常办理省党部事务外，其余委员必须按区分派担任督察各该区内所有各县党部之工作，予以指导，并随时报告省党部主任委员。省党部、省政府每月须举行联席会议一次。省党部主任委员，应出席省政府会议，以收党政联络之效。在县一级，县政府设地方自治指导员1人，由县党部书记长兼任之，协助县长指导地方自治之筹备事宜。并增设社会科，受指导员之命，专司民众组织与训练及筹备地方自治事宜，必要时得兼办兵役事宜。县党部书记长由省党部呈请中央指定。县党部之工作，须绝对受省党部常驻该区者之指导与监督。县党部对外秘密。① 在这里，国民党表现了调整其地方党政关系的新的制度安排，有废止原有地方党政分属的体制的新趋向和新努力，其重点在加强国民党地方党部的权能，加强其地方党部与地方政府的配合与合作。

　　尤其值得笔者关注的是，在国民党临全大会的决议中，规定了国民党省党部委员分区督察的制度。而这种分区督察的制度，就是我们所要探讨的专署与其地方党组织的关系。根据国民党临时全国代表大会的决议可知，国民党在其地方党政关系认识上，逐渐又转为强化其地方党组织的权能。行政督察专员公署制度自1932年推行以来，尚未设立国民党的地方党组织的制度。因为，专署一级不是一个法定的层级，国民党在地方的党部也只有省级和县级，未在专署设立党部。而临时全国代表大会的相关决议中，关于国民党省党部委员按区分派、分区督察的规定，是加强国民党对其省县之间的专员区这一层级的管理的措施。

　　自1938年国民党临时全国代表大会决定加强其地方党组织对政府的关系后，国民党沿着这一思路一直强化其地方党组织的功能。1938年4月国民党五届四中全会重申了临时全国代表大会精神，对于省指出："一、采主任委员制，由中央于省党部执行委员中指定之，主任委员由中央委员充之。二、省党部以分区指导、督察为原则，主任委员留省。三、省党部委员得参加

---

① 《国民党政府政治制度档案史料选编》上册，安徽教育出版社1994年版，第5—6,9—11页。

省政府会议。四、省党部与省政府每月须开联席会议一次。五、省党部监察制度照旧。"全会关于县党部也重申了临时全国代表大会相关决议的规定。①1940年7月6日,国民党五届七中全会通过的关于省县党政关系的决议,对地方党政关系作了进一步的阐释。决议对于县以下党部取"融党于政"的方式,称其"真义乃在使党政合为一体";对于省党部与省政府"党政联系"方式,在于"本党对于政治的实际领导"。②1941年4月1日,国民党五届八中全会上通过的决议,增加了各级党政联系补充办法八条,其中与行政督察专员公署制度相关的内容有,"省县党部,除依照总章'稽核同级政府之施政方针及政绩是否根据本党政纲及政策'外,对其下一级行政机关,如行政督察专员公署、县政府、区署及乡镇公所,应根据中央颁布或核定之政令,协助督导,并检察其实施。"督导监察之行使的方式是,如行政主管人员为党员时,以党部名义行之,但须随时函知政府;如行政人员非党员时,则由党部通知政府办理之。③ 这里,进一步明确规定了地方党部除对同级政府稽核外,对其下一级行政机关亦有督导、监察其实施之权。省党部对行政督察专员公署的督导与监察,是上级党部对下一级行政机关进行督察的关系。当然,如国民党临时全国代表大会及五届四中全会的有关决议的规定,省党部对行政督察专员公署的监督与指导,是由省党部委员分区担任的,事实上可以看作是省党部派驻专区的派出机构。国民党在地方党政关系中,愈来愈强化其党组织功能的趋势,是很明显的。

1944年10月20日,蒋介石在一份手令中明确发出在沦陷区省市地方实施"党政军一元化"的指令。该手令强调:"沦陷省市党政军必须一元化,

---

① 《国民党政府政治制度档案史料选编》上册,安徽教育出版社1994年版,第13页。
② 《国民党政府政治制度档案史料选编》上册,安徽教育出版社1994年版,第16—17页。
③ 《国民党政府政治制度档案史料选编》上册,安徽教育出版社1994年版,第19页。该决议还对省党部的权能有了进一步的规定,如规定:省党部省政府联席会议,党政双方对于下级干部人员如发现有成绩低劣不能称职,或违背党政协调原则,致阻碍党务与政令之推行者,得相互检举,提请联席会议,共同评判,并商决其处分。省政府之不兼厅委员,以省党部委员充任为原则,经中央党部推荐后任命之。省党部之主任委员与书记长及委员,应与担任省政府主席、秘书长、厅长及委员之党员划编为一特别小组,直隶省党部,实施党团办法。见上引书,第19—20页。

并应令党员、团员积极发展武装游击与地下军之组织,随时随地与奸伪、敌、匪斗争,但所有之组织必须统一于其省、市之党部。"[1]同月由国防最高委员会第153次常会通过的《战地党政军组织配合运用办法》,强调"以权力集中、指挥统一为原则"。该办法所规定的地方党政组织是三级。第一级是省级,其组织为:"甲、省党部——设主任委员一人、书记长一人、委员七至十一人,下设政训、宣传、民运、总务四处及情报室,处长由委员兼任。乙、省政府——设主席一人、秘书长一人、委员七至九人,设政务、军事、总务三厅,厅长由委员兼任。"第二级是区级(专区级),其组织为:"甲、省党部区办事处——省党部依所辖面积、地形及对方实力分布状况等条件,分全省为若干区,设办事处,置主任一人,由主任委员指定委员充任。乙、省政府行政督察区——省政府分全省为若干行政督察区,其区域即为省党部办事处之区域,每区省于党部办事处所在地设行政督察专员一人。"第三级是县级,其组织为:"甲、县党部——设书记长一人,下设组训、民运、总务三组。乙、县政府——设县长一人,下设政务、军事(游击)、总务三科。"这里,除省、县组织外,行政督察专员区一级省党部办事处与行政督察区专员是同级的党政关系。自国民党临时全国代表大会制定了国民党省党部分区由委员督导的规定后,在这里见到的是关于专区层级国民党组织形式的明确规定,即"省党部区办事处",其办事处主任由省党部委员充任。该办法还规定,这三级组织的运用方式为:"甲、省党部主任委员兼省政府主席及保安司令,书记长兼秘书长,组训处长兼政务厅长,民运处长兼军事厅长,总务处长兼总务厅长,省党部委员兼省政府委员;乙、省党部区办事处主任兼行政督察专员;丙、县党部书记长兼县长。"该办法规定的运用程序是:"甲、省级人选,经中央执行委员会决定后,分函行政院及军事委员会分别任命之;乙、区级人选,由省党部呈报中央核委后,函请行政院任命之;丙、县级人选,经省党部决定后,由省政府任命之。"[2]在这个党政军组织配合运用办法的规定中,国民党地方党组织处于

---

[1] 《国民党政府政治制度档案史料选编》下册,安徽教育出版社1994年版,第389页。
[2] 《国民党政府政治制度档案史料选编》下册,安徽教育出版社1994年版,第389—391页。

主控地位。应该注意的是,这一办法"之适用,暂以完全沦陷之战地为限"①。显然,在沦陷区,国民党地方党政模式是党政合一的体制。在专区一级,专员是由省党部委员亦即省党部区办事处主任兼任的。而在非沦陷区,国民党地方党部与其行政组织的关系,显然并未照此法办理;但是,国民党强化其党的权能的努力可以由其强调地方政府中党团作用②的有关规定中,可见其意旨。

抗战胜利后,国民党既有实行民主化的要求和趋向,又有集权和强化权能的趋向。而国民党为排斥共产党而发动内战,则必然强化其党的权能。1947年3月23日,国民党六届三中全会制定了加强其从政党员管理,成立省县政治委员会的决议。该决议强调,"加强政治领导,确定从政党员管理办法,严格施行"。"迅速成立省县政治委员会,并加强其组织,以指导监督省县行政,并严格管理从政党员"。"从政党员如违反本党主义、政纲、政策,或奉行不力者,党应予以适当之惩处"。"加强各级民意机关之党团领导,尤须通过党团,使党的政策化为民意机关的决议"。③ 这一政治委员会被规定为是秘密性的④,在国民党中央的政治委员会为研究者多所关注,而其于内战中于地方设置的省、县政治委员会,其设置详情和实施状况尚不知悉,亦未见有材料披露。而这一时期专员区公署这一层级国民党的组织或派出人员若何,笔者亦尚未见有材料。其具体状况如何,尚待进一步的材料收集和研究。

国民党在专员区这一层级的党的组织及其党政关系,根据上述探讨,可以有这样几点认识:第一,抗战以前,国民党未在专员区这一层级设置党的组织或准组织。第二,自国民党临时全国代表大会起,始有在督察区设员督察各分区之意,而到抗战后期才制定了在沦陷区党政合一的省党部区办事处主任兼专员区行政督察专员的体制。第三,抗战胜利后,国民党对专区这一层的党务未作明确规定,显然,这种状况与抗战前相似。所以如此,主要原因似应在于,专区这一层级,由于其独特的虚级地位,在国民党的党章党

---

① 《国民党政府政治制度档案史料选编》下册,安徽教育出版社1994年版,第391页。
② 《国民党政府政治制度档案史料选编》上册,安徽教育出版社1994年版,第18、22页。
③ 《国民党政府政治制度档案史料选编》上册,安徽教育出版社1994年版,第35页。
④ 《国民党政府政治制度档案史料选编》上册,安徽教育出版社1994年版,第35页。

规、国民政府的国法国规中没有其法定的地位,所以在常态下,国民党自然倾向于不在这一层级设置其党的组织或派出组织。至于秘密的特务性质的组织,那就是秘密的和临时性的了,设置与否另当别论。而就整体而言,我们姑且不论国民党的地方党政关系是否得当,其所重视规范和制度的倾向是比较明显的,当然,这些规范和制度是由国民党制定的。

八、专员制度初创与实施之背景

要深入理解专员公署组织法制的样态和特征,还要进一步研究专员公署组织法制创设的背景。这一制度,不是南京国民政府某个人或某些人头脑中臆想的产物,而是一定背景下各种矛盾与制度需求相互作用的结果。

南京国民政府建立之初,取消了北洋政府时期实行的省、道、县地方政府三级制中的道一级,而采取孙中山生前所订定《建国大纲》中确定的省县地方政府二级制。而至1932年,国民政府行政院和军事委员会豫鄂皖总司令部分别制定颁行行政督察专员区公署制度,即在省县之间重新恢复设置中间行政机构的制度,时称行政督察专员制度。实际上它不仅是一种行政管理制度,还是一种行政区域管理制度。专员区制度和中国历史上固有的省县制不同,与中国固有的州府道制也不同。它的设立,既与20世纪20年代末30年代初国民党对共产党领导的武装革命的围剿有关,又是地方行政转型过程中政府对社会管理的客观需要,并受历史上尤其北洋道制的影响。此外,也不能忽视其与20世纪三四十年代的知识环境的关联。

专员制度的创设,可以说直接出于其围攻南方诸省工农红军和革命根据地的现实需要。国共合作分裂后,中国共产党人并未为国民党的屠杀政策所屈服,而是果断地在南方诸省,开始了建立工农红军武装和革命根据地的勇猛斗争。工农革命力量和革命根据地的发展如星火燎原之势,给背离国民革命而自肥的国民党南京政权以沉重打击和严重威胁。南京国民政府为消灭共产党领导的工农红军这支劲敌,开始了对革命根据地的围攻。南京国民政府要人尤其蒋介石在从其以优势兵力围攻红军而失败的教训中,痛感围攻红军"与寻常对敌作战绝对不同,苟非于军事之外,同时整理地方、革新行政,断难以安阜民物而奏根本肃清之功"。① 有鉴于此,蒋介石1931年在江西省围攻革命根据地时,便在其南昌行营总部有设立"党政委员会"之举,并将全省划分为若干区,每区设一党政委员会分会,每分会管理区内若干县,即以分会委员会长兼任驻在地县长,"集中党政军各事权于一处,使负监督各县及整顿本县之重任"。② 此制实行后,蒋认为"颇著成效",便"与长江各省当局协议,欲试行移植此制而推广之"。③ 蒋设置和推广此制,显然是出于配合其军事上围攻革命根据地和红军的需要。时任南京政府内政部长的黄绍竑在向行政院提交的拟请颁定行政督察专员暂行条例的提案中,将设立此制的缘由说得很明白。他称:"乃迩近数月以来,长江各省因剿匪、清乡积极进行之故,为应事实上之需要,每每自订单行章程,于省与县之间,增设特种行政组织。"④张学良1936年2月在一次会上讲到围攻红军问题时则径称"专员乃专为剿匪工作而设"⑤。张氏、黄氏之论与蒋氏所言设置此制的意图相同,都是出于围攻革命根据地和红军的需要。在其颁行的关于创设此制的条例中,也明确规定此制的设置是为其"剿共"和"清乡"服务。

专员制度的创设也出于南京国民政府地方行政管理的客观需要。我们知道,中国地域广大,地方政权组织体系或二级制或三级制,各代不定,但基本上自唐代以后多实行地方三级管理体制,有的时期甚至四级管理体制。南京国民政府建立后,根据孙中山的遗教,改地方三级制为二级制,但由于中国省区广大而置县过多,使省对县的管理发生诸多问题。正如蒋介石在阐述其实行行政督察专员制的理由时所说:"我国省区大都地域辽阔,交通不便,所辖县治,多者逾百,少亦六十以上,遂使省与县之间上下远隔,秉承督察,两俱难周,以故省政府动有鞭长莫及、呼应不灵之苦。"⑥鉴于这种省区

---

① 《国民党政府政治制度档案史料选编》下册,安徽教育出版社1994年版,第471页。
② 《国民党政府政治制度档案史料选编》下册,安徽教育出版社1994年版,第471页。
③ 《国民党政府政治制度档案史料选编》下册,安徽教育出版社1994年版,第471页。
④ 《国民党政府政治制度档案史料选编》下册,安徽教育出版社1994年版,第457—458页。
⑤ 周毅等主编:《张学良文集》下卷,香港同泽出版社1996年版,第358页。
⑥ 《国民党政府政治制度档案史料选编》下册,安徽教育出版社1994年版,第471页。

第一章 南京国民政府行政督察专员制的法制考察

过大之弊,有人提出缩小省区之议。而缩小省区事关重大又极为复杂,并未见诸实施。在此种情形之下,国民政府行政院与军事委员会行营要员均感到在某些地区或省区,有在省县之间设置一中间辅助管理层之必要。在省区过大的情况下,省县两级制妨碍了政务的上传下达和有效的管理与监督,导致行政管理的脱节、行政效率的低下及其他弊端出现。这一问题,正是创设行政督察专员制的行政管理方面的客观原因。早在广州国民政府时期,尽管孙中山手订的国民政府《建国大纲》中,关于地方行政管理规定取省县两级制,但在孙中山去世不久,就在广东全省划分为广州、西江、东江、南路、琼崖5个区,区设行政委员公署,公署由行政委员负责,督察指导辖区内各县行政事宜。这就突破了孙中山关于地方行政省县两级制的限制。这一史实也说明,省县之间需要一级类似行政督察专员公署这样的中间级别的行政机构,即使不叫"行政督察专员公署"、"行政督察专员"、"行政督察专员区",那一定也会设置出名异而实同的机构来。

专员制度的创设,受历史上三级制尤其是北洋政府省、道、县三级制的影响。有的研究行政督察专员制的论者在探讨专员的渊源时,往往从历史上的分守道制度、分巡道制度、知府制度、知州制度以及北洋政府的道尹制度论起,①自然不无道理。然于行政督察专员制有直接影响者,则为北洋政府道制。因北洋政府将历史上尤其是清代所实行的,介于省县之间并立的分守道制、分巡道制和府州制诸制,简化为道制之一种。因此,可以说介于省县之间的行政督察专员制,是借鉴简化的北洋道制发展而来。蒋介石为普遍推行行政督察专员制度,在给国民政府的呈文中就说:"当民国初建、沿袭清制,每省仍划数区,每区各置道尹,论其本意,固在代省府以宣勤,对各县县长为就近之督察。"②接着,蒋氏批评了道这一级"仅为省与县之承转机关"、"既了无实权,更无所事事"的弊端。考察蒋之批评,并非意在道之不应设置,而是道之未能发挥其省县之间应有效力与作用。因此,蒋又接着说:

---

① 周必璋:《改进行政督察专员制度刍议》,重庆,中央政治学校研究部出版,民国三十年,第3—38页。

② 《国民党政府政治制度档案史料选编》下册,安徽教育出版社1994年版,第471页。

"本司令鉴往筹今,当时在赣,乃有总部设立党政委员会之举。"①蒋介石在江西创设之党政委员会分会制,正是以后建置行政督察专员制之滥觞。而蒋且说此制是"鉴往筹今"而所得,这里的"鉴往",显然是指受历史上地方行政组织三级制之影响,尤其是他所列举民初道制设置的影响。

  与专员制度相关联的,还有当时的缩省主张。近代对现行省制最早提出质疑的是康有为,他曾鉴于省区过大等因提出裁省的主张。1908年(光绪三十四年)康有为在其发表的官制议第九篇中,针对行省和督抚制度的流弊进行了批判。1910年(宣统二年),他又著文主张裁除行省区域或缩小行省区划。② 继康有为提出废省主张,梁启超、章太炎也提出了自己的废省主张。民初宋教仁则力主缩小省区。袁世凯曾针对民初省权势力过大足以对抗中央的现实,提出废省存道的主张,由于受到各省反对而作罢。1916年孙洪伊曾向国会提出将全国一级行政单位缩划为50个省的建议,自然只能停留在"建议"阶段。1917年段祺瑞亦曾支持缩省之议,当时北京政府曾制定除东北外全国划分为47个省和7个特别区的计划,亦由于遭到各省军阀反对而夭折。③ 缩省、废省主张和当时的废督裁兵主张有相同之处,就是针对萌生于晚清、形成于民国初年的地方军阀割据、国家分离而不能统一的现实。此外,缩省主张的提出,也有行政管理上的原因。和东西方强国相比,中国省区过大,所辖县域过多,难以实施有效管理,只有缩省才能解决此一问题。这一认识,在南京国民政府成立后,几成为舆论共识。20世纪30年代之初,国民党要员伍朝枢在国民党三届四中全会上提出的缩小省区案中,所陈缩小省区的理由第一条就是现有省区过大、省对县管理不灵的问题。如他说"吾国省区之大,世界莫与伦比,河北一省大于英格兰、威尔斯之和,四川一省大于日本三岛,比较面积甚小之浙江省,尚大于比利时、荷兰两国,甚至一

---

 ① 《国民党政府政治制度档案史料选编》下册,安徽教育出版社1994年版,第471页。
 ② 沈怀玉:《行政督察专员制度之创设、演变与功能》,《中央研究院近代史研究所集刊》,1993年,第22期(上)。
 ③ 沈怀玉:《行政督察专员制度之创设、演变与功能》,《中央研究院近代史研究所集刊》,1993年,第22期(上);张文范主编:《中国省制》,中国大百科全书出版社1995年版,第6—7页。袁世凯的废省存道的想法,是通过其内阁总理熊希龄提出的。

第一章　南京国民政府行政督察专员制的法制考察

县疆域有大于欧洲或中南美洲之一国者，鞭长莫及，治理粗疏，省政府虽有指挥、监督之权，夷考其实，发号施令，徒恃一纸空文通行各县，各县之是否奉行，不得而知，奉行之成绩若何，更不得而考，乃至地方利弊、经济良窳，更茫然罔觉，在省府则患指挥不灵，在各县则感下情不能上达，是故自治、教育、实业、交通，种种要政，虽有良好计划，而未由实施，此省区不能不缩小者一也"。伍朝枢氏并提出将"省区缩小，每省分为二、三"的意见。① 而由陈铭枢提议、胡汉民等14个要员连署的致该全会的《改定省行政区划原则案》则提出"省区缩小、省权减轻"、"依旧道区为省区"的意见。② 而陈铭枢等人的提案以旧道区为省区的计划，简直可说就是当年袁世凯"废省存道"想法的复活。

中国的省区幅度过大，需要缩小，当时"海内名流学者，亦认定废除现有省制为补救时弊之一种重要方策"。③ 诚如有学者指出，"中国地方行政制度之不健全，久已成为无可讳言的事实"。缩小省区在理论上"已获得不少学者的赞同"。④ 各种方案、主张的提出，在社会上产生相当影响。时任湖北省财政厅筹备会暨独立委员会专任委员的蒋义明，1931年1月给陆海空军总司令蒋介石上书提出缩小省区一事。蒋义明早于1916年就曾拟具缩小省区意见书，将全国划为50区划，当时曾分告国会及各省议会。1931年1月，蒋介石临汉。蒋义明将其收有其缩小省区意见书的个人著作《民国政权》一册，上呈蒋介石。⑤ 蒋义明身份并不显赫，应该说是一个普通的国家公务人员，不仅长期关注缩省问题，而且颇有自己的见解和主张，亦可窥见缩省问题受当时社会关注之一斑。在当时召开的全国内政会议上，陕西省政府代

---

① 《国民党政府政治制度档案史料选编》下册，安徽教育出版社1994年版，第337—338页。另见伍朝枢：《缩小省区提案理由书》，《东方杂志》第28卷第8号，1931年4月25号。
② 《国民党政府政治制度档案史料选编》下册，安徽教育出版社1994年版，第340—341页。
③ 《国民党政府政治制度档案史料选编》下册，安徽教育出版社1994年版，第343页。
④ 高铚：《地方行政改革中之行政督察专员制度》，《东方杂志》第33卷第19号，1936年10月。曾著有《行政督察专员制度研究》一书的一位学者曾计划中国各省缩小后，亦不过60省左右，中央对之，"亦当不致有指挥失灵之苦"，并讨论了缩省的具体原则和方案。见萧文哲：《行政效率研究》，商务印书馆（重庆）民国三十一年版，第95—96页。
⑤ 《关于改划省区提议》，全宗号：二；案卷号：1093。南京中国第二历史档案馆藏。

专区与地区政府法制研究

表所提的内政会议第二十四号提案,对缩小省区的标准提出了看法。该提案提出,请于此内政会议时,先将区划标准议定后,再由各省出席人员,就各省情势,及临疆关系,作成方案,限期送部汇案审查,以国务会议决定公布执行之,并提出划分省区的五项标准:一是土地之面积;二是户口现状与生殖之预测;三是财赋之现额与增加之推定;四是实业之现状与发展之设计;五是交通教育之适中,建设与人物之集中。其中,一、二两项为固定性,应就其分配平均数,以定疆域大小及属县之多寡;三、四、五项则为非固定性,应就其现额现状以一、二项共同平均之,以定出治之所宜,而以其预测者,为将来设施缓急之准。① 陕西省代表的意见,无疑更具有社会"代表"性。1933 年,一自称为"野人芹献"的熊川泽,向行政院长汪精卫呈献缩小省区计划意见书。其称因顷阅报载缩小省区一案,知政府决定将江苏分为两省,试行办理,而不揣谫陋,谨就气候、物产、语言、习尚、山川形势、人口疏密、经济状况、交通情形等因素斟酌损益拟成方案,邮呈汪氏籍备采纳。熊氏知道,省区缩小一事时贤论之甚详,政府当局对此明悉,已有考虑而且决定实施决。故其主要就缩省之标准提出自己的意见若干,根据山川、气候与语言、人口、面积、耕地与矿藏等情况,缩省之标准分为五条:第一,沿江沿海,面积最小须满 25 万方里,最大不过 40 万方里;第二,西北西南,面积最小须满 40 万方里,最大不过 55 方里;第三,东北边区,面积最小须逾 40 万方里,最大可达 60 万方里;第四,西北边区,面积最小须及 60 万方里,最大可至 80 万方里;第五,西藏外蒙,应姑就其固有部落辖境分区,不必拘定面积。② 熊氏所提计划,意在缩小省区时注意各省不同情况,而使缩省达到一平衡、合理的结果而使分省改制能经得起历史的考验。1933 年 9 月 6 日,新编陆军第八师师长兼伊犁屯垦使张培元向国民政府主席林森、军事委员会委员长蒋介石、行政院长汪精卫提出新疆分省而治建议,认为新疆分省,似成刻不容缓之事,援照甘肃分省前例,拟分喀什、和阗两区为一省,名之新南省,分迪化、焉耆、

---

① 《关于改划省区提议》,全宗号:二;案卷号:1093。南京中国第二历史档案馆藏。
② 《关于改划省区提议》,全宗号:二;案卷号:1093。南京中国第二历史档案馆藏。

第一章 南京国民政府行政督察专员制的法制考察

阿克苏三区为一省,名之曰新北省,分伊犁、塔城、阿山三区为一省,名为新西省。① 张培元作为一名军事将领,提出此议,除有其个人的利益需求外,亦可见当时缩省主张的流行。1939年4月30日,当时倾心于史学学术研究的钱穆也在《大公报》星期论文栏目发表《变更省区制度私议》一文,畅论缩小省区的意见。他认为省制系元朝时期蒙古部族政权为控制广土众民的中国社会而采取的一种分区宰御制,虽然是一种中央监临地方的制度,却只是一种变相的封建,而非中央集权。这种制度既不利于地方自治,又不利于中央集权。民国以来,因省区过大,在中央看来似有易于侵犯中央职权之嫌;在地方看来一个省政府统辖几十个县政府,省县规模大小悬殊,省政府高高在上,不易做地方上亲民的长官,而令使其在地方上看有俨如一个小中央之嫌。在中国要完成国家统一和地方自治两方面建国任务的情况下,必须修改现行的省区制度。大体言之,当将现行省区划小,略如汉之郡、唐之州,或清代乃至民初之道区制。把现在每一行省划分为四五省六七省不等,一省最少统六七县,最多不过二十县。全国共达百数十省乃至二百余省。名称则仍为省,而不能称为郡州道,因省名已为一般社会所习用。此项制度改革,乃在提高地方行政机能,使其切实活泼加强。就中央论之,省区缩小,牵涉到几省以上的事务,自然划规中央。中央对各新省,则以现行监察使制度尽其督促监视之责。而地方则由各新省的省议会再各选至少一人至多两人之国会议员,以表达地方意旨监督中央政务。如是,则地方与中央可以活泼连成一气。一面是中央明白交付地方以自由推行政务之权,一面即是中央向地方取得统一集中之权。因此,通过修改现行省区制度,可以将地方自治和中央统一两项任务同时完成。② 1939年8月,国民政府行政院组织省制问题设计委员会,聘国内著名学者蒋廷黻、傅斯年、胡焕庸等为设计委员,从事省制问题的设计论证工作。经过8个多月

---

① 《关于缩小省区及更改省名等建议》,全宗号:一;案卷号:1850。南京中国第二历史档案馆藏。
② 钱穆:《文化与教育》,广西师范大学出版社2004年版,第110—113页。钱穆好友张其昀于1930年代初至1940年代后期,始终关注缩省问题,发表过多篇缩小省区意见的文章。抗战时期,钱、张二人交往甚得己心。钱氏此文的写作是否与张其昀影响有关,不得而知。

的研究,提出了缩小省区的设计报告书。该报告书指出,为国家长治久安之计,其最有效之处置,"莫过于缩小省区",并拟定了缩省的甲、乙两案。①1944年国民党中央设计局成立区域计划组,再次研究、设计调整省区问题,聘黄国璋为组长,以自然区域为区域划分的准则,提出"迁就现实"与"通盘筹划"两个方案。② 上述论者的立论角度不尽相同,讨论的问题也不尽一致,对于缩省的时机、缩省的标准、缩省的数量的认识也有各自的看法,甚至有的看法也未免切合实际,但对于缩省这一问题,则无疑是持赞同的态度。

可见,缩省成为当时朝野的主流意见。然而,由于缩小省区牵涉事体甚大,非短期内可以实施。在此情况之下,在现有省、县间设置一行政督察专员区公署管理层,乃为一种现实的选择。而值得注意的是,专员区制只是缩省制前的一种过渡和权宜举措,一旦缩省条件具备,实现省区缩小,直接实现省县二级管理体制,则中间层的专员区制,自然也就失去了存在的依据和可能。因此,在专员制推行的过程中,专员制的研究有时和缩省研讨是相联系的。如萧文哲在谈到专署的改革时就和缩省问题联系起来,他提出了"扩大专署辖区,务期够为缩小省区之张本"③的意见。似乎可以说,缩省主张和舆论既是专员区制实施之一因,又可能是将来缩省时废除专员区制的主因。南京国民政府将东北缩为9省的改革即是如此。而21世纪到来之际,国内舆论界和学术界所提出的目前省区过大而需缩为50个左右,由此省直接

---

① 张文范主编:《中国省制》,中国大百科全书出版社1995年版,第8页。在该报告书中,甲案将全国重划为59个省,3个特别区,2个地方;乙案将全国划为64个省,2个地方。见上引书,第9页。

② 张文范主编:《中国省制》,中国大百科全书出版社1995年版,第9页。

③ 萧文哲:《行政督察专员制度研究》,独立出版社民国二十九年版,第74页。探讨缩省的还有:施养成:《论缩小省区与调整县区域》,《东方杂志》第42卷第14号,1946年7月15日;洪绂:《重划省区方案刍议》,《东方杂志》第43卷第6号,1947年3月30日;傅角今:《东北新省区之划定》,《东方杂志》第43卷13号,1947年7月15日等。蒋廷黻1936年在行政院负责地方行政改革问题时亦认识到缩省与行政督察专员区的消长关联,他后来在回忆录中说省之下的行政区问题即行政督察专员区时谈到"在考虑调整地方政府时,第一个问题是我们应否继续行政区的制度。行政区是满清时代创设的(此言不确—引者),当时认为省太大,省主席(当时称巡抚)无法监督几十个县,所以在省与县之间设置一个行政衙门。……如果取消行政区,则需将省缩小"的问题。见《蒋廷黻回忆录》,岳麓书社2003年版,第190页。

第一章 南京国民政府行政督察专员制的法制考察

管县、废除省县之间中间层(包括地区行署、地级市等)的计划亦是如此。①

与行政制度相关联的舆论知识,还有当时流行的行政效率的观念。从行政督察专员制度的相关法规中,就可以看到行政效率观念对实施专员制的影响。作为行政督察专员制的渊源,1932年6月7日江西省政府呈行政院审批的江西省行政长官公署暂行规程中,就明确称:"本省为增进行政效率起见,划全省为十三行政区。"②1932年8月6日豫鄂皖三省总司令部公布的《剿匪区内各省行政督察专员公署组织条例》,第一条亦称其实施该专员制是"为整饬吏治、增进行政效率、以便彻底剿匪、清乡及办理善后起见",特颁该组织条例。③ 1936年10月15日行政院修正公布的《行政督察专员公署组织暂行条例》,第一条亦为"行政院为整顿吏治、绥靖地方、增进行政效率起见,得令各省划定行政督察区,设置行政督察专员公署"。④ 可见,增进行政效率,是实行行政督察专员制的一个重要起因。因为,在当时中国省区过大的情况下,实行省县二级制后的一个重要问题,是省对所辖过多的县难以实施有效的管理,而在国民党当局看来,推行专员制则可弥补此弊,增进行政效率。对此,学界认识多亦复如是。1936年蒋廷黻在行政院负责地方行政改革问题,约请清华大学教授陈之迈,于暑假期间到各省考察和研究行政督察专员制度,并写出以此项制度是否为推行以行政效率为中心的"新政实验"的研究报告。陈之迈在其考察后写就的该报告中,亦透露了行政效率观

---

① "缩省"虽是民国时期就已明确提出的老问题,近年几成为热点问题。早在1990年代就已有学者提出缩省问题,近年受到越来越多的学者关注,尤其是2004年4月初国家民政部地名司司长戴均良先生在接受香港媒体采访时,表示中国现有的34个省级行政区可增加设到50个左右比较合适。随后,各种媒体尤其是网络媒体对此进行了广泛的报道和传播,网络对缩省问题讨论非常热烈,参加讨论的人数激增。

② 《国民党政府政治制度档案史料选编》下册,安徽教育出版社1994年版,第454页。

③ 《国民党政府政治制度档案史料选编》下册,安徽教育出版社1994年版,第465页。

④ 《国民党政府政治制度档案史料选编》下册,安徽教育出版社1994年版,第492页。

念与行政督察专员制创设与实施的关联。他说:"近数年来中国地方政治曾经一番重要之改革,此项改革构成中国政治之新精神,代表中国国家前进之新方向。""此项地方政制之改革,荦荦大者共有四端:一曰省府合署办公,一曰县府分区设署,一曰县府裁局改科,一曰行政督察专员制度。凡此改革均为推行'管教养卫'新政之制度,其共同目标为行政效率之提高,以期行政效率之收获。"陈在此特别连用了两次"行政效率"的用语,明确显示了行政督察专员制创设与改革的"行政效率"[①]知识背景。在该报告中,陈之迈在对1930年11月国民党第三届中央执行会议第四次全体会议,及第二五二次会议的决议、党政委员会分会的形成及行政督察专员制的创设之间关系问题进行探讨时,进一步从行政效率的角度作了正反两方面的论证。他认为,政治机关有两种目的不同的组织方法:其一为使各种政治机关相互牵制,彼此互相监督,用意在防杜及制止政治机关滥用其职权因而侵犯人民之权利;其二为使各种政治机关通令合作,打成一片,用意在集中政治力量,提高行政效率。我国现处风雨飘摇环境中,终日兢兢业业,尚虞时不我许,自应以发挥最大政治力量以复兴民族为至高无上目标,在政制设计上当然应以第二项组织方法为准绳,绝不容层层节制政府机关、相互倾轧从而伤害"行政效率",无谓地消耗时间和精力。[②] 在陈之迈看来,行政督察专员制只不过是实施"行政效率"总目标的一个具体的行政方法而已。以陈之迈的学识和地位,他的这种看法应该说是颇具代表性。在《行政研究》创刊号第1卷第1期和随后的第3期上,甘乃光、翁文灏、蒋廷黻、杨适生、张锐等分别在其所发《政权运用与行政效率》、《〈行政研究〉刊行的意义》、《我的行政经验与感想》、《专员制度研究》、《新政的透视和展望》等文章中,论证了行政效率与专员制等行政机构的联系和作用。正如有的研究者所指出的,当时"行政效率"这一舶来之词"忽然喧腾于报刊舆论当中,出现频率极高",并成立了行政效率研究会,有关讨论在《大公报》、《益世报》、《东方杂志》、《独立评论》、

[①] 陈之迈:《研究行政督察专员制度报告》,《行政研究》第1卷第1期,1936年。
[②] 陈之迈:《研究行政督察专员制度报告》,《行政研究》第1卷第1期,1936年。

第一章　南京国民政府行政督察专员制的法制考察

《政治评论》、《行政效率》、《行政研究》等报刊上展开。①"行政效率"成为支配行政制度的主流观念。而行政督察专员制度作为地方行政制度之一种,受"行政效率"的影响乃是很自然的。"行政效率"之说在舆论上是如此,而在事实上能否真正做到,还要作进一步的研究。

专员公署组织法制的创设,是多种历史因素造成的。其间的偶然性和必然性,现实军事与政治的因素,历史影响的因素,以及学术研究和舆论的因素,显示了专员公署组织法制创设的复杂而丰富的历史面相。专员公署组织法制的创设和实施,不是随意性的、可有可无的行为,是矛盾运动和社会需要的产物。因为,法制是解决这种政治矛盾的有效途径。

九、专员制度的法律地位与实际

南京国民政府专员制度自1932年确立,到1949年在其政权溃败中废止,几与国民党在大陆的统治相始终。专员制度在中国近现代法制史上具有何种地位呢?

---

①　孙宏云:《行政效率研究会与抗战前的行政效率运动》,《史学月刊》2005年第2期。应该说明的是,兴起并流行于美国的"行政效率"思潮是企业领域的科学管理思想和行政管理科学相结合运用于行政领域并得以发展的产物。一般认为,曾任美国第二十任总统的威尔逊1887年在美国哥伦比亚大学《政治科学季刊》上发表《行政学之研究》一文,是行政学发端的标志。他认为,要恢复政治的功能,就必须纯洁政府的组织机构,加强执行,提高行政效率;为了效率,应当适当牺牲民主。因此,应建立一门新的学科行政学。1900年美国著名政治学家、法学家古德诺发表了《政治与行政:对政府的研究》一书,否定了立法、司法、行政的三分法,而代之以政治与行政的两分法,他认为,行政学不研究政治问题,行政学研究政府的行政效率、使用方法或技术标准。1911年被称为"科学管理之父"的泰勒发表《科学管理原理》一文,科学管理理论对行政学的效率理论影响很大,科学管理理论由此被行政学理论吸收,形成了以行政效率为中心的新的科学主义思潮下的行政学思想。参见张国庆:《行政管理学概论》,北京大学出版社2000年第2版,第26—33页。科学行政管理思潮对各国家的行政学和行政法学理论产生了广泛的影响。这一思潮传入中国,既和当时中国的国家统一强盛的要求、知识界的知识构成有关,也应和当时中国和美国等西方国家外交上的接近有关。当时来华的德国政制顾问晏纳克就参与了行政督察专员制的创制,当时有政治学者称,"负行政责任的专员,应同时任保安司令。集军政两权于一身,然后才能发挥'有效率的行政'! 来华的德国政制顾问晏纳克在其草拟的《中国行政督察区规程》中曾有这样的规定"。见江禄煜:《我国地方行政制度改革刍议》,《东方杂志》第34卷第14号,1937年7月16日。

专区与地区政府法制研究

  有的学者认为,南京国民政府的专员制度是为巩固其统治而设立的,其实质是反动的,其存在的历史价值整体上是应被否定的。① 笔者认为,评价一项地方制度的历史地位,不能简单地从性质、实质上作结论,更不应以性质为由不加分析地予以否定,而应历史地、全面地考察评价其地位、作用和影响。

  要回答专员制度的地位和作用问题,笔者认为,首先须回答这一制度的设立是否为中国地方行政管理所需要。

  我们知道,中国地域广大,历史上地方政权组织体系或三级制或二级制,各代不定,但基本上自唐代以后多实行地方三级管理体制,尤其自元代实行省制后,三级制乃为必用之制,甚至有地方四级制趋向。南京国民政府建立后,根据孙中山先生的《建国大纲》等遗教,实行地方二级制,但由于中国省的区域面积过大而置县过多,使省对县的管理发生诸多困难和问题。正如蒋介石在阐述其推行专员制度的理由时所说,"我国省区大都地域辽阔,交通不便,所辖县治,多者逾百,少亦六十以上,遂使省与县之间上下远隔,秉承督察,两俱难周,以故省政府动有鞭长莫及、呼应不灵之苦"。② 蒋之所言并非没有道理。地方政府制度研究的资深学者程辛超先生就指出:"中国的省,管辖区域较大,所属的县也较多,由省直接统辖其所属的各县是有困难的,省与县之间应该有承上启下的一级。中国的地方政府制度由两级制演变为三级制,是历史发展的必然结果。"③

  这种省区过大之弊,当时已引起有识之士的关注,如鉴于省区过大,有的提出缩小省区之议。国民党政要伍朝枢、陈铭枢就在国民党三届四中全会上,分别提出缩小省区案和改定省行政区原则案。两案所提要旨均为省区应酌量缩小,重划省区。伍朝枢所提议案认为:"吾国行省幅员大、交通(阻)梗、民情异别、畛域深,且便于军人割据,宜缩小省区,每省分为二、三、

---

  ① 陆建洪:《论南京国民党政府行政督察专员制度之性质》,《华东师范大学学报》(哲学社会科学版),1988年第4期。
  ② 《国民党政府政治制度档案史料选编》下册,安徽教育出版社1994年版,第471页。
  ③ 程辛超:《中国地方政府》,中华书局香港分局出版社1987年版,第212页。

第一章　南京国民政府行政督察专员制的法制考察

法国革命改四十省为八十七州,是其例也。"①陈铭枢也提到省区过大便于军人割据这一情况,他进而认为,"省区过大,则省长对于各县自治之督察不易周密",并提出缩小省区的办法为"依旧道区为标准",即以被人指责的袁世凯所制定的道制为合理,这颇耐人寻味。其缩小省区的理由除"军人割据"这一情况是当时中国历史发展中的一个特殊情形外,都提到省区太大这一实情,实际上都隐含了现行省县两级制不合于行政管理需要须进行改革这一问题。值得注意的是,在陈铭枢的提案中,除陈作为提议人外,连署的人竟有胡汉民、孙科、林森、戴传贤、吴敬恒、张人杰、王宠惠、叶楚伧、杨树庄、陈立夫、何成濬、刘文岛、李文范、刘峙等14位国民政府要人,②这说明,改革现行省县两级制已成为其共识。对于此等缩小省区提案,国民党中央三届四次会议认为此事"关系重大,有专门研究必要",③国民政府内政部长黄绍竑曾明确表示正在"拟具缩划省区方案"。④但在当时缩划省区案"一时不能实行"⑤的情况下,在省县之间增设一级行政管理机关实为一种必然的现实选择。

而有的学者认为,孙中山先生在《国民政府建国大纲》中确立了县为省之下的自治单位,国民政府在省县之间增置专署这一层级,使县政府的自治等职权必须在获得专署的同意后方可实施各项事宜,从而彻底泯灭了县为自治体的法人地位,根本违背了孙中山先生的以"县为自治单位"的自治思想,因此,"专员制度的产生、发展和长期存在,是对孙中山先生自治学说的无耻背叛"。⑥这种说法值得商榷。如前所讨论的是,专署对县的管理,是根据行政区管理的客观需要而设立的,不能教条地拘泥于孙中山先生的《建国大纲》中的理论和说法并据其作为评价专署的标准,而应根据行政区域管理

---

① 《国民党政府政治制度档案史料选编》下册,安徽教育出版社1994年版,第337页。
② 《国民党政府政治制度档案史料选编》下册,安徽教育出版社1994年版,第341页。
③ 《国民党政府政治制度档案史料选编》下册,安徽教育出版社1994年版,第337页。
④ 《国民党政府政治制度档案史料选编》下册,安徽教育出版社1994年版,第457页。
⑤ 《国民党政府政治制度档案史料选编》下册,安徽教育出版社1994年版,第458页。
⑥ 陆建洪:《论南京国民党政府行政督察专员制度之性质》,《华东师范大学学报》(哲学社会科学版),1988年第4期。

的规律和需要,来分析专署的设置这一历史问题。如果从国民政府时期省区过大,难以对县有效管理这一客观实际出发,认识到现行省县两级制的缺陷,便会得出省县之间需要有管理县市的一层政府机关的结论,而不会简单地将专员制予以否定。

专署这一层级机关的设置是必要的。但对于专署这样一级行政管理机关的层级地位,不同法规有不同的规定和解释。《暂行条例》规定专署为于特定情形之下、特定时间之内辅助省政府督察区域内各县市地方行政的临时行政机关;《组织条例》把专署作为特定区域之内省管理县市的常设机关;《组织暂行条例》规定专署为省政府的辅助机关,所谓辅助机关,即是作为省管理县的派出机关,而不是正式的一级行政单位。在上述三部条例中,事实上均认为专署不是一级行政单位,其原因主要是囿于孙中山先生省县两级制理论的限制。如蒋介石在解释专员之管区的性质时就特别说明:"行政专员所管之职务实如一省中之民政分厅,只系横面之扩张而非纵体之层迭。"并强调,此制"按之省、县自治二级制,固根本不变,即与总理建国大纲之规定,亦依然锲合"。① 可以说,专员区之设,明明是纵体之层级(无论是实级还是虚级),但其创制者包括蒋介石都加以否认,并强调专员制符合建国大纲省县二级制规定,其用意显然是怕别人利用专员制作为抨击其背叛孙中山的借口而已。实际上,在国民党制定的文件中,就有把专区作为一级行政机构的,如抗战期间国防最高委员会第153次常会通过的《战地党政军组织配合运用办法》,明确把战地行政机构分省政府级、行政督察区级、县政府级三级,并简称为"省级"、"区级"、"县级"。②

对于专员区层级的属性,当时的学者就有不同的看法,有的认为是事实上的一个层级,有的认为不是,聚讼难定。现在有的学者提出,从1932年8月到1936年初,是专员制度由临时向事实上的一级地方政府转变的时期;

---

① 《国民党政府政治制度档案史料选编》下册,安徽教育出版社1994年版,第472页。
② 《国民党政府政治制度档案史料选编》下册,安徽教育出版社1994年版,第390页。

第一章　南京国民政府行政督察专员制的法制考察

1936年10月到1948年5月,专员公署基本上成为一级地方政府的实体。①有的认为,专员区制度是介于省县之间的一个虚级,即是一个辅级。省县是实级。② 笔者认为,从法律方面来考察,说专员公署是个实级缺乏法律根据;从专员对县市的管理的事实考察,说专员公署是个实级虽似乎不无道理,但把专署机构与省、县相比,专署机构又显得不够健全,如前所分析的那样,是属于简易型的,而且一般没有正常的司法、粮政、地政机构等。因此,说专署基本上是一个督察与行政兼有,处于从虚级向实级过渡的一个层级,无论从法律方面考虑还是从事实方面考虑,应该是站得住脚的。③

要回答专员制度的地位和作用问题,笔者认为,其次还要考察这一制度在推行过程中是否发挥了其行政层级应有的作用。

专员制度实行后,当时对其评价就见仁见智,泰否各半。否定专员制的论者,多从其不符合孙中山先生的《建国大纲》省县二级制的规定这一既定观点出发;赞成专员制的论者,则既肯定专员制推行后的成效,又指出存在的缺点如财政支出的增加、有的专员不督不察、专员个人能力有限与职权任务过大的矛盾等,并提出诸如扩大专区与提高专员职权、划清专署与省府县府责权等改进办法。④ 在赞成专员制的论者中,有一个值得注意的理论倾向,即:认为专员制仅是地方政府改革的第一步,地方改革的目的是缩小省区,实行地方二级管理体制,或曰省(小省)县二级制,或曰州县二级制,或曰道县二级制,其实质基本是相同的。今天看来,缩小省区的地方二级制虽然有其道理,但地方改革的成本过大,不如地方三级制具有可行性、稳妥性。在省、专区、县三级管理体制下,只要专区一级发挥其层级作用,这种管理体

---

① 陆建洪:《论南京国民党政府行政督察专员制度之性质》,《华东师范大学学报》(哲学社会科学版),1988年第4期。
② 程辛超:《中国地方政府》,中华书局香港分局1987年版,第223页。
③ 笔者如是说,绝非折中之言。笔者认为,现行的地区行政公署是其过渡的第一步,今之"地改市"制是其发展的结果。
④ 萧文哲:《行政督察专员制度改革问题》,《东方杂志》第37卷第16号,1940年8月16日;高铿:《地方行政改革中之行政督察专员制度》,《东方杂志》第33卷第19号,1936年10月11日;江禄煜:《我国地方行政改革刍议》,《东方杂志》第34卷第14号,1937年7月16日。

59

制应该是有其存在的合理性的。

根据我们在前面第五部分对专员职权的考察,可以说,专员公署对县市的管理是有效的。除了在前面对史实所做的考察外,在此再举两例以作分析。

1940年4月,四川省第三专区保安司令部刘惠伯出查该专区合川县三区保甲编制时,发现该县二区官渡镇商帮自印小票流通世面,遂将此情形呈专员沈鹏。沈鹏认为,此票贻害社会,扰乱金融秩序,应即严令制止该票行使,并责令该县"查明收集销毁,并饬以后不得再有同样情事发现",以杜弊害。①

此例表明,专员不仅是治官之官,也是治民之官。专区专员根据法律对区内社会的管理权是自主的。

还有一例,表明专区具有一个行政单元性质。1949年11—12月,人民解放军进军川东,四川省第九区行政督察专员李鸿焘在人民解放军的策反和争取下,通电并转辖区各县政府、参议会,"拥护毛主席泽东所领导之新政府","欢迎解放军","本区各县已经和平解放。该县所有档案不得焚毁,各机关人员仍应照常办公","各县治安应切实维持,并饬所属各乡镇与解放军切取连(联)系",从而促成了该专区的和平解放。②

此例表明,在专区权力的运作过程中,专区显然是一个区内各县之上的行政区层级单元,尽管是个虚级。

毋庸置疑,专员公署在其实际的权力运作过程中,是发挥了其应有省之辅助机关之层级作用的。当然,在某情况下,某时期,存在有的专员不督不察的情况,也存在有的专员滥用权力的情况,但不能以这类个别情况否定专员制度的实际作用。

要回答专员制度的地位和作用,笔者认为,还要考察专员制度在地方政府制度演进中的地位和影响。

专员制度在中国地方政制史上,具有承前启后的历史地位。前已论及,

---

① 重庆档案馆:全宗号:0055;目录号:0104;卷号:23。1940年4月。
② 《四川省第九区行政督察专员李鸿焘万县起义电稿一束》(1949年11—12月),《档案史料与研究》,1995年第4期。

第一章 南京国民政府行政督察专员制的法制考察

专员制度可以说上直承历史上之府、州、道制,不再赘言。而其下启之制,抗日战争时期中国共产党领导的各敌后抗日根据地民主政府,均采用了专员区公署这一层级制度。中华人民共和国成立后直到文化大革命前,也将专员制推行于全国,文化大革命期间将专区改称"地区",行政首长仍称"专员"("地区行政区"这一概念也将成为历史),其专员区及地区的区划、位置、幅度、公署驻地多与国民政府的情况基本类似。今之市制,又是直接从地区行政制度演变而来。可以说,其影响之大之深值得深入研究和总结。

十、余　　论

自近代以降,中国社会就处于不断变动的向西方学习的"现代化"转型之中。1940年鸦片战争后,随着中国被迫融入世界国际体系,西方法文化开始传入,中国传统的封闭的法文化模式受到冲击;1895年甲午战争后,随着中国开始主动学习西方政治与法律制度并用来改造中国,大量西方的法律著作被译介到中国。尤其是清末新政开始后,随着中国的政治体制开始按照西方现代制度进行改革,陆续按西法标准制定或颁布新的法律,新创刊的报纸、杂志积极介绍和编译现代法学论著,以学习西方现代法律制度为专业的留学生逐渐增多。[①] 尤其民国建立后,中央的传统帝制为民主共和制所取代,地方政治体制也随之一新。现代化的政治法律制度建设由此全面启动。民国初年,传统的政治思想和政治意识虽然还有强固的阵地,但新的政治法律思想在积蓄和发展。[②] 在此一情势下,由于中国几千年专制思想的深刻影

[①] 参见张晋藩:《中国法律的传统与近代转型》,法律出版社2000年版,第289—315页;王健:《中国近代的法律教育》,中国政法大学出版社2001年版,第96—107、112—126页。

[②] 仅从法学教育方面观察,其一是法政学校的办学高涨,在清末法政学校21所的基础上,到民国初年已发展到67所,其中公立25所,私立42所,分布于包括西藏、青海、新疆等在内的全国所有省区。这些法政学校为国家和社会培养了大批法律人才。其二是为了解和掌握法律知识,出版了大量的法律书籍。当时出版的法律书籍大致可分为三类,一类是民国政府公布实行的各种法律,一类是有关介绍欧美国家的宪法和其他法律以及政治制度的书籍,一类是法学著作。见李学智:《民初年的法治思潮与法制建设》,中国社会科学出版社2005年版,第24—30页。

专区与地区政府法制研究

响,初生的现代法律制度受到以军阀为代表的专制势力的摧残与践踏,帝制复辟的闹剧与军阀混战的惨剧使中国进步的力量认识到组织新型政党进行革命以统一中国、建立新的制度的必要性。五四运动后新生的中国共产党帮助有着革命传统的中国国民党改组并与之合作领导国民革命运动,使得国民党在 1927 年至 1928 年在形式上统一了中国,并在南京建立其国民政府。南京国民政府时期,尽管国民党一度对中国共产党进行屠杀和内战政策,中间却也曾实行过与共产党合作抗日的方针与政策,而其于中国的法律与政治制度建设实开一新局。

南京国民政府建立后,在法律体系建设方面构筑了比较系统完备的六法体系。① 国民政府至少在形式上制定了比较系统的各级政府组织法。作为省的辅助机关的行政督察专员公署的组织法规的制定和公布,就是在这样的一种立法环境下完成的。有的学者就曾认为,"国民党政府的行政立法,把孙中山提出的'依法行政'原则作为国民党政府制定行政法的依据。从其制定的行政组织法看,任何行政单位都受法律所规定的行政编制规定,每个官员的行政行为都受法律的控制,这样,在一切国家管理活动中,每个官员的活动也必得'依法而为',不得具有任意性。"② 通过对国民政府行政督察专员公署的法制考察,尽管从大历史的背景看带有深厚的军治和人治色彩,但从法律的意义上来说,行政督察专员制的运行基本上应是依法行政和依法而为的。

---

① 宪法性法律规范和中央行政组织法律规范方面,主要有《训政纲领》(1928 年 10 月 3 日)、《训政时期约法》(1931 年 6 月 1 日)、《中华民国宪法草案》(1936 年 5 月 5 日)、《中华民国宪法》(1947 年 1 月 1 日)、《中华民国国民政府组织法》(1928 年 2 月 13 日)、《中华民国国民政府组织法》(1928 年 10 月 8 日)等。在省和特别市组织法方面主要有 1927 年 6 月 27 日通过的《省政府组织法》、1928 年 6 月 25 日通过的《特别市组织法》等,省政府组织法后经 1928 年 4 月 27 日、1931 年 3 月 23 日、1944 年 4 月 28 日等多次修正公布。在县、市政府组织法方面主要有 1929 年 6 月 5 日公布的《县组织法》、1929 年 10 月 2 日公布的《县组织法实行法》、1929 年 4 月 15 日公布的《县财政整理办法》、1928 年 7 月 3 日公布的《市组织法》、1930 年 2 月 12 日通过的《市组织法原则》、1930 年 5 月 20 日公布的《市组织法》、1930 年 7 月 7 日公布的修正《县组织法》、1939 年 9 月 19 日公布的《县各级组织纲要》等。

② 张晋藩主编:《中国法制史》,群众出版社 1991 年版,第 595 页。

第一章 南京国民政府行政督察专员制的法制考察

从行政督察专员公署有关组织法规看,专员公署的设置、公署内部机构设置、专员及其相关机构的职权、责任与工作内容、专员及其他文武职员的任职资格及其任用程序、专员公署的编制与经费、专员公署与上下级行政机关的关系、专员公署法规的变更与废止等问题,均有比较明确而具体的规定与限定。这就使得专员公署的活动既有法律上的依据,又如龚祥瑞先生所说的"行政法是控权法"①那样,使得专员及其专署的活动受到组织法规的控制与限定。因此,尽管我们在阶级属性上对这一政权的性质持批判的态度,但就法律的意义上来说,国民政府时期行政组织法制建设的经验,是值得我们加以认真研究和吸取的。

第一,专员公署的设置及其程序由法规所定,专员公署内部的机构设置数量也由其组织条例及其关系法所定。这一状况,使得专员组织有着明确的法律约束,使其专署机构始终不能超越组织法及其关系法所规定的界限,专署机构基本上没有出现偏离法律制约而迅速膨胀的局面,始终保持了机构比较精简的状态。

第二,专署专员及其他长官职数、组织条例及其他关系法有明确而具体的规定,这使得专署长官的职数有着明确而严格的法律控制,不可能出现无视法律规定而随意多设长官职数的现象,使专署长官职数始终保持着依法而任的状态。

第三,专员公署的专员及其他机构的职权、组织条例及其他关系法均有明确而具体的规定与限定,尽管赋予专员及其公署的职权既隆重又广泛,同时限制了专员及其公署机关可能超越法定权限的违法行为,使得专署组织始终在督察与行政的界区内运行,维持其省政府之辅助机关的虚级行政地位而未能演变为正式的一级政府,使得专署始终大致保持着依法而行的状态。

第四,专署的编制的限定同时与专署经费相联系。专署的编制以组织

---

① 龚祥瑞:《比较宪法与行政法》,法律出版社2003年版,第6页。有学者说,"行政组织法是管理管理者的法",其意是大致相同的。见罗豪才等:《中国行政与刑事法治世纪展望》,昆仑出版社2001年版,第55—56页。

条例为基础,且根据不同情况分别级等,专署的经费根据内政部规定分别不同级等定有定制。以组织条例及其关系法为基础的专署的编制和经费的规定,既使专署的活动得以在法定范围内运行,又限制了专署人员超编、经费超支的可能,使其人员编制和经费保持在法定的限度之内。

第五,就专员公署的设置来说,突出的特点之一就是专员负责制的推行。因而,其对专员人选,就其政治经历、行政经历和高等教育教学经历有甚为严格的规定与要求,使专员在政治上、能力上和知识上具有较高的层次和素养,以适应专署较高级别的行政机关的领导与驾驭之需要。笔者披阅江苏、浙江、江西、湖南、湖北、四川、河南、安徽、河北、山东、陕西、山西、甘肃等省110多名国民政府治下的行政督察专员的个人资料,其政治经历、行政经历或军事经历、高等教育经历符合法规所定,为其按法规要求履行其职权提供了必要的条件。

第六,行政督察专员公署就其性质来说,本来应是行政监督性质的,但其设置之初,就赋予其督察与行政领导双重任务。就其督察职责来说,是负有监督所辖县市长违法和失职行为并予以纠正和处罚之法定责任的。就是说,在一定程度上专员还具有行政处分权和裁决权。这一职权的行使对于遏止国家基层官吏如县长、区乡长的违法和腐败行为,显然也具有一定的价值。1932年三省总部组织条例及1936年行政院组织暂行条例均于第一条中的"关键词"即分别是"为整饬吏治"、"为整顿吏治",得"设置行政督察专员公署",①在某种程度上显示了专员对所属县市吏治监督和整顿的特殊任务。尽管国民政府在五院制体制中监察院位居五院之一尊贵地位,但在"豺狼当道安问狐狸"的局面下,监察院体制并不能发挥其真正意义的行政监察权的作用,其行政法院的设置也越来越形同虚设,而本身具有行政权和督察权的行政督察专员,对属区内行政官吏的违法与失当行为的监督与处分,则不失为一种较为可行的制度选择。

第七,专署组织在辖区问题上的适度性,是专员区制较道区制合理故其

---

① 《国民党政府政治制度档案史料选编》下册,安徽教育出版社1994年版,第465,492页。

第一章　南京国民政府行政督察专员制的法制考察

得以具有生命力的重要因素。道区制是北洋政府时期于省县间的一级督察与行政兼具的行政机构，但道一般辖县少则十几，多则几十，有的多达40多个，道制的弊端是辖县过多、职权过轻，难以发挥其一级行政机关的作用，仅成为公文承转、大而无当的机关，因而后被废止亦为当然。而行政督察专员公署在设置时，就有一种辖区理论的引导，这种理论认为，行政管理有其限度，超过限度就无法就进行有效管理。这种理论，一般认为专区辖县不能太多，一般应以一专区辖8县为准，边远地区一专区以辖5县为准。① 通过前述考察国民政府治下江苏、安徽、江西、湖北、河南、浙江、福建、贵州8省专员区辖县可知，其辖县应平均在7县左右，与当时的专员区辖县理论甚为吻合。这表明，尽管组织条例及其相关法规中没有明确规定专区辖县的数量，但根据中国县级单位的行政区划范围，一个专员区辖县应有其客观的规则。而根据前述对历史上州府辖县情况的统计，印证了专员区辖县的合理性。这种客观的规则和根据历史规则而形成的标准，可以称为习惯法。因此，就其专员区的辖县幅度说，是符合习惯法的要求和现实行政管理要求的。因而，就整体说，国民政府治下的专员公署模式，用法制的方式理顺了中国省县管理问题，使得专员区成为此后中国行政体系中重要的一个组成部分。

第八，依据专员公署法规在省县之间设置了专员区这一辅助层级，使国民政府因采用省县二级地方管理体制发生的管理困难问题得以解决。因为，在中国现有省区管辖幅度过大的情况下，客观上必须在省县之间设置一个管理层级。在秦统一中国后两千多年的历史上，真正实行县以上地方管理两级制的时间很短，仅在秦代至汉初和隋至唐初，其他长时间实行的均是准三级制、三级制，甚至采用四级制。就是说，在中国的地方管理体制中，三级管理体制是常态。这一常态反映了中国地方管理的一种客观实际需要和管理的一般规则，或者说是一种习惯法则。专员区制的创设，则反映了这一习惯法则对违背这一法制现象所发生的制约作用。同时，由于专员区的创

---

① 周必璋：《改进行政督察专员制度刍议》，重庆中央政治学校研究部民国三十年版，第99—101页。

设,也在某种程度上解决或者说缓解了当时缩小省区方案所将造成的国家和社会稳定等重大政治问题。

程辛超先生认为,一种制度,是一个国家文化的表现,而文化,又是这一国家人民生活的结晶。① 如此说来,制度可以说是社会的支柱,是文化的象征。程辛超先生还认为,地方政府制度是一个国家的基层政治制度,与国民的关系十分密切,在一定条件下,地方政府制度对于国民生活的影响,远在中央政治制度之上。② 在与孙中山遗教中有关地方政府结构的理论相背离的情况下,南京政府出于客观需要而不得不设立介于省县之间的专员公署制度这一层级,更能说明这一地方行政制度在南京政府政治制度中的重要地位。通过上述对专员制度的实证研究,我们试图说明这样几个问题。

第一,地方政府的层次结构是一个共生性、相互依赖性的"网络",某一个层级就其自己而言是孤立的、单层的、局部的,但就"网络"而言又是联系的、整体的、全局的。因此,虽然孙中山先生在世时手订的《建国大纲》中规定地方政府结构采用省县二级制,在广东国民政府和其后的南京国民政府对孙中山的言论实行宗教式崇拜的情况下,却仍以变通的方式设立专员制度,在表面上遵守总理遗教而实际上不得不突破总理遗教。这是很耐人寻味的。南京政府从设立行政督察专员起直到国民党败逃台湾孤岛为止的17年间,虽然从未给专员制度以正式的地方政府"名分",甚至因其不合总理遗教不时有要求裁撤的呼声,但专员制度其间不仅未被废除,而且在国民党政府垮台后在新中国又得到新生,这一事实再明确不过地说明了地方行政管理制度有它自己的客观运行规律,它是不以人的意志为转移的,也不是仅为哪个人、哪个阶级服务的。因此,我们研究专员制度,探讨地方政府的法律设定与实际运作及其相互关系,总结其经验教训,不仅有重要的学术价值,而且对于今天的地方政府改革,也不无借鉴价值。

第二,专员制度是近代中国中央政府利用制度和法律实行区域控制、区

---

① 程辛超:《中国地方政府》,中华书局香港分局1988年版,第2页。
② 程辛超:《中国地方政府》,中华书局香港分局1988年版,第1页。

域管理的一种新的实验。这种实验是与中国社会近代转型的需要相适应的。近代以来,由于中国社会的剧烈变动,社会经常处于失控状态。省,往往是与中央对抗的基本单元;县,则往往是与省和中央对抗的一分子。而专员由中央任命,对有异心的省当局,是一种威慑;对县政府,是一种控制。值得特别提出的是,这种控制的实施,是通过制度与法律的框架和途径来实现的。中央通过制定地方政府的组织法,规范着地方政府的施政方向和行政行为。这种管理显然是"新"式的。

第三,专员制度是考察民国时期地方政府法制近代化的一个视角。专员制度是南京国民政府创设的一种新型的政府制度。它不同于省制、县制和以往的道制、府制和州制。它机构精简,行政职能和督察职能合一,实行典型的首长负责制(专员),是西方行政管理思想与中国传统管理思想相结合的反映。这一管理思想,对新中国成立后的地方政府制度建设,产生了重要的影响。

制度和法律是社会的支柱。南京政府正是通过法制的渠道,建构了专员制度,以巩固其地方政府的统治。

第二章　新民主主义革命政权体系中的行政督察专员制的法制考察：以抗日根据地为例

专员公署组织法制为南京国民政府所创设。既为南京国民政府所创设,却又如何为新民主主义革命政权体系所吸纳？这似乎是一个令人费解的问题,却又理所当然、水到渠成。

专员公署组织法制为新民主主义革命政权体系所吸纳,有四种因素在起作用。第一,由于1937年7月7日日本帝国主义开始对中国全面武装侵略,唯有全民族团结抗战才有御敌救国的希望和出路,因之形成了中共承认南京国民政府的领导地位、国共两党结成了国共合作抗日民族统一战线的局面。在此情势下,南京政府创设的行政督察专员制度为中共领导的各抗日根据地政权所吸收和采用成为当然。第二,行政督察专员公署制度的设置,有其行政管理上的必要性。行政督察专员制度的推行,符合中国当时行政管理的一般规则,符合中国行政管理的客观现实需要。那么,从行政管理的一般规律看,既然南京国民政府统治下的行政管理需要行政督察专员公署这一层级,而与其处于同一地域范围、同一时期、同一行政文化传统的各抗日根据地的政权体系,事实上也应需要行政督察专员公署制度这一层级。因之,各抗日根据地的政权体系吸收这一制度,在当时实为必然。第三,中国历史上自元代以后省县间就有州、府或道这一行政层级,而且州、府在历史的发展中形成了十分强大的认同感。而土地革命战争时期颁布的一些苏

第二章　新民主主义革命政权体系中的行政督察专员制的法制考察

维埃地方政权组织法中,基本上规定省直接辖县,不再在省县之间设置州府或类似于州府的行政层级。而鉴于中国省区过大,传统的州府观念和地域文化还有很强的生命力。行政督察专员区就是在传统的州府区划的基础上设置的,因而对专员区制的吸收十分自然。第四,新民主主义革命政权,是中国共产党在进行革命和武装斗争过程中建立起来的、实现对社会统治的政治体系。在这一政治体系中,中国共产党显然处于主导的、缔造者的地位。这样,党的组织结构对政权的组织结构的影响是十分自然的。从中国共产党的组织结构看,其在层级上,就行政督察专员制度这一问题来说,最值得关注的是其"地委"制度。中共地委是中共地方党组织的某一层级。地委设置的层级有一个演变的过程,而逐渐与行政管理上的省县之间的专员公署的层级相当。就此来说,专员公署制度在各抗日根据地的推行,实际上有着"似曾相识"的天然便利。因之,行政督察专员制度,极自然地成为新民主主义革命政权体系中的一个行政层级。

新民主主义革命政权体系中的专员公署组织法制,始于国共抗日合作之初。显然因承认南京国民政府领导地位,而将南京政府创制之行政督察专员制度引入中共领导之边区及其他根据地。这一制度,由抗日战争初期仅延安地区的3个专员公署(分区),到1945年8月抗日战争胜利时,据统计各抗日根据地共设有119个专员区,[①]遍布西北、华北、华东、华中各抗日根据地。在解放战争时期,专员制度随解放区的扩大而进一步在西北、华北、华东、东北、华南、西南各新老解放区实施。据统计,1945年年底,中共领导的各根据地的专员区,大体仍保持1945年8月时119个左右的状况。到1946年11月时,专员区发展到125个。1948年4月时,专员区的设置增加到140个。[②] 到1949年年底,笔者虽无具体材料掌握,专员区的设置数量有了进一步的增加当无疑问。无疑,专员公署制度是抗日战争时期和解放战

---

① 根据《中国共产党组织史资料选编》第四卷(中共党史出版社2000年版)有关资料统计。

② 根据《中国共产党组织史资料选编》第四卷(中共党史出版社2000年版)有关资料统计。

争时期中共领导的政权体系中重要的行政组织制度。需要说明的是,由于解放战争时期的专员制度的材料十分缺乏,且由于在抗日根据地时期专员制度的法制建设已比较健全,而解放战争时期在制度上没有进一步的发展,故本文以抗日根据地的专员公署组织,作为新民主主义革命政权体系的专员制度的典型,加以探讨和分析。

专员制度,是各抗日根据地民主政权普遍实行的督察、管理县级及其以下政权的层级政府制度。它直接援引国民党的地方行政层级中的专员制度,间接地渊源于土地革命战争时期介于省、县苏维埃政权之间的特区苏维埃政府制度。专员制度在各抗日根据地得到了灵活的、适合该根据地情况的改造,在一定程度上也受根据地政治、军事环境的影响。专员公署的组织具有法制化、制度化的性质,机构比较健全而精简,适合了战时进行政治、经济、军事、文化教育和社会管理的需要。专员制度的中心在于突出专员的职权,实行首长负责制,有利于在抗战的情况下提高工作效率,有利于应付突发事件;另一方面,抗日根据地的专员制度实行民主会议制度,专员还要在同级党委领导之下。同级党委对专员的领导以至监督是值得注意的。专员公署的辖区范围,显然受国民党行政督察区辖县幅度的影响。同时各专署的设置,又必然是同根据地的发展状况、根据地同对立政权割据和交错的情形相联系的。专署辖区的划分和辖县的幅度,又必然以根据地自身需要和发展为主要标准。抗日根据地政权,对原属异己的专员制度的采用、改造和实行的多样化,表明了抗日根据地新民主主义革命政权体系具有较强的开放能力、制度吸纳能力、制度创新能力和适应社会需要的能力。

中共领导的抗日根据地的行政督察专员制度,是中共在国共合作抗日的前提下,在抗日根据地政权建设中推行的一项重要的地方制度行政组织改革。这一制度改革,对于健全抗日政权组织,完善政府组织体系,增强政权效能,争取抗战胜利,有其不可低估的意义;而且,对于解放战争时期的地方行政制度建设和中华人民共和国成立后的地方行政制度建设,都产生了深远的影响。然而,这一课题只有个别论文有所涉及,迄今尚无系统的研究。鉴于此,本章从法制的视角,对抗日民主根据地推行行政督察

第二章　新民主主义革命政权体系中的行政督察专员制的法制考察

专员制度的缘起与经过,专员公署的组织的法律规定,行政督察专员公署职权的法律规定与辖区,专员公署与地方党组织的关系等问题,作一系统探讨。

一、专员公署的设立和发展

行政督察专员制度本是南京国民政府在20世纪30年代初创设的,而其设置的动因之一,是出于"围剿"南方诸省中共领导的工农红军和革命根据地的现实需要。抗日战争爆发后,随着第二次国共合作局面的形成,为适应全民族抗战的需要,中共对其领导的各革命根据地政权进行了全面改制,放弃了国共内战时期的苏维埃政权体制,承认南京国民政府的中央指导地位,从体制上改制为国民政府地方政府的政权形态。

正是在这一背景下,1937年9月6日,陕北苏维埃政府正式改制为陕甘宁边区政府。随之,边区政府对其所辖的各级政权进行了改制。在对县、区、乡进行改制的同时,在边区政府之下、县政府之上,根据国民政府地方政府的结构层级形式,设置了专员公署这一层级。根据现在掌握的资料,陕甘宁边区政府至迟在1937年10月下旬已进行了专员区域的划分并设置了专员公署。在陕甘宁边区政府1937年10月24日发布的《陕甘宁边区政府通令第九号——为各专署增加人员及办公费》中说:"为加强分区对各县领导,自十一月份起各分区行政专员公署除原规定的七人外,得增加工作人员二人(共九人),办公费(伙食津贴除外,包括了其他一切费用)每月自二十元(增)至三十元。"[①]这里的"各分区"即指"各专区"。边区政府为下月增加各专区专员公署的工作人员和经费而专门发一道通令,足以说明对这一行政层级建制的重视。边区政府随后在1938年2月15日发布的关于边区行政组织编制的《陕甘宁边区政府命令(第三号)》中,对专员公署的编制定为:专

---

① 陕西省档案馆、陕西省社会科学院编:《陕甘宁边区政府文件选编》第一辑,档案出版社1986年版,第18页。值得注意的是,这时的专员称为"行政专员",还未称为"行政督察专员"。

员兼县长1人,秘书2人,署员2人,特务员1人(专员的),勤务兼通讯1人,马夫1人,伙夫1人,仓库主任1人。共10人。① 专署内没有再进行科层划分,其他人员显然都是为有利于专员的工作而设的。这时的专署带有初创时期的鲜明痕迹,不用说与边区政府设有民政厅、教育厅、财政厅、建设厅、粮食局、审计处、法院及政府招待所各机构计有工作人员262人的规模无法相比,就是与县政府设有三科治事、计有16人②的组织相比也显得有些太简单了。

专署机构尽管简单,但作为行政组织制度已经建立,各专署担任着辅佐边区领导各县的重要行政任务。可以说,除了重大军事问题和党务不属于专员管理的范围外,根据地的其他事务都在专员必管的范围之内。仅根据有关资料提供的边区政府给各专区专员的指令、训令、指示、信函,和关中专员、庆环专员、三边专员给边区政府的呈文、报告等看,③专署确是边区政府领导全区工作不可缺少的臂膀。

正是由于专员公署的重要行政作用,在随后建立的各敌后抗日根据地政权建设中,都在县级政权之上设立了专员公署。根据笔者掌握的资料,在晋冀鲁豫抗日根据地,至少在1938年9月15日成立了冀西专署,该专署辖赞皇、临城、内丘、高邑、元氏、井陉、获鹿、沙河、磁县、邢台10县;④1938年9月,在山东抗日根据地,至少成立了津南、鲁北两个专署,辖15个县;⑤可以推论,与此同时在根据地的其他地方也应有新专署的建立。笔者的这一推论是有根据的,因为有关资料表明,截至1938年10月,晋察冀抗日根据地就

---

① 陕西省档案馆、陕西省社会科学院编:《陕甘宁边区政府文件选编》第一辑,档案出版社1986年版,第52页。
② 陕西省档案馆、陕西省社会科学院编:《陕甘宁边区政府文件选编》第一辑,档案出版社1986年版,第42—53页。
③ 参见《陕甘宁边区政府文件选编》第一至八辑有关专员的内容。
④ 魏宏运、左志远主编:《华北抗日根据地史》,档案出版社1990年版,第117页。此处所述史实与《晋察冀抗日根据地史料选编》上册所述不同,见《晋察冀抗日根据地史料选编》上册(附件二),河北人民出版社1983年版,第485页之"冀西"条,二者虽皆称"冀西",似为不同之"冀西",待考。
⑤ 魏宏运、左志远主编:《华北抗日根据地史》,档案出版社1990年版,第118页。

第二章　新民主主义革命政权体系中的行政督察专员制的法制考察

已建立了8个专署,到1939年年底时又增加了一个专署。① 而在其他根据地,由于较晋察冀根据地开辟时间稍晚,专署的置设大约在1940年前后有了一定的发展。

随着各根据地专区组织的建立和专署工作的开展,专员公署的组织机构有进一步完善和法制化的必要。因此,晋察冀边区行政委员会于1940年5月2日以"民行治字第二十九号令"公布了《晋察冀边区行政督察专员公署组织大纲》,②标志着行政督察专员制度在总结以往实践的基础上,进入了一个法制建设的新时期。该组织大纲对专员公署的设置程序、专员的职权、专员公署的科层设置、专员公署的经费来源等作了法律上的规定,强化了专员公署的领导地位和权力,如规定专员公署五科一室一处和警卫队一排的体制,意在使专员制度有更强的权威性。为了规范陕甘宁边区的行政督察专员制度,边区政府也制定了专员制度的法规《陕甘宁边区行政督察专员公署组织暂行条例》,并经边区第二届参议会于1941年11月通过,边区政府于1942年1月公布。③ 该条例对专员公署设置的程序、专员的行政任务、专员的职权、专员公署的科层组织、专员与驻地县政府关系、专员的军事治安权、专员召开专区行政会议权、专员巡视权、专员撤销或纠正辖县违法或不当权等作了法律上的规定,强化了专员制度的地位和权威。尤其是和专员制度初创时期的组织简单的特点相比,规定这时的专署设五科一室,表明了边区政府对专员制度的行政重要功能有了进一步的认识。在晋西北根据地,晋西北临时参议会于1942年11月6日通过、晋西北行政公署于同月公布了《晋西北行政督察专员公署组织条例》,其内容与前两者大致相同,意在加强专署的领导和权威,如规定四科一局一连治事,而其中所谓一连是指专署有

---

① 中共中央党史资料征集委员会编:《中共党史资料》第二十五辑,中共党史资料出版社1988年版,第126页;前引《晋察冀抗日根据地史料选编》上册,河北人民出版社1983年版,第486页。

② 《中国新民主主义革命时期根据地法制文献选编》第2卷,中国社会科学出版社1981年版,第254—256页。

③ 《中国新民主主义革命时期根据地法制文献选编》第2卷,中国社会科学出版社1981年版,第212—215页。

专区与地区政府法制研究

一个警卫连的保卫武装,较之晋察冀边区政府所颁专署组织大纲规定的专署有警卫一排,更能说明专署的重要和权威。专员公署组织法规的制定,为专署组织的健康发展提供了必要的保障与依据。

在根据地加强行政督察专员制度法制建设的同时,华北根据地在开辟、新建县级政权达到一定规模后,及时建立专署机构。有资料显示,到1940年4月中共中央北方局在晋东南召开黎城会议时,华北各抗日根据地已建立县级政权320多个,建立专员公署49个。①1940年年底,晋察冀边区建立的县级政权大约在100个左右,专署达到13个,②专署数比1939年年底统计的9个增加了4个。同年年底,山东根据地山东省战时工作推行委员会建立县级政权80个,专署(或相当于专署级)16个。③1941年7月太北、太岳、冀南、冀鲁豫四块根据地统一组合而成立了晋冀鲁豫边区政府,此时全区已建有县级政权149个,专署21个。④ 在晋绥根据地,至1941年8月,晋西北行署直辖县有36个,专署6个;另外,大青山根据地有县级政权9个,建立3个专署。⑤应该说,上述资料表明了华北各抗日根据地专署建立的普遍性和及时性。

南方各根据地开辟的时间较北方为晚,因而政权建设的时间相对要晚,专署建立的也就晚些。例如,到1941年5月时,苏南根据地的江南行政委员会辖有6个专署;⑥1942年3月,苏中行政委员会辖有4个专署;⑦1943年2

---

① 魏宏运、左志远主编:《华北抗日根据地史》,档案出版社1990年版,第149页。
② 根据《晋察冀抗日根据地史料选编》上册(河北人民出版社1983年版)第486—487页资料统计。需要说明的是,一、专署数量有一专署至十四专署,但因1940年夏第十二专署原虽拟建立而实际上事后并未建立,故为13个专署;二、由于十一专署的辖县资料缺,仅有12个专署的辖县资料(据笔者统计有辖县95个),若加上十一专署的辖县,故说约在100个县。
③ 魏宏运、左志远主编:《华北抗日根据地史》,档案出版社1990年版,第119页。
④ 山西大学晋冀鲁豫边区史研究组:《晋冀鲁豫边区史料选编》第一辑,1980年,第313—314页。
⑤ 魏宏运、左志远主编:《华北抗日根据地史》,档案出版社1990年版,第120—121页。
⑥ 中共中央组织部等编:《中国共产党组织史资料》第三卷,下册,中共党史出版社2000年版,第988—989页;陈廉:《抗日根据地发展史略》,解放军出版社1987年版,第467页。
⑦ 中共中央组织部等编:《中国共产党组织史资料》第三卷,下册,中共党史出版社2000年版,第1050—1052页;陈廉:《抗日根据地发展史略》,解放军出版社1987年版,第453页。

第二章　新民主主义革命政权体系中的行政督察专员制的法制考察

月,淮南行署辖两个专署;①1945年3月,皖江行署辖和含、皖南两个专员公署。② 1944年年底,淮北行署辖有3个专署。③ 上述资料尽管不够全面,但可以说明这样三个问题:一是南方根据地建立的专署少,各根据地的面积较北方小;二是成立的时间较北方晚;三是南方的根据地基本上也实行了专员制度。

抗日根据地的专署组织设置,在有些根据地,视根据地抗战进程的困难或好转而呈现曲折发展的状态。但就整体情况来说,根据地是在逐步扩大的,专署的设置也是在逐步增加的。有统计显示,截止到1945年3月,中共领导的各抗日根据地共建立104个专员公署。④ 到当年8月,专署设置增加到119个。⑤ 需要说明的是,在敌后各抗日根据地,专署设置在先,待根据地发展到一定规模成立统一的根据地边区政府机构后,专员公署的组织法规建设才提上议事日程。这一特点,是由敌后根据地建设的特殊情况决定的。

二、专员公署组织的法律规定及特点

专员公署的组织不是一个固定的概念,因为它既有时间上的演变,又有地域上的差别。不过,我们可以通过考察几个根据地专署的组织状况,勾画出专署组织的几种大致模式及其演变状态。需要说明的是,在本章第一部分关于专员的演变情况的考察中,笔者已简要叙述了专署的组织状况。而进一步讨论其组织建制和职权问题,则必须对专署的组织作深入、全

---

① 中共中央组织部等编:《中国共产党组织史资料》第三卷,下册,中共党史出版社2000年版,第1128页;陈廉:《抗日根据地发展史略》,解放军出版社1987年版,第424页;《淮南抗日根据地》,中共党史资料出版社1987年版,第452页。
② 中共中央组织部等编:《中国共产党组织史资料》第三卷,下册,中共党史出版社2000年版,第945—946页。
③ 中共中央组织部等编:《中国共产党组织史资料》第三卷,下册,中共党史出版社2000年版,第1085—1086页。
④ 左言东:《中国政治制度史》,浙江古籍出版社1989年版,第510页。
⑤ 根据《中国共产党组织史资料》第三卷(上、下册,中共党史出版社2000年版)统计而得。

面而具体的考察,因而在行文中有个别叙述上的交叉,这是要提请读者理解的。

如前所述,根据地的专署组织在初创阶段是比较简单的。根据 1938 年 2 月 15 日陕甘宁边区政府第三号命令,专署内部没有设置科、室一层机构,仅有 10 人编制。而随着根据地的发展,专署组织较初创时期有了相当的发展。如在 1941 年 11 月边区第二届参议会通过的《陕甘宁边区行政督察专员公署组织暂行条例》中,规定的陕甘宁边区专署组织就有了相当的规模了。该条例规定,"专员公署设秘书室、民政科、财政科、教育科、建设科、粮食科、保安科",分科治事。公署设专员 1 人,必要时设副专员 1 人;秘书室,设主任秘书 1 人,秘书、文书、庶务、收发各 1 人,及干事若干人,秉承主任秘书之意,分别处理各项事务,其工作人员至少应有 7 人;民政科、财政科、教育科、建设科、粮食科、保安科各设科长 1 人,干事若干人,分别处理各科事务,其 6 科工作人员至少应有 18 人。即使不设副专员,6 科人员加上专员,工作人员总计至少应有 26 人。① 这在战时,也就俨然具有县政府之上的一级政府的组织建制了。

1940 年 5 月 2 日,由晋察冀边区行政委员会公布的《晋察冀边区行政督察专员公署组织大纲》规定的晋察冀边区的专署组织建制,较之前述陕甘宁边区参议会通过的条例中的规定的专署组织建制规模大。该组织大纲规定,专署"设秘书室、民政、财政、教育、实业、地政"各科及"司法处",另"为适应战争环境起见,并得设警卫队","负保卫专员公署之责",共设一室五科一处一警卫队。专署设专员 1 人;秘书室设秘书主任 1 人,秘书 3 人,五科各设科长 1 人,各室、科得置科员、办事员若干人;司法处得置主任审判官及审判官各 1 人;警卫队 1 排。由上观之,秘书室应有 4 人,五科至少应有 25 人(以每科 5 人计);司法处 2 人;警卫队 1 排军队编制一般应是 36 人;加上专员 1 人,另外,专署尚有边区委员会委用的未规定人数的视察员,专署至少共

---

① 《中国新民主主义革命时期根据地法制文献选编》第 2 卷,中国社会科学出版社 1981 年版,第 213 页。

第二章　新民主主义革命政权体系中的行政督察专员制的法制考察

应有工作人员68人,其中行政工作人员至少应有32人。①也就是说,仅行政工作人员就比陕甘宁边区的专署人数多了10人,而警卫1排则是陕甘宁边区专署法规所未有的。晋察冀根据地专署军事保卫力量增强的这种情况,应该是由于晋察冀根据地处于敌后战争环境的需要所致。

1942年11月6日由晋西北临时参议会通过、晋西北行政公署于同月公布的《晋西北行政督察专员公署组织条例》所规定的晋西北根据地的专署组织建制,与晋察冀根据地和陕甘宁边区的专署组织都不同,而又有自己的特点。专署设置3科1公安局1警卫连。科未按工作类别冠以科名,而冠之以一、二、三科序号,各科仍按工作类别分别具体专管,如第一科办理民政、教育事项;第二科办理财政、粮秣及建设事项;第三科办理司法事项。专署设专员1人,必要时得设副专员1人;3科各设科长1人,科员、干事若干人,3科至少应有15人;公安局设局长1人,科员若干人,至少应在5人以上;警卫连按军队一般编制,一连人员应在100人以上;另虽不再设置秘书室,但仍规定设秘书1人,文书、干事若干人,以掌管印信及不属于其他各科、局管理事项,至少应有5人;合计专署工作人员至少共应有126人,行政工作人员至少应有26人。②值得注意的是,此根据地的公安局建制是晋察冀根据地专署所未曾有的(陕甘宁边区专署也仅设置了保安科);设置警卫1连,是陕甘宁边区专署所未曾有的,而其规模则又大大超过了晋察冀专署1排的编制;从这两点看,晋西北根据地的专署组织建制似乎比前述两根据地大,但观之行政各科设置实又不然:因为第三科专管司法事务,仅有一、二两个科管理专区民政、财政、教育、建设(实业)、地政(粮食)等日常行政事务,这较之陕甘宁和晋察冀各设置5科,又显然机构过于简略。为何会出现这种现象呢?符合历史事实的合理解释应是,晋西北根据地专署将5科合并为2科治事,显然受当时各根据地推行的"精兵简政"政策的影响。当时,为了克服根据地

---

①《中国新民主主义革命时期根据地法制文献选编》第2卷,中国社会科学出版社1981年版,第255—256页。

②《中国新民主主义革命时期根据地法制文献选编》第2卷,中国社会科学出版社1981年版,第323—324页。

的困难和粉碎日伪军及国民党军队对根据地的包围和封锁,各根据地实行了"精兵简政"的政策,缩小各级党政军机构,特别是尽量精简机关的行政人员。因此,晋西北根据地专署的科室合并(合并5科为2科,不设置秘书室这一机构)势所必然,而行政工作人员较晋察冀1940年5月规定的减少,也就是应有之事了。

根据有关资料提供的晋冀鲁豫根据地专署建制的情况,我们可以考察专署组织变动的轨迹。1941年7月晋冀鲁豫边区政府成立后,即于8月24日通令中规定,专署各工作部门统一规定名称和建制,专署下设秘书室、民政科、财政科、教育科、建设科、粮食局。① 其行政建制规模与晋察冀和陕甘宁科室机构框架大致相当,而较晋西北根据地专署的行政科室要健全。究其原因,当时各根据地的"精兵简政"政策尚未出台。"精兵简政"政策是1941年10月中共才采纳李鼎铭先生的建议,而8月2日的通令自然未受影响。而"精兵简政"政策出台后,晋冀鲁豫根据地专署的组织自然要进行精简。根据1942年12月15日太岳行署所辖专署的资料显示,当时专署的机构有办公室、水利科、总务科和司法科,另设秘书长,② 可见机构比较简单。而晋冀鲁豫根据地太行行署所辖的专署1943年1月的机构设置也比较精简,有办公室、第一科、第二科、司法科、总务科和训练科,专员下设有秘书主任。③ 司法科专理司法事宜,训练科因抗战需要而设,而以往常设的五科事务也只有第一科、第二科和总务科分管,这时,"精兵简政"工作基本结束,但仍然受到这一政策的影响。到了1943年12月时,太行区专署的机构就较前有所增加,设有办公室、民教科、财粮科、建设科、司法科、总务科、训练班,专员下设有秘书主任;④ 而到了1945年7月时,该区专署的组织机构有办公

---

① 山西大学晋冀鲁豫边区史研究组:《晋冀鲁豫边区史料选编》第一辑,1980年,第353页。
② 山西大学晋冀鲁豫边区史研究组:《晋冀鲁豫边区史料选编》第一辑,1980年,第329页。按:第328页之时间"一九四二年十二月十五日"显然应在招待室的下一行,因上面的内容是前面的1946年5月15日的。
③ 山西大学晋冀鲁豫边区史研究组:《晋冀鲁豫边区史料选编》第一辑,1980年,第383页。
④ 山西大学晋冀鲁豫边区史研究组:《晋冀鲁豫边区史料选编》第一辑,1980年,第385页。

第二章　新民主主义革命政权体系中的行政督察专员制的法制考察

室、交际处、民教科、财粮科、建设科、司法科和总务科,专员下设有副专员和主任秘书,①增加了副专员和交际处,显然是专员管理的事情多了,对外联系多了,不得不设的缘故。显然,在战争时期,在特殊困难时期,符合实际的合并和精简是必要的,但寄希望以运动方式精简机构,其效果未必能长久保持。但以后该根据地专署的公安(或保安)科局却一直未能设置,可能是专署领导下的军队行使了公安部门行使的社会治安管理的功能。

相比较而言,山东抗日根据地的专署组织比较完备、健全。专署设有民政科、财粮科、教育科、司法科、卫生科、农林科和工商管理分局、公安局,共六科二局,另外,专员下设置秘书主任一人协助专员处理日常工作。农林科相当于其他根据地的建设科,而卫生科和工商分局则是其他根据地法规未曾规定设置的。②

通过对上述诸根据地专署组织机构设置规定及实际设置情况的考察,我们可以看到专署组织的内部科层设置、人员编制的大致状况和专署组织的演变轨迹与特点。可以说,各根据地的专署机构设置的情况并不相同,有的还有很大的差别。尽管专署机构设置的规模和机构各有不同,但从主要的管理功能来看,如行使行政管理、经济管理、社会管理的这些政府的主要部门,各根据地专署无论是分别设置还是精简合署设置,同样为专署作为一层抗日民主行政机关,对社会进行有效的管理和为抗战而服务提供了保证。而在当时战争的条件下,各根据地根据各自具体的情况,灵活地实行适合本根据地特点和需要的专署组织法制,显然是完全必要的。

三、专署专员职权的法律规定与辖区

专署的管理实际上实行的是首长负责制,专署的权力即专员的权力。

---

① 山西大学晋冀鲁豫边区史研究组编:《晋冀鲁豫边区史料选编》第一辑,1980年,第389页。
② 《中国新民主主义革命时期根据地法制文献选编》第2卷,中国社会科学出版社1981年版,第368—369页。

专署专员的职权尽管根据不同根据地的法规所定的有所差别,但主要内容大致相同。考之1941年11月之《陕甘宁边区行政督察专员公署组织暂行条例》的规定,主要职权有:(一)随时考察及督导所属各县地方行政规划与创办分区内各县应兴革之事项;(二)巩固分区地方治安,部署分区抗战工作;(三)督察所属各县经费之收支情形;(四)召集分区行政会议;(五)关于所属各级公务人员之考核;(六)关于所属各县争议及有关事项之处理;(七)推行边区现行法令;(八)专员有权调遣本区内保安及地方自卫军,于必要时得调正规军协助;(九)专员得召集分区行政会议;(十)专员应亲自轮流巡视各县;(十一)专员对所属各县所为之命令或处分,如认为违法或不当时,得撤销或纠正之(须呈报边区政府备案);(十二)专员得兼县长。①

晋察冀根据地的行政督察专员公署组织大纲与此略有不同的是,没有陕甘宁专署的第十和第十一项职权;而其所具有的另三项重要职权却是1941年11月条例所定陕甘宁专署没有的,即:第一,专署于不抵触中央及边委会之法令范围内,得制定单行规则或办法(呈边委会备案);第二,专署如因战争关系,与边委会失去联系时,并得代行边委会职权(但于战争结束后,应将各项处置办法补报边委会备案);第三,关于辖区内第二审民刑案件之监审(监审有最后决定权)及军法案件之判处事宜。② 两相比较,晋察冀专署所以有第二点不同,显然是晋察冀根据地处于敌后,各行政机关常常处于游击状态,一旦有大的战斗、战役发生,专署和上级机关失去联系之事是时有发生的。这一规定有利于专署在非常情况下,发挥其独自决策的能力。相比较而言,陕甘宁边区则要安定得多,一般可无此虑,但为防意外,在1943年2月公布的修正专员公署组织条例中,也增加了这方面的内容,规定"在军事隔绝时间,专员得独立行使职权,但经过事项,须于事后呈报边区政府备查"。③ 关于第三

---

① 《中国新民主主义革命时期根据地法制文献选编》第2卷,中国社会科学出版社1981年版,第212—214页。
② 《中国新民主主义革命时期根据地法制文献选编》第2卷,中国社会科学出版社1981年版,第255页。
③ 《中国新民主主义革命时期根据地法制文献选编》第2卷,中国社会科学出版社1981年版,第217页。

第二章　新民主主义革命政权体系中的行政督察专员制的法制考察

点,陕甘宁边区专署虽未设置司法科或处机构,但自1943年3月起边区在各专署分设边区高等法院分庭,其管辖区域与各专署所辖区域相同,专员兼分庭庭长。① 此外,陕甘宁边区1943年2月的修正专员公署组织条例中,则把专员兼县长这一规定删去了,这也应视作是专员地位独立和提高的一种反映。而且,1943年2月的修正条例还规定了专员的人事任用权,规定专署的政务秘书、科长、处长可以由专员遴选(呈报边区政府委任)、专署其他人员由专员委任(呈民政厅备案),这是1941年11月条例所未规定的。② 而晋察冀专署组织大纲也规定了专员的人事任用权,不过,权限略小。③ 可以说,专署组织在运作的实际工作过程中,其组织的功能愈来愈趋于健全。

晋西北专署的职权与晋察冀专署大致相当,稍有不同的是明确规定专署有辖区内各县政府之科长、秘书之荐举权,区长、专署科员及同级干部之任免权,人事权较为广泛。④ 山东根据地专署又有所不同,其组织条例没有赋予专署得制定单行法规的权限,没有规定专员的巡视职责(应该说,没有此项规定并不妨碍专员行使此职责),而在人事权方面规定专员得"根据各县施政状况,提请任免所属行政人员",似乎人事权有所提高,但专署内工作人员的任免权限谁属却又未见规定。⑤

就专署的组织条例或大纲中所定的督察与行政领导权外,还有一项重要的职权就是前面所提到的在某些根据地专员或专署的司法审判权。根据1943年3月公布的《陕甘宁边区高等法院分庭组织条例草案》的规定,边区

---

① 张希坡、韩延龙主编:《中国革命法制史》(上),中国社会科学出版社1987年版,第437、438页。

② 《中国新民主主义革命时期根据地法制文献选编》第2卷,中国社会科学出版社1981年版,第216页。

③ 规定专署对于专署的秘书主任、秘书、科长、视察员、审判官等无权委用,对于上述职务外的才由专员委用(呈报边委会备案)。见前引《中国新民主主义革命时期根据地法制文献选编》第2卷,中国社会科学出版社1981年版,第256页。

④ 《中国新民主主义革命时期根据地法制文献选编》第2卷,中国社会科学出版社1981年版,第324页。

⑤ 《中国新民主主义革命时期根据地法制文献选编》第2卷,中国社会科学出版社1981年版,第367页。

高等法院得于边区政府所辖各分区内之专员公署所在地,设置高等法院分庭,代表高等法院受理不服各该分区所辖地方法院或县司法处第一审判决上诉之民刑案件。高等法院之分庭,"得设置于专员公署"。尽管规定高等法院分庭庭长、推事由高等法院呈请边区政府任命,而事实上由专员兼分庭庭长。分庭得设法警一至二人,由专员公署警卫队拨用。① 高等法院分庭拟判刑事三年以上徒刑案件,应将所拟判词连同原卷呈送高等法院复核。不服分庭判决之案依法得上诉者,由分庭将案卷及判决书呈送高等法院加以复核。② 著名的"马锡五审判方式"就是陕甘宁边区陇东专员兼高等法院分庭庭长马锡五创造的,1944年边区政府主席林伯渠号召边区司法工作者学习以走群众路线、深入调查研究、依法合理审判为特征的"马锡五审判方式"。

1943年2月12日,晋察冀边区行政委员会《关于边区司法机关改制之决定》中规定,边区高等法院在"各行政督察专员区设立法庭,名晋察冀边区高等法院第几法庭"。各专员对于普通刑事案件,兼任高等法院在各专区所设法庭之检察官。县司法处应报送复判之刑事案件,报由高等法院在该管专区内所设之法庭复判。县政府所为之特刑判决,除贪污案件外,仍报送专署代核,专员所为之特刑判决,仍报边区行政委员会复核。③

在晋冀鲁豫边区,根据边区政府和边区高等法院1942年5月21日分布的《关于执行决定之审级制度的命令》中涉及专署内容的有:(一)民事三级三审,刑事三级二审,专署为一个审级(二审)。(二)一审机关对于刑事案件一年以上十年以下之徒刑及死刑,千元以上之罚金,过上诉期间,被告不提起上诉者,判决须送专署(二审机关)复核复判,然后判决作为确定。(三)二审机关受理刑事案件一年以上十年以下之徒刑及死刑,千元以上罚金之上

---

① 《中国新民主主义革命时期根据地法制文献选编》第3卷,中国社会科学出版社1981年版,第367—369页。

② 《中国新民主主义革命时期根据地法制文献选编》第3卷,中国社会科学出版社1981年版,第368—369页。

③ 《中国新民主主义革命时期根据地法制文献选编》第3卷,中国社会科学出版社1981年版,第384—385页。

第二章　新民主主义革命政权体系中的行政督察专员制的法制考察

诉,二审判决为终审,不送高等法院复核复判,但提起非常上诉者例外。(四)无论平时或战时,二审机关的专员对所受理的刑事案件(包括复核上诉)有最后决定权,但须经专署司法科长、公安督察处长与专员集体讨论(指七年以上徒刑及死刑),并于执行后连同卷宗记录(讨论会的)呈送高等法院备案。如果有错判或错杀等情,由专员负主要责任。① 1942年8月10日《晋冀鲁豫边区高等法院关于执行死刑合议制度变通办法的决定》中因多机关合议在平时或战时难以举行合议时,特规定,在战时经公安机关侦讯完毕(或由其他机关、团体或公民捕获而有确实证据者),专员、县长批准后即可执行;平时经司法机关侦讯完毕,如公安机关负责人员因故不能参加合议时,经专员、县长之批准,即可执行。② 1943年1月20日《晋冀鲁豫边区高等法院关于执行核案新决定的命令》中规定:(一)凡一审机关(县级)平时判处死刑之刑事案件,均须送专署复核复判。凡一审机关战时先执行之刑事案件,亦均须于事后送专署核查备案。(二)二审判机关(专署)对于一审机关送核或备案之特种刑事案件处死刑者(如汉奸、特务、盗匪、烟毒等案),如认为事实无误,同时有国民政府特种刑事法规及边区单行法令足资援用科刑者,可直接由专署批驳、核准或修正,无须再将全案案卷转呈高等法院核查。唯第二审机关须于每月月终将全月审核死刑,逐案详为填具死刑审核登记表,连同各该案判决正本,一并呈报高等法院。(三)二审判机关(专署)对于一审机关送核之刑事案件,有四项情形即普通刑事之处死刑者、干部处死刑者、对于处死刑之案件事实或援用法条认为有疑难者、二审机关与一审机关对认定事实及其他有争执者中之一者,仍须将案卷等文件,立即呈送高等法院核察复判,在一般情况下,不得先斩后奏。(四)一审机关(县级)认为二审机关核案情形有不当者,得再行提出意见或补充材料,连同卷宗等物再送二审机关,转呈高等法院最后决定。③

---

① 《中国新民主主义革命时期根据地法制文献选编》第3卷,中国社会科学出版社1981年版,第401—402页。

② 《中国新民主主义革命时期根据地法制文献选编》第3卷,中国社会科学出版社1981年版,第403—404页。

③ 《中国新民主主义革命时期根据地法制文献选编》第3卷,中国社会科学出版社1981年版,第408—409页。

在1944年3月1日公布实施的《晋冀鲁豫边区太岳区执行司法制度》的规定中,进一步规定专员公署组织第二审法庭,专员兼庭长,司法科长或副科长为主审,科员一人为帮审。专署与行署及县政府,得临时组织公审法庭,公审法庭对于群众要求,有答复解决的任务,不能决定之问题,不要肯定答复。对于公审,行政首长(即庭长)应负完全责任。专署与行署必要时得临时组织流动法庭,就地审判,流动法庭判决之案件,应汇报专员,对专员负责,专员不同意时,即得另判更正。第二审判法庭职权有九项:(一)有受理不服第一审判决上诉案件之任务,认为事实不明者,可以发回第一审再审。(二)不论平时战时,对于死刑案犯有处决权,对各县紧急处决人犯有备案权,对各县呈请就地正法、判决死刑、死刑保留有批准权。(三)对于第一审受理案件认为不妥当者有提审权,对于第一审判决之案件认为不妥当者有纠正权。(四)区助理员级抗日干部犯罪,应受刑事处罚者,有批准权。(五)区长级以上干部犯罪,应受刑事处罚者有受理权,但非经行署批准不得执行。(六)专署及直属机关、学校区长级以下干部(区长级干部不在内)犯罪,该受处罚者有处理权。(七)对于证据确凿之汉奸、土匪、小偷有先杀后报权,可以委托比较遥远并掌握政策之县。(八)对于自己判决之案件认为不妥当者有再审权。(九)县与县之间因案件管辖发生争执有指定权。①

1941年4月22日通过并实施的《山东省改进司法工作纲要》中,在三级三审制度下,规定在专署区设地方法院,为民刑诉讼第二审机关。其各级司法长官,应由参议会选举之,并为各该级行政委员会当然委员。各司法机关,在各级行政委员会领导之下,仍保持其独立之组织系统。② 事实上,专署为派出机关,且是专员负责制,不设立行政委员会,也不设参议会,其司法长官当然既不会由参议会选举,也不会在行政委员会领导之下并为该委员会当然委员。

---

① 《中国新民主主义革命时期根据地法制文献选编》第3卷,中国社会科学出版社1981年版,第414—417页。

② 《中国新民主主义革命时期根据地法制文献选编》第3卷,中国社会科学出版社1981年版,第447页。

第二章　新民主主义革命政权体系中的行政督察专员制的法制考察

上述专署专员职权,有些是在专员领导下专署行政人员共同行使的,有些则是专员独有的。但何者为专员领导下专署行政人员共同行使,何者为专员所独享,各根据地的法规所定并不同,有的根据地不同时期的规定也有区别。在陕甘宁边区1941年11月条例中规定的是专员职权,而到了1943年2月的修正条例则将职权分为专署职权与只有专员享有的职权。① 晋察冀根据地专署组织大纲中,也是有些方面规定的是专署的职权,有的是专员独享的职权。② 晋西北根据地专署组织条例则独言专署职权,没有突出专员的职权,但在实际上专员在专署的突出领导权应是无疑的③。山东抗日根据地的专署组织条例,明确规定诸项职权为专员行使,其意应在突出专员的职权和地位。④ 应该说,专员制度,就是典型的首长负责的制度,这在抗日战争的环境下,是必要的。但由于各根据地的情况或时期不同,专员职权的伸缩现象也就在情理之中了。

专员公署的辖区,是专员施政的空间、范围,是考察专员制度管理功能的一个重要指标。从理论上说,一层级政权功能的有效发挥,与其管理的行政范围有一定的联系。一层级政权管理的区域过大,其管理功能和效率必然就会降低,难以发挥理想的作用;而过小,则未免造成管理资源的浪费,管理的功能和效率同样也会降低。而何为管理区域的适度范围,则需根据历史的和现实的具体情况来作估量。

我们先来看晋察冀根据地和晋冀鲁豫根据地专署辖县的有关资料:

---

① 1941年条例所定专员职权,见该条例第三条、第十条、第十一条、第十三条、第十五条见《中国新民主主义革命时期根据地法制文献选编》第2卷,中国社会科学出版社1981年版,第212—214页;1943年条例所定专署职权见该条例第三条,所定专员职权见该条例第六条、第七条、第八条、第九条、第十一条、第十二条,前引书,第215—217页。
② 《中国新民主主义革命时期根据地法制文献选编》第3卷,中国社会科学出版社1981年版,第254—255页。关于专署职权的规定有第三条、第四条;关于只有专员方能行使的职权有第六条,第二条的规定表述不太明确,但实际上仍是指专员职权。
③ 《中国新民主主义革命时期根据地法制文献选编》第3卷,中国社会科学出版社1981年版,第324页。
④ 《中国新民主主义革命时期根据地法制文献选编》第3卷,中国社会科学出版社1981年版,第367—368页。

专区与地区政府法制研究

表1　晋察冀边区1940年年底专署辖县情况统计表

专署	一专署	二专署	三专署	四专署	五专署	六专署
辖县数	9县	5县	6县	6县	7县	5县
专署	七专署	八专署	九专署	十专署	十三专署	十四专署
辖县数	8县	8县	11县	8县	7县	4县

资料来源：根据《晋察冀抗日根据地史料选编》上册（河北人民出版社1983年版）附录二第486—487页有关资料整理。需要说明的是，专署排序到十四，但其中第十二专署1940年夏原拟建立，事实上事后未建；第十一专署辖县资料缺乏。

表1提供的专署辖县资料显示，12个专署辖县84个，平均专署辖县7个。在上述的12个专署中，辖11个县的有1个专署；辖4个县的有1个专署；辖9个县的有1个专署；辖5个县的有2个专署；辖6个县的有2个专署；辖7个县的有2个专署；辖8个县的有3个专署。就是说，辖县较多或较少的情况都少，较多的情况是辖县在6—8个之间。

另看晋冀鲁豫边区冀鲁豫主任公署和太北区所属专署辖县的情况：

表2　冀鲁豫主任公署1941年7月专署辖县情况统计表

专署	一专署	二专署	三专署	四专署	五专署	六专署	七专署
辖县数	6县	13县	5县	7县	6县	7县	5县

资料来源：根据《晋冀鲁豫边区史料选编》第一辑（太原，山西大学晋冀鲁豫边区史研究组，1980年）第314页有关资料整理。

表3　太北区1941年7月专署辖县情况统计表

专署	一专署	二专署	三专署	四专署	五专署
辖县数	10县	10县	5县	5县	7县

资料来源：根据《晋冀鲁豫边区史料选编》第一辑（太原，山西大学晋冀鲁豫边区史研究组，1980年）第314—315页整理。

表2显示，冀鲁豫主任公署所属的7个专署，辖县49个，平均专署辖县7个。在这7个专署中，辖5个和13个县的分别各有1个专署，辖6县的有2个专署，辖7县的有3个专署。

表3显示，太北区所属的5个专署，辖县37个，平均专署辖县7个强。

通过上述三表的考察表明，专署辖县7个左右，辖县超过10个或少于等

第二章 新民主主义革命政权体系中的行政督察专员制的法制考察

于4个的情况较少。

有资料显示,1944年6月陕甘宁边区5个专署辖30个县、1个市,平均辖县6个,①和上述三表显示的情况接近。在南方的淮南抗日根据地苏皖边区行政公署1943年2月至1945年9月间所属的津浦路西专员公署辖有7县,而津浦路东专员公署在1945年4月前曾辖有9个县,②两个专署的辖县情况仍和前述情况相近。

我们可以由国民政府专员公署辖县的情况作为参照系,来分析、评判抗日根据地专署辖县的问题。南京政府专署辖县虽时有变动和调整,但总的看来变动和调整是小范围的、个别的,当不影响对专署辖县的整体情况的判断。现以1935年国民政府所辖江苏、安徽、江西、湖北、河南、浙江、福建、贵州8省专署辖县的资料作一分析。据统计,1935年江苏省共有10专区辖县60个,平均专署辖县6个;安徽省10专区辖县58个,平均专署辖县5.8个;江西省8专区辖县82个,平均专署辖县10.25个;湖北省11专区辖县69个,平均专署辖县6.27个;河南省11专区辖县110个,平均专署辖县10个;浙江省7专区辖县47个,平均专署辖县6.71个;福建省10专区辖县62个,平均专署辖县6.20个;贵州省11专区辖县81个,平均专署辖县7.36个。在上述8省的专署中,除1个省平均专署辖县低于6个和2个省平均专署辖县在10个以上外,5个省平均专署辖县都在6县至7县左右。③ 就抗日根据地专署辖县的前述情况与南京国民政府专署辖县情况比较看,两者是很接近的。就抗日根据地专署辖县的整体情况说,据有关资料显示,到1945年3月,各根据地共建立了104个专员公署辖687个县,平均专署辖县在6.6个左右。④ 就这一整体情况看,与南京国民政府专署辖县情况亦相近。

通过上述考察可知,抗日根据地专署管县幅度显然受到南京国民政府

---

① 李维汉:《回忆与研究》(下),中共党史资料出版社1986年版,第609页。
② 《淮南抗日根据地》,中共党史资料出版社1987年版,第452页之表四。
③ 根据《内政部年鉴·二十四年续编》(一)民政篇第217页有关资料统计而得,商务印书馆出版。
④ 左言东:《中国政治制度史》,浙江古籍出版社1989年版,第510页。

专署管县情况的影响。而南京国民政府各省设置专区的情况,是与清代府、州情况相当的。清代府、州辖县亦系沿袭历代习惯,亦见南京国民政府专区辖县仍大体上是历史上地方行政辖区的逻辑发展。抗日根据地专署辖县又与国民政府专署辖县情况接近,可见,抗日根据地的专署设置和辖县情况,继承了历史上地方政府区划管理的有效经验和传统,当然,直接的是从国民政府地方区划管理的实践中吸取了经验。应该说,专员公署的辖区幅度是适宜的。这一适当的辖区管理幅度,实际上就是习惯法在起作用。值得提出的是,各抗日根据地的辖县情况,又是与根据地自身发展需要、根据地和对立政权的割据交错情况相联系的,主要是根据各根据地管理和发展需要进行设置和调整的。

四、与专署同层级的中共"地委"组织之演变

要研究新民主主义革命政权体系中专员公署的法制状况的实际运转情况,还必须研究与其同层级的中共党组织"地委"的权力关系。而且,如果说,国民党政府专员公署制是对中国近现代地方行政组织制度建设的一种改革和创新,那么,中国共产党的地委制度对中国现当代地方行政组织与政党组织的建设,也是一种改革和创新。因此,要研究专署与地委的关系,有必要先对地委的组织状况及其历史演变情况有一个深入的了解与研究。

地委组织是中共党的组织体系中的一个重要组织层级和管理机构。它经历了一个从初创、探索到重建、全面发展和基本定型的历史过程。在初创和探索时期(1921—1927),地委组织从制度上看呈逐渐严密、从设置上看呈逐渐增多的特点。总的看来,这一时期地委的组织层级地位尚不明确,地委的设置从全国的组织体系看还表现为临时性和不稳定性。这是党的组织体系在"幼年时期"不可避免地带有"幼稚"特点的反映。在重建、全面发展和基本定型时期(1938—1949),地委组织确立了省(边区)和县之间一个地方层级的地位。这一时期地委的组织制度在早期探索的基础上逐渐完备和定型,地委在全国的地方党的组织体系中的组织和层级地位,在法律上(党的章程及有关文件)和

第二章 新民主主义革命政权体系中的行政督察专员制的法制考察

实践上得以确立。地委组织,是民主革命时期中共在党的组织和制度建设上颇具创新特色的地方党的组织制度建树。与吸纳和改造后的专员制度相联结,在党政组织体系中,对增党政组织效能,有异曲同工之妙。

中共"地委"组织,是中共地方组织体系中一个重要的组织环节和组织管理机构。它在中国共产党的发展历史上发挥的绝不是无足轻重的作用,它是党和党组织发展、壮大的历史见证者,是党和党的组织发展过程中的重要的组织和制度。然而,对于人们所熟知的党的这一组织,它是什么时候创设的?在党的发展历史上曾发生了什么样的变化和演变?这种变化和演变的原因是什么?"地委"组织在各个时期的组织制度如何?"地委"的组织性质和层级与专署的关系如何?等等,却缺乏应有的认识,故在此作一探讨。

地委这一组织名称,据笔者现在见到的资料,是载于中国共产党1924年5月10日至15日举行的第一次中央扩大执行委员会会议通过的有关文件中。在这次会议通过的《党内组织及宣传教育问题议决案》中明确规定:"凡在国民党工作之同志都应由地委指派。"这里出现了"地委"的组织名号。① 在会议通过的《中央局报告》中谈到湖北武昌的地方组织时说,惟武昌地方同志极其涣散,至今中央尚未接到地委改选报告。② 这里的地委显是武昌地委。在会议通过的《京区报告》中谈到党务问题时称,唐山、石家庄皆早已成立地委。惟石家庄现因缺人主持,有等于无。唐山情形颇好。③ 这里显然指唐山地委和石家庄地委。上述资料表明,至迟到1924年5月中旬党内已有明确的地委这一组织称呼。而事实上,"地委"只是这一组织的简称而已,如该会议通过的《汉口地方报告》中说:自武汉区执行委员会取消,即改组汉口地方委员会,因汉阳、江岸、徐家棚三处工作均归汉地委管辖,故汉地委的事务,较武汉区委时代,并未减少。④ 这里,透露了这样一条信息:汉口"地委"即汉口"地方委员

---

① 中央档案馆编:《中共中央文件选集》第1册,中共中央党校出版社1982年版,第197页。
② 中央档案馆编:《中共中央文件选集》第1册,中共中央党校出版社1982年版,第200页。
③ 中央档案馆编:《中共中央文件选集》第1册,中共中央党校出版社1982年版,第217页。
④ 中央档案馆编:《中共中央文件选集》第1册,中共中央党校出版社1982年版,第208页。

会"的简称。事实正是如此。地委是党的地方委员会的简称。那么,党的地方委员会是什么时候创设的呢?

在1921年7月中国共产党第一次全国代表大会宣告中国共产党诞生的时候,在会议通过的《中国共产党第一个纲领》中就有设置党的地方委员会的规定,第九条规定:凡是党员不超过十人的地方委员会,应设书记一人;超过十人的应设财务委员、组织委员和宣传委员各一人,超过三十人的,应从委员会的委员中选出一个执行委员会。① 由此可见,自中共诞生之日起,就有党的地方委员会,也就是地委(不过,当时尚未简称地委。如前已阐述,简称地委显然是在其后党的地方委员会有了很大的发展之后的事)。有关资料显示,一大后,成立了中共北京地方委员会和中共上海地方委员会。② 1922年7月,中共二大通过的中国共产党章程对党的组织体系有了较具体、详细的规定,其中第二章"组织"第五条中规定:一地方有两个支部以上,经中央执行委员会之许可,区执行委员会得派员至该地方召集全体党员大会或代表会,由该会推举三人组织该地方执行委员会,并推举候补委员三人。未有区执行委员会之地方,则由中央执行委员会直接派员召集该地方执行委员会,直接隶属中央。③ 这里,和一大不同的是,地方上只设地方执行委员会,不再称地方委员会,这显然是地方党员的数量和支部的数量相应增加所致。而且,当时,从中央到区而到地方,都称执行委员会,故地方执行委员会也就是后来所说的地委。可以说,这是地委组织创设之始。

二大到五大前,地委组织逐渐发展。二大后,中共北京地方委员会改称中共北京地方执行委员会,中共上海地方委员会改组为中共上海地方执行委员会兼区执行委员会,中共武汉地方委员会改组为中共武汉区执行委员

---

① 中央档案馆编:《中共中央文件选集》第1册,中共中央党校出版社1982年版,第6页。

② 中共中央组织部等编:《中国共产党组织史资料》第一卷,中共党史出版社2000年版,第93—97、261页;王健英:《中国共产党组织史料汇编》,红旗出版社1983年版,第4页。

③ 中央档案馆编:《中共中央文件选集》第1册,中共中央党校出版社1982年版,第60页。

第二章　新民主主义革命政权体系中的行政督察专员制的法制考察

会(下辖有汉口地方执行委员会和武昌地方执行委员会)。① 在1923年6月中国共产党第三次全国代表大会通过的《中国共产党第一次修正章程》第二章"组织"第六条中对地方执行委员会的规定,与二大基本相同,所稍有不同的是,地方执行委员会成立的条件之一,由原来要求该地方有两个以上支部而改为该地方有十个以上党员。② 三大后,中共湘区执行委员会下辖有中共安源地方执行委员会和中共长沙地方委员会;中共武汉区执行委员会下辖中共汉口地方执行委员会和中共武昌地方执行委员会;中共北京区执行委员会下辖有中共天津地方委员会、中共唐山地方执行委员会;中共上海地方执行委员会兼区执行委员会下辖有中共南京地方执行委员会;由中央直辖的还有中共济南地方执行委员会和中共广州地方执行委员会(1924年初由广东区执行委员会改称,1924年10月复改称广东区执行委员会)。③ 这里,地方执行委员会简称为"地委",如前所述,在1924年5月中国共产党扩大执行委员会文件中,唐山地方执行委员会和石家庄地方执行委员会简称"地委",汉口地方执行委员会也简称地委,即是证明。此次扩大会议以后,在1924年7月21日中央发布的第十五号通告中,对于地方党组织明确称为"各区委各地委各独立组",④在1924年11月1日中央发布的第二十一号通告中对地方党组织称为"各地委、区委、小组"(不知何故,将地委置于区委前),⑤在1925年5月19日中央发布的第三十三号通告中,对地方党组织称为"各区委、各地委、各独立支部",⑥可见地委成为地方委员会和地方执行委员会的简称,已成为一种通用的说法。值得注意的是,在1925年1月中国共产党第

---

① 中共中央组织部等编:《中国共产党组织史资料》第一卷,中共党史出版社2000年版,第93、263、495—497页。王健英《中国共产党组织史料汇编》(红旗出版社1983年版,第10—12页)所载有别,今从中共中央组织部所编资料。
② 中央档案馆编:《中共中央文件选集》第1册,中共中央党校出版社1982年版,第123页。
③ 中共中央组织部等编:《中国共产党组织史资料》第一卷,中共党史出版社2000年版,第382、497、97—105、285、169、584页。王健英:《中国共产党组织史料汇编》,红旗出版社1983年版,第23—24页。
④ 中央档案馆编:《中共中央文件选集》第1册,中共中央党校出版社1982年版,第223页。
⑤ 中央档案馆编:《中共中央文件选集》第1册,中共中央党校出版社1982年版,第233页。
⑥ 中央档案馆编:《中共中央文件选集》第1册,中共中央党校出版社1982年版,第334页。

专区与地区政府法制研究

四次全国代表大会通过的《中国共产党第二次修正章程》第二章第六条中,规定地方执行委员会成立的条件之一是一个地方有三个支部,此项规定较前有所提高,这是党的基层组织较前有较大发展的缘故。① 四大后,地委组织在全国许多地方设置起来。在中共广东区,有中共海陆丰地方执行委员会、琼崖地方执行委员会、汕头地方委员会、梧州地方执行委员会、南宁地方执行委员会等;在中共湖北区,有中共黄石港地方委员会、汉口地方执行委员会、武昌地方执行委员会、汉阳地方执行委员会、通城地方执行委员会、枣阳地方执行委员会、宜都地方执行委员会等;在中共湖南区,有中共常德地方执行委员会、长沙地方执行委员会、安源地方执行委员会、衡阳地方执行委员会、岳阳地方执行委员会、湘乡地方执行委员会、浏阳地方执行委员会等;在中共江浙区(又曾称上海地委、上海区委、江浙区委),有中共南京地方执行委员会、杭州地方执行委员会、宁波地方执行委员会等;在中共北方区,有中共北京地方执行委员会、天津地方执行委员会、保定地方执行委员会、张家口地方执行委员会、唐山地方执行委员会、石家庄地方执行委员会、太原地方执行委员会等;在中共豫陕区,有中共开封地方执行委员会、信阳地方执行委员会、郑州地方执行委员会、焦作地方执行委员会、洛阳地方执行委员会等;在中共陕甘区,有中共西安地方执行委员会、绥德地方执行委员会、渭南地方执行委员会等;另外还有直属中央的中共山东地方执行委员会、重庆地方执行委员会、江西地方执行委员会、安徽地方执行委员会、福州地方执行委员会、北满(哈尔滨)地方执行委员会、大连地方执行委员会、奉天地方执行委员会等。② 地委组织的迅速增加,表明了国共合作期间中共地方组织和党员迅速发展的事实。

---

① 中央档案馆编:《中共中央文件选集》第1册,中共中央党校出版社1982年版,第312页。

② 中共中央组织部等编:《中国共产党组织史资料》第一卷,中共党史出版社2000年版,第92—686页之地方组织机构部分;又见王健英:《中国共产党组织史料汇编》,红旗出版社1983年版,第36—46页。需要说明的是,中央所直辖的地方执行委员会如江西地方执行委员会在五大前就改组为区执行委员会。另,王健英书中地方执行委员会称地方委员会,今从中央组织部等所编资料。

第二章　新民主主义革命政权体系中的行政督察专员制的法制考察

　　四大至五大是党的组织发展较快的时期。1927年5月召开的中国共产党第五次全国代表大会通过的《组织问题议决案》指出，"本党最近一年半以来，已变成了真正群众的党"，并对党的组织，提出"从中央、省委以至支部"，应实行集体领导的问题。①值得注意的是，这里提出了"省委"这一组织，此前的党章规定中央下面有区委而未规定有省委，在此提到"省委"这一组织，似乎意味着党的组织体系有新的变化。的确，在1927年6月1日中央政治局会议上根据五大的精神通过的《中国共产党第三次修正章程决案》，规定党的组织体系为中央委员会——省委员会——市或县委员会——区委员会——支部五个层级。②这样，此前的地委和地委之上的区委取消，增加了省委、市委或县委、区委（此区委与原设区委不同，是地方基层组织）三个地方组织层级。所以有这种变化，是党的力量在全国省市县普遍发展的反映，由于党的力量和组织已在全国空前发展，组建省委、市委或县委的条件应该说已经具备，这样，管理几个省的区委和管理几个市县的地委似乎不必要再设置了。1928年7月中共六大通过的新党章，规定党的组织系统为支部——区委——县委或市委——特委——省委——中央委员会六层级。③这里同样没有规定设置地委，但从特委这一层级的组织地位看，与原来的地委有相似之处：处于地方组织的第二个层级，管理一个地方的党务；所不同的只是特委在发动武装起义、领导农村武装斗争有着特定的历史使命。尽管五大和六大党章没有规定设置地委，但由于此前党章规定的影响、过去地委设置的影响和实际工作的需要，一段时期一些地方仍设有地委这一组织，④六大后则普遍设立了特委，特委可以说是一特殊形式的地委。

　　这一时期是地委组织的创设和探索时期。一方面，从制度上看地委组织逐渐严密，从实践上看地委数量在增加；另一方面，地委组织的层级还不

---

　　①　中央档案馆编：《中共中央文件选集》第3册，中共中央党校出版社1983年版，第66—67页。
　　②　中央档案馆编：《中共中央文件选集》第3册，中共中央党校出版社1983年版，第126页。
　　③　中央档案馆编：《中共中央文件选集》第4册，中共中央党校出版社1983年版，第299页。
　　④　中共中央组织部等编：《中国共产党组织史资料》第一卷，中共党史出版社2000年版，地方组织机构部分；又见王健英：《中国共产党组织史料汇编》，红旗出版社1983年版，第63—79页。

明确,地方委员会和地方执行委员会的设置情况与党的章程的规定似有不符,区委改地委、地委改区委或区委兼地委现象的存在表明地委乃至区委组织仍在组织建设的探索性质,这是党在"幼年时期"组织上存在幼稚特点的反映。而大革命失败后设置的特委,是与地委既有区别又有联系的党的组织,从层级上看可以说是一种特殊的地委,特委的设置与实践,为以后地委的重建与发展提供了宝贵的经验。

抗日战争爆发后,有关资料显示,有个别地方又成立了地委,1938年8月,中共冀南(冀鲁豫)省委改称中共冀南区委员会,下属5个特委改称地方委员会,①这样,地方委员会反过来又是各地普遍设立的中共地方特委组织的一种"特殊"形式。而特委是大革命失败后为适应发动武装起义、进行武装斗争特殊需要而设置的党的组织机构,但在抗日战争和国共合作的形势下,党的主要工作是领导根据地军民对日伪的斗争。形势的变化,需要党的组织也要做出相应的调整。因而,在中共六届六中全会上,洛甫(张闻天)在1938年10月15日所作的《关于抗日民族统一战线与党的组织问题》的报告中,提出在"新的情况下",对"党的领导系统"进行调整的问题:第一,在全国组织几个中央局,如北方局、中原局、东南局、南方局等,由中央直接指导,并代表中央直接指导各地方党;第二,在敌后改变省委的组织为区党委;第三,在中央直接领导几个区党委或省委,在区党委、省委下为地委、中心县委或县委、分区委、支部。② 也就是说,此后各根据地党的特委逐渐改为地委。有资料显示,至1942年9月,中共中央北方局各区党委共领导43个地委。③ 由此可见,地委是根据地党组织体系中重要的地方组织和制度。

随着中国共产党领导根据地军民对日伪斗争的开展和根据地的发展,地委组织在根据地的发展这一事实,与六大党章未有设置地委组织的规定

---

① 中共中央组织部等编:《中国共产党组织史资料》第三卷,中共党史出版社2000年版,第644页。

② 中央档案馆编:《中共中央文件选集》第10册,中共中央党校出版社1983年版,第625—626页。

③ 曹润芳、潘贤英:《中国共产党机关发展史》,档案出版社1988年版,第172—173页。

第二章　新民主主义革命政权体系中的行政督察专员制的法制考察

自然存在着矛盾。实践是检验一切理论包括党的章程的标准。因此,在抗战即将取得最后胜利的前夕,中共七大会议上通过的《中国共产党章程》第二章第十六条"党的组织系统"中规定:"在省、边区、地方,是党的省代表大会,边区代表大会,地方代表大会,省委员会,边区委员会,地方委员会,省代表会议,边区代表会议,地方代表会议。"①第五章"党的地方、县、市及区之组织"第四十七条规定:党的地方、县、市及区代表大会,每二年召开一次。在两届代表大会之间,均得召集代表会议若干次。② 第四十八条规定:地委、县委之全体会议,至少每年召开四次。市委、区委之全体会议,至少每一个月召开一次。地委、县委、市委、区委之委员及正副书记,均须经各该上级组织之批准。③ 从上述规定看,地委这一层组织重新得到党章法定的批准。

解放战争时期,地委作为党组织体系中的一个层级是党对地委的一个基本认识。如1948年中央有三份重要文件提到地委,一是5月31日中央发布的关于三三制问题的指示中提出"地委一级、区党委一级、中央局或分局一级共三级"的概念;④二是9月20日毛泽东起草的《关于健全党委制》的决定中指出"从中央局至地委,从前委至旅委以及军区(军分会或领导小组)"等都必须"建立健全的党委会议制度",⑤把地委作为重要的一层党的组织加以提出;三是9月召开的中央政治局会议上通过的一项决议中提出实行集体领导制度各级党委"首先是地方地委以上、军队师委以上的各级党委"贯彻执行的问题,同样表明中央对地委组织重要性的认识。⑥ 随着人民解放战争在全国的胜利,地委组织普遍设置于全国的党的地方组织体系中。

由上所述可知,抗日战争敌后根据地的存在与发展,使地委组织进入重

---

① 中央档案馆编:《中共中央文件选集》第13册,中共中央党校出版社1983年版,第59页。
② 中央档案馆编:《中共中央文件选集》第13册,中共中央党校出版社1983年版,第65页。
③ 中央档案馆编:《中共中央文件选集》第13册,中共中央党校出版社1983年版,第66页。
④ 中央档案馆编:《中共中央文件选集》第14册,中共中央党校出版社1983年版,第156页。
⑤ 《毛泽东选集》第四卷,人民出版社1991年版,第1340页。
⑥ 中央档案馆编:《中共中央文件选集》第14册,中共中央党校出版社1983年版,第343页。

建和健康发展的时期,而随着解放战争的胜利,地委组织在全国地方党的组织体系中普遍建立起来。这一时期,地委的组织层级明确,地委的组织地位确立。

地委的组织制度,从一大到七大后,在党的纲领、章程重要文件中根据当时的情况和认识,有相应的规定。从这些规定中,可以看出地委的发展状况、组织作用和组织地位。

一大党的纲领规定,凡有5人的地方,应成立委员会。凡党员不超过10人的地方委员会,应设书记1人;超过10人的应设财务委员、组织委员和宣传委员各1人;超过30人的,应从委员会的委员中选出一个执行委员会。①二大党章规定,凡有"两个支部以上"(每3—5人为一组,而一个支部辖组数则未规定,然从组织"隶属地方支部"的规定看,每支部至少应有两个组)得组织地方执行委员会。地方执行委员会对党员入党时有许可权和向区报告权。对于犯有党章所定必须开除错误的党员有开除权力。地方执行委员会任期半年。地方执行委员会执行上级机关的决议并在其范围及权限以内审议及决定一切进行办法,委员会委员互推1人为委员长总理党务及会计,其余委员协助委员长分掌政治、劳动、青年、妇女等运动。对于特别问题,地方执行委员会得同中央和区执行委员会一样,可指定若干党员组织各种特别委员会处理之,此项特别委员会开会时,须以执行委员会1人为主席②。地方执行委员会每月召集各干部会议一次,每半年召集地方全体党员或组长会议一次。地方执行委员会对于区执行委员会之命令有抗议时,得提请中央执行委员会判决;对于中央执行委员会有抗议时,得提请全国大会判决或临时大会判决;但在未判决期间均须执行上级机关之命令。地方执行委员会同区一样,须执行及宣传中央政策,不得自定政策,所发表一切言论倘与

---

① 中央档案馆编:《中共中央文件选集》第1册,中共中央党校出版社1982年版,第6页。

② 二大规定的此种"特别委员会"是中央、区执行委员会和地方执行委员会的内部临时委员会,而不是一层级党的组织机构。三大与四大都有中央、区执行委员会、地委得设置特别委员会的规定,但此三级内所附设的特别委员会与作为省县之间的特委显然是不同性质的机关。

第二章 新民主主义革命政权体系中的行政督察专员制的法制考察

党的宣言、章程及中央执行委员会之议决案及所定政策有抵触时,地方执行委员会须改组。① 可见,二大党章的规定较之一大要详备得多。三大与二大这方面的规定大致相同稍有不同的是,一是一地方有党员10人以上可组织地方执行委员会,与二大规定两个以上支部的规定有别;二是党员入党时地方执行委员会有审查权;三是增加了地方参加全国党代会和临时会议的规定,即每地方派代表1人,党员在40人以上的得派2人,60人以上得派3人,以上每加40人得加派代表1人。每地10人有一票表决权。未成地方之处,中央得令其派代表1人,但无表决权。② 四大党章对地委有关组织制度的规定与二大和三大基本相同,稍有不同的是,一是地方执行委员会组成须有三个以上支部(规定凡有党员3人以上得成立支部);二是地方执行委员会对入党党员有审查批准权;三是对地方参加全国代表大会或临时会议的代表的规定较前要求提高:即每地方必须派代表1人,但人数在100人以上得派2人,200人以上得派3人,以上每加100人得加派1人,但未有每地10人有一票表决权的规定;四是规定改称地委负责人委员长称为书记。③ 四大时,地委的内部组织有宣传部、组织部和工农部,并为增进每一部工作成效起见得组织各种委员会。④ 由于后来形势的发展发生了很大的变化,五大和六大均未规定设置地委这一层级,关于地委组织制度建设的探索亦中断。

从这一时期党章等对地委组织制度的规定看,呈逐渐具体、逐渐详细、逐渐明确、逐渐严格的发展态势。这一方面反映党的组织迅速发展的实际状况,另一方面也表明党的组织在向着正规化方向发展的要求。而向正规化发展的结果,则必然导致党的组织体系省县(市)制代替区

---

① 中央档案馆编:《中共中央文件选集》第1册,中共中央党校出版社1982年版,第59—63页。
② 中央档案馆编:《中共中央文件选集》第1册,中共中央党校出版社1982年版,第122—125页。
③ 中央档案馆编:《中共中央文件选集》第1册,中共中央党校出版社1982年版,第311—315页。
④ 中央档案馆编:《中共中央文件选集》第1册,中共中央党校出版社1982年版,第310页。

地制。因为,省、县才是正规和常规的区域管理体制,而区、地则是一种临时性的管理方法和方式。因而,随着大革命高潮的到来,就必须用省县的管理体制。这是五大废止区、地委员会而设置省、县委员会的重要原因。然而,大革命高潮的发展出乎中共原来的预想,原来打着革命旗号的蒋介石举起屠刀扼杀了革命,党的省、县体制既遭到严重破坏,也不适应新的武装革命的需要。因而,一种特殊形式的党的区、地、县组织体制就应运而生,这就是土地革命战争时期的省委、特委、县委制和抗战时期的边区、地委、县委制。这种常规制和临时制结合的党组织区域管理体制,既具有普遍适用性,又有变通性和灵活性的特点,更适合革命和战争的需要。

抗战时期地委组织重建后,地委组织经过大革命时期地委制度和土地革命战争时期特委制度的实践和探索,地委制度基本定型。一是它吸收了前两个时期的组织建设经验,党的建设从整体已进入比较成熟的时期,地委组织制度的建设自然也不能例外。二是由于根据地的发展和党对根据地政治、军事、经济、文化和社会的全面领导的需要,地委和中央局(分局)和边区党委一样,被赋予领导根据地该地区一元化领导的任务。1942年9月1日中共中央政治局讨论通过的关于统一根据地的领导和调整各组织间的关系的决定规定:此后,各根据地领导的统一与一元化,应当表现在每个根据地有一个统一领导一切的党的委员会(中央局、分局、区党委、地委),因此,确定中央代表机关(中央局、分局)及各级党委(区党委、地委)为各地区的最高领导机关,统一各地区的党政军民工作的领导,各级党委的性质与成分必须改变,各级党委不仅是领导地方工作的党委,而且应当是该地区的党政军民的统一领导机关(但不是联席会议),因此它的成分,必须包括党务、政府及军队三方面的负责干部。地委由军队与地方党组织的统一的代表大会选出,经上级批准之。地委应包含地方党的组织、军队党的干部和政府党团的负责人。地委书记人选,由区党委议定,经分局中央局批准之。党委书记不仅必须懂得党务,还必须懂得战争和政权工作。为了统一地方党与军队党的领

第二章 新民主主义革命政权体系中的行政督察专员制的法制考察

导,分局、区党委、地委书记,兼任军区、分区(师或旅)政委,另设副书记管理党务工作。如有个别特殊情况党委书记不必兼任政委或政委不必兼任党委书记时,须得上级党委或中央批准。如军区、分区政委被选为分局、区党委、地委书记,则可设副政委专管军队工作。① 这里的重点,是将军队也置于地方党委的领导之下,这样,地委便成为该地方的党政军最高地方领导机关。这种根据地党委统一领导该地方党政军工作的制度,对于根据地的发展和主力军队的建设和发展来说,有着重要的意义。

随着抗日根据地的发展、党领导的八路军和新四军的迅速发展和抗日战争胜利的来临,中共及其军队面临着解放还未解除武装的日伪占领区的任务、国共大规模内战的危险使中共领导的军队面临着跨区域作战的局面,这样,过去那种被分割成块的根据地态势和领导体制已不能适应新的形势发展的需要。在这种情况下,1945年9月21日中共中央发出的关于扩兵与编组野战军的指示中对一元化领导体制做了必要的调整。该指示指出,为适应今后斗争的需要,各个战略区都应整编能够机动的突击力量,其数量应占本区脱离生产兵力的五分之三到三分之二,把他们编组为旅或纵队,以能够调离本战略区到其他区域作战。因此,必须改变过去那种各区党委、地委书记兼政委或主力部队的政委兼区党委、地委书记的制度。以后这类主力兵团须直接受中央军委及各中央局的指挥调动,不隶属于当地军区的建制。原有未编入机动兵团的地方部队均由军区、军分区指挥,区党委和地委书记仍兼各军区及分区政委以保持一元化的领导。② 这就是说,地方党委仍全面领导地方党政和未编入主力部队的地方部队的工作。这一领导模式的改变,对解放战争时期人民军队的建设发展和解放区工作的开展,具有重要的意义。

地委组织的层级问题,从初创到解放战争时期,从实践上和认识上有一

---

① 中央档案馆编:《中共中央文件选集》第12册,中共中央党校出版社1986年版,第126页。
② 中央档案馆编:《中共中央文件选集》第13册,中共中央党校出版社1986年版,第149—150页。

专区与地区政府法制研究

个从实验、探索到逐渐定型的过程。一大时期的地方委员会,是党的基层组织。① 这是当时党的人数很少的缘故。二大时期,地方执行委员会是区执行委员会之下、支部之上的党的地方中层领导机构。② 三大时期,地方执行委员会是地方中层组织,其上有区执行委员会,其下有小组(或支部)。③ 四大时期地方执行委员会仍是地方中层组织,其上有区执行委员会,其下有支部。④ 应该说,这一时期党的地委组织乃至区执行委员会的组织都是过渡性质的组织。因为这一时期的地方委员会或地方执行委员会、区执行委员会所辖的组织区域是经常变动和调整的,地和区不是一个明确的地理区域、行政区域的管理层次。随着党在全国范围内力量的迅速发展,这种带有临时性和过渡性的党的组织管理体系随之发生了变化。而土地革命的开展和特委组织的创建和抗日战争时期敌后根据地的发展,地委组织在各根据地普遍建立起来。这时的地委组织,有了明确的组织层级,即是省委或边区党委之下、县委(与县同级的市委)之上党的中高层领导机构,因为县委下尚有区委和支部。这一组织层级定

---

① 中央档案馆编:《中共中央文件选集》第1册,中共中央党校出版社1982年版,第6页。一大时期对地方委员会的规定有不清楚甚至矛盾之处。如第九条规定不超过10人的设地方委员会,超过30人的设地方执行委员会;而在第十三条却又规定委员会的党员人数超过500人或同一地方有五个委员会的,应成立执行委员会。然而后者规定的执行委员会如是指地方执行委员会必与前者规定矛盾,如不是指地方执行委员会则应是什么委员会? 从后来的组织发展情况看,似应是区执行委员会,然而从第十二条规定"地方委员会的财务、活动和政策,应受中央执行委员会的监督"的信息看,如有区执行委员会,则必由区执行委员会监督地方委员会,而不必中央监督,似亦不是区执行委员会。而据第十三条"全国代表会议应委派十人参加该执行委员会。如果上述要求不能实现,应成立临时中央执行委员会"句,该执行委员会似又是指中央执行委员会。又,第九条所设地方委员会和地方执行委员会是什么关系,亦不清楚。而据1921年11月中央局书记陈独秀签发的《中国共产党中央局通告》中所说"上海、北京、广州、武汉、长沙五区早在本年内至迟亦须明年七月开大会前,都能得同志三十人成立区执行委员会,以便开大会时能够依党纲成立正式中央执行委员会"句,一大党纲第九条的地方执行委员会似表述有误或俄文稿翻译有误,似第九条之地方委员会应为区执行委员会,第十条中所说"成立执行委员会"似亦不是地方执行委员会或区执行委员会,似应是中央执行委员会,此种解释似乎合理。然而,既有区执行委员会,岂不又与第十二条地方执行委员会受中央执行委员会监督之规定相矛盾?
② 中央档案馆编:《中共中央文件选集》第1册,中共中央党校出版社1982年版,第60页。
③ 中央档案馆编:《中共中央文件选集》第1册,中共中央党校出版社1982年版,第123页。
④ 中央档案馆编:《中共中央文件选集》第1册,中共中央党校出版社1982年版,第312页。

第二章　新民主主义革命政权体系中的行政督察专员制的法制考察

位,一直实行到新中国成立以后,对今天的党的组织结构和行政区划都有影响(今天人们常说的地级市之"地级"的概念的渊源即于此)。

民主革命时期的地委制度,是一种颇具创新意义的组织制度。中国传统的政治地理概念和自然地理概念,都没有"地"这一管理层级和地域划分。中国共产党在创建之初,极少的先进分子星散于辽阔之中国南北,若以常规的省县建制进行组织划分和管理是不可想象的。怎样联结这星星之火使之燎原中国大地,科学、合理、有效的党组织体系发挥着重要的作用。地委(地方委员会、地方执行委员会等)这一突破省县常规管理体系的组织制度在发展党的组织方面有着适应和调解区划限制的作用,它可以具有基层党组织的功能和性质,也可以具有管理一省至数省党的组织的功能和性质,又可以具有一省之内管理数县(市)的功能和性质。而随着党的组织制度的健全和完善,地委的组织功能逐渐演变为管理一省(或边区)内数县(市)的组织层级。在中国省区管理幅度过大的情况下,在省和县之间设置一个管理层级是必要的,也是合理的。在行政管理上设置行政督察专员公署这一行政管理机构,在党的组织体系确立了中共地委管理组织。由此,行政组织系统中的专员公署,与党组织系统中的地委,形成同级的党政组织中的权能关系。

五、专员公署与中共"地委"的关系

专员公署与中共地委的权力和职能关系,尽管在组织法中没有规定,但这种关系却真实地发生着作用。因之,这是我们研究专员公署组织法制所应进一步探讨的问题。

行政督察专员公署是边区政府的派出机构或行署的派出机构,而中共地委则并非是上级党委的派出机构,是一级正式的党组织,并在七大党章中得到党的章程的确认。

专员公署是党领导下的军队开辟了相应的根据地后建立的行政机构。在抗日战争时期各根据地的专员公署和解放战争时期各解放区的专员公署,都经过了这一建设过程。"党指挥枪"与"枪杆子里面出政权",是革命时期政权建设的必由之路。地方党组织是地方政府的最初的创建者。由此,地方党自然是地方政府的组织中心。早在土地革命时期,中国共产党在创建苏维埃政权的过程中,就出现了这样一种现象:群众遇事要问党,政府解决了似乎靠不住、党在政府及各群众团体中万能,一切政府和群众团体的问题由党部直接解决"、"简直没有苏维埃和群众团体,而只是变成了执行党的命令的机关"①的以党代政的现象。对于这一问题,当时就引起了毛泽东等人的注意。毛泽东1928年11月在给中共中央所撰写的《井冈山的斗争》的报告中,就革命根据地的政权问题直言不讳地指出政权建设中存在的以党代政的严重现象:"党在群众中有极大的威权,政府的威权却差得多。这是由于许多事情为图省便,党在那里直接做了,把政权机关搁置一边。这种情形是很多的。政权机关里的党团组织有些地方没有,有些地方有了也用得不完满。"对于这种现象,他认为"以后党要执行领导政府的任务;党的主张办法,除宣传外,执行的时候必须通过政府的组织"。对此,他尖锐地批评说:"国民党直接向政府下命令的错误办法,是要避免的。"②尽管毛泽东已经注意到当时存在的以党代政的问题,但由于当时战争年代"党指挥枪"的特殊环境和党对政权工作经验的不足,这一问题远未引起普遍的注意,自然亦难以得到解决。到抗战时期,中国共产党已积累了比较丰富的局部地区执政的经验,对党和政府的关系较前有了比较清醒的认识。因此,就地方党组织与地方政府的关系来说,尽管很难说苏维埃时期存在的以党代政的问题得到比较好的解决,尽管党仍然是地方党政关系的中心,但党的职能与政府职能分开行使的理念得到认可,党包揽政权的观念受到批评。在这一理念指导下,地方政府的职能虽然时受地方党组织的侵蚀,但总的看来,政府的权能大体上能得到正常地运用。③ 具体到专署与地方党组织的关系,应与整体上的地方党政关系的格局是一致的。

毛泽东对于中国共产党的组织与抗日民主政权的关系中存在的党包办

---

① 《中央革命根据地史料选编》(上),江西人民出版社1982年版,第491页。
② 《毛泽东选集》第一卷,人民出版社1991年版,第73页。
③ 有学者认为,抗日战争时期和解放战争时期亦存在着如同苏维埃土地革命时期的以党代政问题。笔者认为应作具体的分析。

第二章　新民主主义革命政权体系中的行政督察专员制的法制考察

一切的现象,提出严厉批评。他在1940年12月为中央起草的党内指示《论政策》一文中说:"切忌我党包办一切。我们只破坏买办大资产阶级和大地主阶级的专政,并不代之以共产党的一党专政。"①刘少奇在1940年12月发表的《论抗日民主政权》一文中也认为,"共产党反对国民党的'一党专政',但并不要建立共产党的'一党专政'"。抗日民主政权,"不是一党一派一人所得而私的。八路军新四军所到之处,如果能够建立政权的话,就要建立统一战线的革命各阶级联合的政权。即或因为人民的组织程度不够,而不得不委任临时的地方政府人员的话,那么,只要一有可能,当人民的组织已有相当的程度,人民能够选举自己所愿意的人来管理自己的事情的时候,共产党和八路军、新四军就毫无保留地还政于民,将政权全部交给人民所选举的政府来管理"。②邓小平对党与政府的关系问题作了进一步的深入探讨,他不仅流于对党包揽一切的"以党治国"现象进行一般性批判,而是具体地分析了"以党治国"错误理念下的种种表现、导致的消极后果和应采取的正确立场。他在1941年撰写的《党与抗日民主政权》一文中提出"反对'以党治国'的观念"的问题。他指出:有些党员干部和党员错误理解了党的领导,把党的领导理解为"党权高于一切",遇事干涉政府工作,随便改变上级政府法令;不经过行政手续,随便调动在政权中工作的干部;有些地方没有党的通知,政府法令行不通,形成政权系统中的混乱现象。甚至有的把"党权高于一切"发展为"党员高于一切"者,党员可以为非作歹,党员犯法可以宽恕。其后果是,"非党员干部称党为'最高当局'(这是最严酷的讽刺,不幸竟有人闻之沾沾自喜),有的消极不敢讲话,有的脱离我们以致反对我们,进步分子则反为我忧虑。结果群众认为政府是不中用的,一切要决定于共产党。于是要钱的是共产党,要粮的是共产党,政府一切法令都是共产党的法令,政府的一切错误都是共产党的错误,政府没有威信,党也脱离了群众"。邓小平认为"这实在是最大蠢笨"!③他认为党对抗日民主政权的正确领导原则

---

① 《毛泽东选集》第二卷,人民出版社1991年版,第766页。
② 《刘少奇选集》上卷,人民出版社1981年版,第176—177页。
③ 《邓小平文选》第一卷,人民出版社1994年版,第10—11页。

是"指导与监督"。就是说,"党对政权要实现指导的责任,使党的主张能够经过政权去实行,党对政权要实现监督的责任,使政权真正合乎抗日的民主的统一战线的原则。党的领导责任是放在政治原则上,而不是包办,不是遇事干涉,不是党权高于一切"。① 其具体运用主要是:第一,党要细心研究政策,正确地决定政策,并经过行政机关或民意机关中的党团,使党决定的政策成为政府的法令和施政方针。党的指导机关只有命令政府中党团和党员的权力,只有于必要时用党的名义向政府提出建议的权力,绝对没有命令政府的权力。第二,党的责任是研究上级政令运用于本区本县的具体步骤和方式方法,及时检查执行程度,以保证上级政令之实现。所以,党的各级委员会应把政府的领导放在自己经常的议事日程中,如果发现上级政令有不妥处,或有不适合于本区本县之处,也只能经过党团提到政府讨论,由政府向上级呈报理由,党也应该把这些问题迅速反映到上级党部,设法改正。但党没有任何权力去命令政权工作同志不执行上级政令,或者自己来一套。第三,党要教育党员和群众,以正确的态度去对待政权,要养成遵守政权法令的习惯。要尊重政府,不能对政府采取干涉的行为。第四,为了保证党对政府的领导,在县级以上的民意机关或行政机关中应组织党团,由同级党部指定负责干部组成,在同级党的指导与管理下,执行党的任务。但是,党团没有超政权的权力,没有单独下命令下指示的权力,它的一切决议,只有经过政府通过才生效力。要反对把党团变成第二政权的错误。②

毛泽东、刘少奇、邓小平的有关论述,有助于理解当时党政关系的主流观念。对于地方党政关系问题,当时涉及较多的往往是地方党组织对上级政府法令的遵守问题。至于地方同级党政关系,在当时似乎未意识到有什么问题存在。在1942年8月25日北岳区党委的一份关于党委与政府的关系的决定中,实际所涉及的仍是地方党组织与上级政府的政令、法令关系问题。该决定称,关于党政关系不正确的认识有:(一)把政府的政策法令与党

---

① 《邓小平文选》第一卷,人民出版社1994年版,第12页。
② 《邓小平文选》第一卷,人民出版社1994年版,第13—19页。

第二章　新民主主义革命政权体系中的行政督察专员制的法制考察

的政策对立起来,认为党的决定必须执行,至于政府的政策法令则可阳奉阴违,或者乱打折扣;不了解今天边区政权是在党的领导之下,政府的政策法令,就是党的政策与决定的具体化。(二)某些干部还存在着那种"太上政府"的观念。对各级政府的党团服从同级党委的原则片面了解。同级党委可以阻挠或命令政府党团不执行上级政府的决定。这是严重的违反原则的错误。(三)党政不分,某些党委随便干涉政府行政。在干部问题上,可以不经过政权系统,随便调动干部。在执行工作上,党委可以命令政府党团执行违反政府法令的决定,而使党团干部受到上级政府的处分,自己则逍遥法外。决定指出,为纠正错误,必须做到:(一)任何共产党员与党的干部,对于政府的法令,必须无条件地执行。(二)下级党委(当然包括下级党团在内)对上级政府的政令,应无条件地保证其实现。如有不同意见,可以按组织系统向上级反映,在上级未变更前,仍须无条件地执行原决定。(三)政府党团对于同级党委的决定,凡不违背上级政府政令者,应无条件地服从执行,不得借口推托。如同级党委的决定与上级政府的政令相抵触,则应要求同级党委重新讨论;若仍不一致,党团同志应将自己的意见经过党委系统向上反映。在上级未有新的决定之前,仍然执行上级政府的决定。(四)不论党委或党团同志违反政府法令,均须受应得的处分。党团干部违法或犯法如系由于执行党委之决定,则党委与党团干部均应受严重处分(党的以致行政的处分)。① 这份关于党政关系的决定涉及的仍然是地方党委及党团与上级政府的关系问题。由此可见党政关系中党的地位之重要。因为地方党委对上级政府权威尚能构成挑战,在同级地方党政关系中,党居于领导中心的地位应是无疑的。

早在抗战前期1938年秋冬召开的中共六届六中全会上,洛甫所作的《关于抗日民族统一战线与党的组织问题》的报告中,就对敌后抗日根据地政权建设中的党政军民的领导关系问题作了概括。他指出:一切军政民的领导,集中与统一于当地党的最高领导机关。② 他在这篇报告的另一部分又强调指出:每

---

① 《晋察冀抗日根据地史料选编》下册,河北人民出版社1983年版,第222—224页。
② 中央档案馆编:《中共中央文件选集》第10册,中共中央党校出版社1985年版,第601页。

一地方的一切党、政、军、民的工作的领导,均统一于当地最高党部,以提高其威信,在各方面工作的同志中,造成党为一切工作的唯一领导者的信念。①1940年4月16日杨尚昆在黎城会议上所作的《关于目前政治形势与统一战线中的策略问题》的报告中明确指出:在创建与巩固根据地中,在领导上有决定意义的是统一问题,也就是党政军民统一于党的领导之下,这事非常重要。②共产党在党政军民中的领导地位,是由中国共产党在新民主主义革命中的领导地位所决定的。在地方党政关系中,共产党的领导是抗日民主政权的基本特征。

1942年9月1日中共中央政治局通过的关于统一抗日根据地党的领导及调整各组织间关系的决定中,所提出的"统一抗日根据地党的领导"问题亦即根据地领导的一元化问题,③事实上在各抗日根据地是已经坚持了的,在这一决定中只是更明确、更具体地由党的中央政治局这一党内权威机构严肃地、正式地作出决定。该决定规定:党是无产阶级的先锋队和无产阶级组织的最高形式,它应该领导一切其他组织,如军队、政府与民众团体。根据地领导的统一与一元化,应当表现在每个根据地有一个统一的领导一切的党的委员会(中央局、分局、区党委、地委)。这一委员会应是各地区的最高领导机关,统一各地区的党政军民工作的领导。④ 各级党委不应当仅仅是领导地方工作的党委,而应当是该地区党政军民的统一的领导机关(但不是联席会议),因此它的成分,必须包括党务、政府、军队中主要负责的党员干部(党委之常委也应包括党务、政府及军队三方面的负责干部),而不应全部或绝大多数委员都是党务工作者。各级党委的工作应当是照顾各方面,讨论与检查党政军民各方面的工作,而不应仅仅局限于地方工作。⑤ 区党委、

---

① 中央档案馆编:《中共中央文件选集》第10册,中共中央党校出版社1985年版,第626页。
② 魏宏运主编:《抗日战争时期晋冀鲁豫边区财政经济史资料选编》第一辑,中国财政经济出版社1990年版,第74页。
③ 中共中央组织部等编:《中国共产党组织史资料》第13册,中共党史出版社2000年版,第604页。又见《中共中央文件选集》第12册,中共中央党校出版社1986年版。
④ 中共中央组织部等编:《中国共产党组织史资料》第13册,中共党史出版社2000年版,第605页。又见《中共中央文件选集》第12册,中共中央党校出版社1986年版。
⑤ 中共中央组织部等编:《中国共产党组织史资料》第13册,中央党史出版社2000年版,第605页。

第二章　新民主主义革命政权体系中的行政督察专员制的法制考察

地委,应包含地方党的组织的领导人、军队党的干部与政府党团的负责人。① 关于同级党政军民机关之间,政府的决定、命令、法令,军事领导的命令、训令,民众团体的决定,上述文件之重要者,必须经过各该机关党员负责人交同级党委批准,或事先征得党委负责人同意,然后颁发,但不是一切都要批准。② 在遵照各组织上级的决议解决具体问题党委内部发生争论时,以少数服从多数的原则解决。政府、军队、民众团体负责人即使不同意多数意见,也必须执行同级党委的决定,但可将自己的意见报告上级有关机关。③ 就上述内容来看,决定中规定的党的领导,主要是指党的统一领导地位和重大决策的指导"地位",并不意味着党包办了政府。尽管党处于党政关系中的领导地位,但这仅仅是"地位"问题,而不是职能问题,党与政府的职能是不同的,二者是不能互相代替的。正如决定所又强调指出的:党委与政权系统的关系,必须明确规定。党委包办政权系统工作、党政不分的现象与政权系统中党员干部不遵守党委决定、违反党纪的行为,都必须纠正。为了实行"三三制",党对政权系统的领导,应该是原则的、政策的、大政方针的领导,而不是事事干涉,代替包办。党对参议会及政府工作的领导,只能经过自己的党员和党团,党委及党的机关无权直接命令参议会及政府机关。党团必须服从同级党委;但党团的工作作风必须刷新,不是强制党外人士服从,而是经过自己的说服与政治工作。在党团万一没有说服参议会及政府的大多数因而党团意见未被参议会及政府通过时,必须少数服从多数,不得违反民主集中制的原则。④ 可以说,这个决定在强调坚持党的领导地位的同时,也注意到正确处理党与政府等方面的关系问题,而并非只片面强调党的一元化领导问题。

---

① 中共中央组织部等编:《中国共产党组织史资料》第13册,中央党史出版社2000年版,第606页。

② 中共中央组织部等编:《中国共产党组织史资料》第13册,中央党史出版社2000年版,第605页。

③ 中共中央组织部等编:《中国共产党组织史资料》第13册,中央党史出版社2000年版,第605—606页。

④ 中共中央组织部等编:《中国共产党组织史资料》第13册,中央党史出版社2000年版,第607页。

考察党政关系问题还可以从党政机构的设置得到说明。根据中共六届六中全会的有关决定,区以上地方党委主要分设组织部、宣传部、战事动员部、民运部、统一战线部各办事机构。① 根据检阅《中国共产党组织史资料》第5、6、7、8各册所提供的信息,地委负责人设书记1人,有时设副书记1人。根据1948年12月15日中央关于各级干部配备干部基数的规定,地委设书记1人、秘书长1人,另设立组织部、宣传部和负责民运的干部。② 从地委的机构设置来看,地委的具体工作主要负责的是组织人事工作、宣传工作和民众的发动工作。而专员公署机构的设置则是具有民政、财政、教育、司法、治安等方面职能的行政机构,以对社会实行必要的公共管理。尤其是具体从事财政和司法工作的干部,是一种专业性很强的工作,其工作业务在没有经过专业训练的情况下,从事组织、宣传和民运工作的党委干部是不能简单地去代替的。所以,在1948年12月15日中央关于各级干部配备干部的基数的规定中,专署一级仅财经干部配备40人,而其他各机构仅配备数人。③ 在当时战争时期,党、政机构和人员均甚为精简的情况下,党包办政府、以党代政的现象不能说没有,但事实上却又是党所包办不了、代替不了的。应该说,从整体上看,在抗日战争和解放战争时期,地方党政职能是分开的,党政关系基本上是正常的和协调的。

六、余　　论

新民主主义政权体系下的各敌后抗日根据地相继援用了专员组织法规,以普遍推行专员公署制度。新民主主义革命政权在进行武装革命的同时,也极为重视法制建设工作。早在土地革命战争时期,在建立苏维埃革命

---

① 中央档案馆编:《中共中央文件选集》第10册,中共中央党校出版社1985年版,第714页。
② 中共中央组织部等编:《中国共产党组织史资料》第13册,中共党史出版社2000年版,第697页。
③ 中共中央组织部等编:《中国共产党组织史资料》第13册,中共党史出版社2000年版,第697页。

第二章 新民主主义革命政权体系中的行政督察专员制的法制考察

政权的过程中,中国共产党人就从苏联共产党人那里学到了用法律制度维护革命政权的经验。随着中华苏维埃共和国及其各级政权的建立,相继制定了比较系统的包括宪法和政权组织法在内的法律体系,①为中央、省、县、市、区、乡各级苏维埃政权的建立和巩固提供必要的法制依据与保障。在抗日战争时期,在国共合作的条件下,各抗日民主政权吸取了土地革命战争时期苏维埃政权重视法制建设的经验与其存在的某些未能符合中国革命实际的"左"的教训,充分吸取国民政府的立法知识和立法经验,制定了符合中国敌后抗战需要的法律体系。尽管由于在国共合作、承认中华民国国民政府法统的条件下,中国共产党不再建立独自的中央政府,因而也就不可能颁布宪法,但在各根据地,边区政府分别制定了具有宪法性的施政纲领,并制定了比较系统的地方各级政权的组织法规。② 尤其在地方政权组织法方面,县以上各级政权都有独自的单行组织法规,使得各级政权组织、内设机构、职权、领导职数等均有明确的法律规定,使得各级政府活动均可依法而行、依法而为。

---

① 随着中华苏维埃共和国及其各级政权的建立,相继制定了《中华苏维埃共和国宪法大纲》(1931年11月7日;1934年1月)、《中华苏维埃共和国十大政纲》(1933年)、《中国工农兵会议(苏维埃)第一次全国代表大会各级准备委员会组织大纲》、《中华苏维埃共和国地方苏维埃暂行组织法》(草案)(1933年12月12日)、《中华苏维埃共和国中央苏维埃组织法》(1934年2月17日)、《修正闽西苏维埃政权组织法》(1930年9月)、《湖南省工农兵苏维埃政府暂行组织法》(1930年)、《鄂豫皖苏维埃临时组织大纲》(1931年7月)等。

② 以陕甘宁边区、晋察冀边区和山东根据地为例,宪法性施政纲领如《陕甘宁边区抗战时期施政纲领》(1939年4月4日)、《陕甘宁边区施政纲领》(1941年5月1日)、《晋察冀边区目前施政纲领》(1940年8月13日)、《山东省战时施政纲领》(1944年2月28日)等;地方政权组织法方面如《陕甘宁边区各级参议会组织条例》(1939年2月)、《陕甘宁边区各级参议会组织条例(修正)》(1941年11月)、《陕甘宁边区政府组织条例》(1939年2月)、《陕甘宁边区政务会议暂行规程》(1942年1月)、《陕甘宁边区县政府组织暂行条例》(1941年11月)、《陕甘宁边区各县区公署组织暂行条例》(1941年11月)、《陕甘宁边区各乡市政府组织暂行条例》(1942年1月)、《晋察冀边区参议会暂行条例》(1940年6月)、《晋察冀边区行政委员会组织条例》(1943年1月20日)、《晋察冀边区政治主任公署组织法》(1938年2月11日)、《晋察冀边区县政府组织大纲》(1938年2月7日)、《晋察冀边区县区村暂行组织条例》(1940年6月)、《修正山东省临时参议会组织条例》(1943年9月)、《山东省战时行政委员会组织条例》(1943年8月)、《山东省行政公署组织条例》(1943年8月)、《山东省县参议会组织条例》(1943年9月)、《山东省战时县区乡村各级政府组织条例》(1940年11月7日)等。

各根据地的行政督察专员组织法规,就是在这一法制背景下制定并实施的。根据地的行政督察专员公署组织法规虽援引国民政府创制的专员组织法规,但从法制的角度,实有不容忽视的重要价值。

第一,各根据地的专员组织法规从整体上看援用了国民政府创制的专员组织法规这一事实本身,说明某些法律是具有超越阶级、党派利益性质的一面,是可以为其他的阶级、政党和政权学习与借鉴的。① 这表明了抗日根据地政权法律体系具有开放性的特点。

第二,各根据地在援用专员组织法规时,根据其实际情况,进行了适当的改造和创新。各抗日根据地是在中国共产党的领导下独立自主发展的,事实上并无统一的中央政府,专员公署自然也就不可能如同国民政府那样由行政院或内政部选任,而是规定由各根据地的边区行政委员会或行政公署任免。又如国民政府原创制的专员制度,专员公署只设专员一人,即专员个人负责制,其优点在于贵在专责、提高办事效率,但其也存在专员存则专署存、专员亡则专署息等问题。因此,各抗日根据地专员公署组织法规均规定根据地必要得设立副专员一人。这就弥补了当专员空缺时制度上的问题,还使专署体制避免了个人过分专断的弊端。这些改造和创新,是根据地专署组织法规制定者根据实际情况需要加以总结而形成的,体现了抗日根

---

① 1957年杨兆龙教授曾因发表法律的继承性的文章而获罪,在那个说真话获罪的年代,要说真话,是既要有学术见识又要有学术勇气的。杨兆龙先生认为,除阶级性外,法律又具有继承性。法律中有许多规范的阶级性不表现在规范本身,而表现在谁运用它们或用它们对准谁。新的法律或后产生的法律吸收旧的或先产生的法律不是偶然的,而是必然的。因为在任何一个新政权建立后,不可能创造出一套形式与内容都是新的法律及法律制度。在新政权刚建立时是如此,就是在新政权建立很久以后也是如此。法律规范分两大类,一类是主导性的或关键性的,一类是辅佐性的或从属性的。当一个新政权建立以后,它只能制定一些主导性的或关键性的法律规范,但这些主导性的或关键性的法律规范,也不一定是完全从"无"中创造出来的,很可能是参考过去的或别的国家的法律或受其启发而制定的。至于那些辅佐性的或从属性的法律规范,其牵涉面很广,并且绝大部分是过去长期经验智慧累积的结果。法律的继承性与任何法律体系的形成发展以及任何阶级统治的成功,有着永远不可分割的关系。见郭道晖、李步云、郝铁川主编:《中国当代法学争鸣实录》,湖南人民出版社1998年版,第38—49页。又见:杨兆龙:《法律的阶级性和继承性》,《华东政法学报》1956年第3期。当时,张晋藩先生也撰文认为,法律的阶级性并不排斥法律的继承性。见张晋藩:《关于法的阶级性和继承性的意见》,《政法研究》1957年第3期。

第二章 新民主主义革命政权体系中的行政督察专员制的法制考察

据地民主政权的新特点。

第三,各根据地专员公署的设置,是在与敌伪斗争中依靠革命武装建立起来的,并不是仅靠法律规定就能建立的。因而,在有的根据地可能是先设置专员公署,待根据地扩大到一定规模和专员公署设置逐渐增多时,才可能制定和颁布专员公署组织法规。由于各根据地创建的先后不同和实际情况的不同,各根据地专员公署组织法制定的时间也不相同,且制定和颁布的组织机关也不尽相同,有的是边区政府,有的是边区行政委员会,有的是行政公署,有的是参议会。因此,根据地专员公署组织法规表现了根据地各自独立、各自制法、灵活而符合实际需要的特点。

第四,各根据地专员公署组织法规对专员、公署科处局长及其职员的任用有明确、具体的规定,对于专员、副专员、科处局长的职数有明确、具体的限制,对专员的职权、公署的内设机构及其职掌有明确、具体的规定。这种对于行政组织机构领导人员、职权、内设机构及其职掌分工等问题由法律明确具体规定的特点,既是对所援引的国民政府专员公署组织法规的某些立法精神的吸收,也是对土地革命战争时期苏维埃政权组织法体系相关立法传统的继承。在土地革命战争时期的苏维埃政权组织法中,对各级苏维埃政权及其内设机构、机构职权与任务、上下级关系、科长委员以上领导成员职数与任职条件限制、议事规则等均有极详细的规定,如《中华苏维埃共和国地方苏维埃暂行组织法(草案)》(1933年12月12日)共达七章,其中第一章"总则"2条,第二章"苏维埃政权的基本组织"53条,第三章"区县省苏维埃代表大会及其执行委员会"38条,第四章"各部"102条,第五章"地方苏维埃的权力"2条,第六章"临时地方政权机关——革命委员会"10条,第七章"附则"1条,共208条的篇幅,①可见规定之具体、详细程度。又如《修正闽西苏维埃政权组织法》分总纲、选举条例、代表之职业成分及其产生方法、各级政府组织系统、任期、乡区政府区域等级之划分、政府工作人员及待遇、

---

① 《中国新民主主义革命时期根据地法制文献选编》第2册,中国社会科学出版社1981年版,第25—78页。

政府与工会关系、会期共9章三十七条,各项规定得具体明确。其中,第十七条对闽西、县、区、乡四级政府各机构人员(领导层)均有明确的职数或职数范围的限制,第二十六条明确规定区乡政府工作人员(办事层)为区政府甲等13人、乙等11人、丙等9人、丁等7人,乡甲等7—9人、乙等5—7人、丙等3—5人、丁等1—3人。① 这种严格的法律规定,表明苏维埃革命政权不仅在党组织系统和军事系统有铁一般的纪律,在政权组织方面也有铁一般的法律,在这一问题上我们似乎是应该有新的认识的。事实上,在当时残酷的生存环境下,革命政权所以能以星星之火成燎原之势,除了其无畏的革命献身精神、密切与人民群众的联系、严密的党组织体系、英勇善战的红军、正确的军事战略等条件外,还有革命政权严格遵守革命法纪的作风。这样一种作风和传统,在抗日根据地为各级政权制定组织法规时所继承和吸收,是极为自然的。考察抗日战争时期和解放战争时期各专员公署的组织内部机构设置、专员副专员及科处局长之职数、专署的编制等方面,始终受到组织法的保障与约束。据统计,到1948年5月时,晋冀鲁豫解放区的专署仍只设有5科、1股的精简机构。② 新民主主义革命政权重视政权组织法建设,是其能成为精干、守法、廉洁、奉公、高效、民主的政府的重要因素,这使得抗战时期根据地政权成为国内外瞩目的模范区,被认为是未来新中国的雏形和希望。③ 这一点,是中国共产党能够争取民心,并取得大后方文化界、知识界拥护的重要原因。

第五,尽管各根据地专员公署组织法规都明确规定了专署的派出机关的督察性质,但同时又规定了其行政领导的性质。在行政督察专员公署的实际演进中,其行政领导的性质逐渐增强,专署组织逐渐由虚级向实级演

---

① 《中国新民主主义革命时期根据地法制文献选编》第2册,中国社会科学出版社1981年版,第119—127页。
② 有民政科、财政科、会计科、工商业科、司法科和总务股。见《晋冀鲁豫边区史料选编》第一辑,太原,山西大学晋冀鲁豫边区研究组,1980年,第415页。
③ 耐人寻味的是,为与中国共产党争夺民心,蒋介石曾令他的儿子、曾留学苏联并加入过苏联共产党的蒋经国在江西赣南任江西省第四行政督察区专员。赣南专区成为国民党的实验区。

第二章 新民主主义革命政权体系中的行政督察专员制的法制考察

变。这种倾向,在国民政府治下的专署组织中同样存在。不过,根据地的专员公署的行政领导性质,较国民政府治下的要更为明显。这一点,在法规中难以找到明显的根据,其关键的地方表现在根据地专署与同级党委即"地委"的关系上。[1] 可见,仅从法规中可能还有看不到和读不懂的某些东西。尤其是在国共两党的政权组织体系中,党组织处于一个特殊的、关键的地位,研究者要想很好地探讨政权组织法制,不仅要研究政府的组织法规,还必须研究党的组织法规以及政府与党组织的关系。应该指出的是,在新民主主义革命时期,尽管中国共产党处于党政军民的中心位置,但对政府在政权体系中的位置,有比较清醒的认识和理解。因此,在专署性质的法律问题上,始终维持其上级政府派出机关的地位。这种派出机关之虚级性质的法律规定,在中华人民共和国成立后直到"文化大革命"爆发后的"无法无天"的年代,才不宣而废。

抗日根据地的专员公署组织法制,是抗战时期在国共合作抗日的历史条件下,在由土地革命战争时期苏维埃政权体制向抗日民主政权体制转型的条件下,各根据地适时地加以改造而采用的。专署制度确系援引国民党地方行政组织制度而建。各根据地的专员公署组织法规,与国民政府行政院颁布的专员公署组织暂行条例,尽管在形式上甚至内容上有这样或那样的不同,但就整体上看,与南京政府关于专员制的法律规定在许多方面又是相同的。当然,抗日根据地行政督察专员组织的法规,又有自己的特点。其最大的特点,在于这一制度是新民主主义法制性质的。就其实质讲,这一制度,是中国共产党领导下的,以抗日各阶级、各阶层的联合抗日的"各革命阶

---

[1] 中共地委在民主革命时期是省委与县委之间的一级正式党组织,而非一省委的派出机关。这样,在专署这一层级,行政体系上专署是边区政府、行政公署或政治公署的派出机关,而党组织体系上中共地委则是一级正式的党组织,而非派出机关。在行政体系中和在党组织体系中的同层级虚实之地位不一致的这种现象,显然是种矛盾。若是派出机关,则是虚级,若是正式一级机关,则是实级。而在新民主主义革命政权体系中,其中枢组织是党的组织。因此,在新民主主义革命政权体系中,"地专级"是一个使用率很高的关键词,所谓"地",就是地委;所谓专,就是专署。而在国民政府治下,专署一级的党组织事实上并未建立,而且,在其地方党政关系中,党与政是互不统属、各自分立的。由此,也就可以理解两种专署在某些方面差异的缘由了。

级联合专政"①的国体为基础的,在政体上则采用"民主集中制"②。这种联合专政的国体与民主集中制的政体,是其法制的精神和灵魂。其基本的要求是,从中华民族的根本利益与长远利益出发,从抗日根据地各阶级、各阶层的整体利益出发。总之,就是从人民的根本利益出发。这一法制特点,体现在抗日民主行政组织的法制实践之中。诚如有学者指出的,革命根据地新民主主义政权法制,代表无产阶级和广大人民的意志,维护人民的基本权益。③ 这一立法精神,与南京国民政府专员组织法制又是根本不同的。

与国民党统治区的专员辖区不同,抗日根据地的专署辖区,除陕甘宁边区比较固定外,其他抗日根据地由于地处敌后,大多专署的辖区处于分割状态,专署的辖县也有相当部分是"联合县",是几个县的边缘部分的组合。在这样的艰难条件下,抗日根据地专署对辖区各级政权进行了有效的全面管理。抗日根据地的专员公署,是抗日根据地政权作用发挥的重要纽带,在平时它代表抗日根据地上级政权直接管理所辖各县,在战时则可以独立地领导辖区人民开展斗争。抗日根据地的专署组织,是新民主主义政权行政组织法制建设的重要组成部分,为抗日战争的胜利和新民主主义革命的胜利发挥了重要作用。从专署的层级地位看,它虽是边区政府或行署的派出机构,但由于它在政治、经济、文化和军事斗争方面的重要作用,又是不可或缺的一个行政层级。正是由于它的重要的行政层级功能,抗战胜利后的三年国共内战时期,援引于国民党的专员公署组织法制仍继续实行;而在新民主主义革命取得全面胜利、筹建新中国之际,中国共产党就制度方面宣布废除国民党的政治制度、废除自抗战以来援引的国民党的有关法律制度,但专员公署组织法制则继续成为新成立的中华人民共和国的地方政府制度的一个重要组成部分。

---

① 《毛泽东选集》第二卷,人民出版社1991年版,第677页。
② 《毛泽东选集》第二卷,人民出版社1991年版,第677页。
③ 张晋藩总主编:《中国法制通史》第十卷,法律出版社1999年版,第十卷绪言第1页。

第三章　当代中国专员公署制到地区行署制的法制考察:演变(上)

专员公署制是建国后至"文化大革命"初期实行的介于省和县之间的一种地方行政层级制度,在"文化大革命"初期此制被"地区革命委员会"体制所取代,而"文化大革命"结束后在废除"革命委员会"体制实行原有常规体制的过程中,"地区革命委员会"被改制为地区行政(专员)公署,地区行政公署自20世纪80年代推行的地市合并和地改市改革起,"地"至今基本上又被"地级"市所取代。事实上,无论是专员公署,还是地区革命委员会,抑或是地区行政公署,以至今日之"地级"市,都是当代中国地方政府省县之间的一种地方行政层级制度。地区革命委员会是专员公署制度的非常规的发展,地区行政公署制是专员公署制度的常规的发展;今之普遍设置的地级市制度与其说是普通市制的发展,倒不如说是地区行政公署制在新的经济发展时期的另一种非常规的发展。现行地级市制是当今中国地方行政制度的重要组成部分,但作为省县之间一级管理层级制度,其实际地位和作用与前三者基本上是相同的。对于现行市制尤其是地级市制的研究,已经引起了学界和相关领域的极大关注。而事实上,要充分地研究现行地级市制的设置问题,必须对地级市制之地级行政组织的问题有比较深入、全面的研究,也就是对专员公署制到地区行政公署制的制度设置及其变革问题有深入、全面的探讨和研究,才是可行的方法。对于制度问题,唯有从法制的视角去研究才可把握其要领、明其所以然。有鉴于此,笔者拟从法制的视角对目前研究仍甚为薄弱的从专员公署制到地区行政公署制的有关问题作一探讨①。

本章从专员公署到地区行署演变的轨迹,考察当代中国省县之间这一层级的法制状况。考察从专员公署制到地区行署制,根据其演变的内在特征可以分为三个时期。从1949年到"文化大革命"为第一时期。这一时期又可分两个阶段,即从1949年到1960年,对于革命根据地时期的专员制而言,是全面推行阶段;从1960年专区制改市制的部分实行到恢复专区制、再到"文化大革命"专员公署制改为地区革命委员会制为第二阶段。从"文化大革命"初期地区革命委员会的陆续建立到1978年改为地区行政公署制为第二时期。从1978年实行地区行署制到1983年地区行署制实行地市(地级市)合并或撤地改市(地级市)改革到当下地区行署制基本上为地级市取代,为第三时期。从法制的视角考察各时期的专区/地区制度的变革,对于认识其历史本相、总结其经验、教训,尤其必要。

一、第一时期:1949—1966

建国初期的专员制的全面推行是必然的。一方面,革命根据地政权自抗日战争年代就实行行政督察专员制,建立全国政权后将之行之于全国,是势所必然。另一方面,新中国政权虽系中国共产党推翻国民党政权而建立,但中国的地方管理制度实为国家数千年地方行政管理经验与智慧的结晶,虽然行政督察专员制系国民党南京政府所创设,而实为中国历史上地方管理制度的发展和现行管理体制所必须,是理所必然。据统计,1948年4月各解放区建有专署区140个左右,②主要集中于陕甘宁、晋绥、晋冀鲁豫、山东

---

① 对于专员公署制的研究的相关成果主要限于对民国时期的专员公署制的研究。对于当代中国行政公署的研究有江荣海等的个案性研究成果《行署管理——阜阳行署调查》(中国电视广播出版社1995年版)。上述研究为研究本课题的开展具有一定的参考价值。但关于当代中国专员公署法制史问题的研究则是一个空白。

② 笔者根据中共中央组织部等编《中国共产党组织史资料》(1921—1997)第四卷(上、下)(中共党史出版社2000年版)有关资料整理而得。

第三章 当代中国专员公署制到地区行署制的法制考察:演变(上)

以及苏皖、豫鄂陕和东北等地区。到1950年,据统计全国共建立专员公署区有190多个,主要包括今之河北10个、河南10个、山东11个、江苏9个(苏南4个、苏北5个)、安徽10个(皖南4个、皖北6个)、浙江9个、福建8个、江西8个、湖南10个、湖北9个、广东9个、广西10个、云南13个、贵州8个、四川19个(川南4个、川北4个、川西4个、川东5个、西康2个)、青海2个、新疆10个、内蒙4个(绥远4个)、辽宁1个,①只是由于内蒙古自治区实行盟制、西藏尚未进行改革和东北设立直辖市和省份较多等特别原因而未实行专署区制管理。可以说,专署区制就像省制一样,是一种普遍推行的地方管理制度,在少数民族自治区和大城市没有实行只是个别例外。到1953年年底,全国共设置专署区152,其中华北18个、东北1个、西北26个、华东41个、中南32个、西南34个。② 和1950年相比,专署区的大致地域分布可以说是相同的,只是专署区的数量少了一些,其所以少,据考主要是由于某些专区合并的缘故。

政府组织是一种权威的、稳固的、长期的制度体系。政府的各种行政活动受这种制度体系的支配。政府的制度安排,所以是权威性的、稳固性的和长期性的,除了通过革命权威建立政权赋予政府以合道的权威、通过政权的强制性以稳固政府制度外,从根本上说,是法律赋予了政府以权威的、稳固的、长期的制度性质。因此,在创建政权的过程中,法律成为创政者自觉或不自觉地维护政权的武器。在中华人民共和国建立的过程中,除了制颁了《共同纲领》作为临时大法外,在政府组织方面,还制定和通过了有关政府的法规,如《中华人民共和国中央人民政府组织法》(1949年9月27日)、《中央人民政府政务院及其所属各机关组织通则》(1949年12月2日)、《大行政

---

① 笔者根据陈潮等主编《中华人民共和国行政区划沿革地图集》(中国地图出版社2003年版),中华人民共和国民政部编《中华人民共和国县级以上行政区划沿革》(1949—1983)第一卷,(测绘出版社1986年版);第二卷,(测绘出版社1987年版)和张明庚、张明聚《中国历代行政区划》(中国华侨出版社1996年版)等资料整理而得。其中,专区总数190多个见陈潮等主编书之第154页,而据各省专区数统计有出入,特说明。

② 中华人民共和国中央人民政府内务部编:《中华人民共和国行政区划简册》,人民出版社1954年版,第1—3页。

区人民政府委员会组织通则》(1949年12月16日)、《省人民政府组织通则》(1950年1月6日)、《市人民政府组织通则》(1950年1月6日)、《县人民政府组织通则》(1950年1月6日)以至《区人民政府及区公所组织通则》(1950年12月8日)和《乡(行政村)人民政府组织通则》(1950年12月8日)。值得注意的是,在上述各级人民政府组织法规中,除了中央、省、县三级外,还制定了大行政区、区和乡的组织法规,大行政区和乡当时是作为一个正式的行政层级的,而区在有的地区属于一个正式行政层级,在有的地区则属于县政府的派出机关。相比较,在地方政府省、专区、县、区、乡体制中,唯专区没有其组织法规。

那么专署区制推行的法律依据何在?应该说当时在制定地方政府组织法规时是意识到这一问题的。鉴于专署层级普遍实施的现实,1950年1月6日政务院第14次政务会议通过并于次日公布的《省人民政府组织通则》第十三条规定:"各省得根据需要划为若干专员区,各设专员一人,并得设副专员一至二人。专员公署为省人民政府委员会之派出机关。"①这是专员制推行最直接和明确的法律依据。但这实际上只是关于专员公署性质和地位的规定,即系省政府的"派出机关",而非一级正式政府;此外,对于推行于全国的专署这一机构的组织工作部门的设置和编制,其任务、职责和职权,其工作原则和工作程序,其与中央和省的关系,其与县及县以下政府的关系,此通则均无规定,同时也无关于专员公署的单行组织法规。区制在某些地区是一级政府,在另外一些地区是县政府的派出机关,对此两种情况的组织,1950年12月8日政务院第62次政务会议通过并与同月30日公布的关于区的组织通则中均予以明确规定,并对作为县政府派出机关的"区公所"在该通则中以"第三章""区公所"与作为正式一级政府机构的"第二章""区人民政府"相对应,②且该组织法规的名称即为《区人民政府及区公所组织通则》。由此可见,作为省政府派出机关的专署的具体组织状况也是可以制定

---

① 张焕光、苏尚智等编:《中华人民共和国行政法资料选编》,群众出版社1984年版,第157页。

② 张焕光、苏尚智等编:《中华人民共和国行政法资料选编》,群众出版社1984年版,第348页。

第三章 当代中国专员公署制到地区行署制的法制考察:演变(上)

相应的单行法规给予详细规定的。但不知出于何种缘故,当时并没有制定且其后亦未制定这一法规。1954年9月21日第一届全国人民代表大会第一次会议通过并于9月28日以共和国主席颁布的《中华人民共和国地方各级人民代表大会和地方各级人民委员会组织法》,对省、直辖市、县、市、乡各级政府组织的组成、任期、职权、工作程序、工作机构设置等方面作了明确、具体的规定,对于专员公署仍只是"省人民委员会在必要的时候,经国务院批准,可以设立若干专员公署,作为它的派出机关"①的原则性规定,此外,仍没有颁布统一的关于专署机构的单行法规。这种在全国普遍设置、却无法规框定的行政组织,其运行自然有时会受到无法可依的困扰。

如1955年3月23日山西雁北专署向山西省人民委员会请示"关于办公室干部分工及财委会撤销后工作如何安排归口"问题。其请示报告大意谓:"一、办公室编制共为二十三人,分工为:总务五人,收发二人,传达一人,文书三人,支部一人,招待所二人,机要一人;协助专员处理政务的连秘书主任在内共八人。其中除秘书主任外,秘书三人,分别掌握农林水利、政法、财经、文教、卫生、交通运输等各方面的工作;文牍、资料人员三人;执件监印兼群众来访来信等一人。这样分法是否合适?省是否可作较为明确的规定?……"②

山西省雁北专署所提问的问题,实际上是应由关于专署组织法规所应解决的某些问题。这份请示报告的具体背景和缘由虽然这里不得而知,但根据该报告内容的上下文判断,应是专署机构局部性整顿和调整之类的工作之后所面临的问题。从根本上说,机构调整和改革,都应依法进行,如果是法律规定所进行的机构调整和改革,那么法律就自然会对调整和改革后的机构状况和设置进行必要的规定,那样也就不会出现上述专署办公室分工后要求省政府给予"较为明确的规定"的困扰。

山西省政府(即人民委员会)对雁北专署请示报告中的第一个问题要求

---

① 张焕光、苏尚智等编:《中华人民共和国行政法资料选编》,群众出版社1984年版,第140页。

② 张焕光、苏尚智等编:《中华人民共和国行政法资料选编》,群众出版社1984年版,第286页。

给予"较为明确的规定"的回答,是耐人寻味的。山西省政府给雁北专署的批复云:"关于第一个问题。一九五二年以前,由省确定的编制中,对各专署和市、县人民政府办公室(秘书室、处)的内部编制,一律列举具体职称,并确定其人数;以后因感到各地具体情况不同,全省作统一规定好处并不多,故改为只给编制总数的办法,这样,专、县即可根据自己工作的实际情况具体掌握使用,不受省编制的不必要的约束。事实证明,这个原则是正确的。今后,各专、县在确定办公室内部分工时,更应注意尽量紧缩事务工作的人员,使其达到最低限度,扩大协助专员、县长处理政务的工作人员,以达到加强领导、提高工作效率的目的。"①在这里,并没有见到雁北专署所要求的"较为明确的规定"。事实上,山西省政府在批复中所给予的答复中解决问题的方法对雁北专署来说并非不知道,因为从批复中看这是自1952年后就一直实行着"这个原则"的。实行着"这个原则"而另要"规定",显然"原则"是政策性的,其内涵是变动的、容易引起不同理解的,而且有时是不易掌握的;"规定"则是法制性的,其内涵是稳定的、明确的,而且通常是容易操作的。因此,就政府的机构设置、分工和编制而言,法制性的规定比政策性的原则指导应更合乎实际需要。但山西省政府却就是不给法制性的规定,而仍给政策性的原则,而且认为,"事实证明,这个原则是正确的"。②就山西省政府来说,它没有给雁北专署明确的规定,从根本上说是由于全国并不存在一个统一的关于专署机构及其内部设置、分工和编制的法规。既然没有这样一个明确标准,山西省政府如果自己硬要拿一个"规定",那么,就山西省政府而言,它所根据的仍然是经常变动的、容易产生不同理解和歧义的、因而不易掌握的政策。在这种情况下,对省方最佳的选择就是把这一政策性的原则下放到专署,留待专署自己去掌握。

现代政府机构的设置、分工、编制、职能、职权及其运行,从本质要求上看

---

① 张焕光、苏尚智等编:《中华人民共和国行政法资料选编》,群众出版社1984年版,第287页。

② 张焕光、苏尚智等编:《中华人民共和国行政法资料选编》,群众出版社1984年版,第287页。

第三章　当代中国专员公署制到地区行署制的法制考察:演变(上)

是一种法律安排。这种法律安排是法律制定者根据历史的经验、现实的需要、法律的理论和原则、政府理论和原则以及法律制定者的智慧,经过一定的程序制定、颁布和实施的。因此,这种法律安排一方面表现为是创制者关于政府制度的一种主观设计,另一方面又表现为行政行为活动的一种客观要求。而专署除了其存在的依据源于法定的省之"派出机关"外,其他方面缺乏具体、明确的法律安排,这不仅给专署这一层级组织的运作造成障碍,也必然使专署的工作人员包括领导人员对专署体制提出各种各样的疑问。山西雁北专署所提问的,只是一个具体的办公室分工和编制问题。开封专署于1956年10月10日,根据此前党分组书记会议专门讨论"专一级的体制问题"所形成的《关于专署体制讨论的报告》,则比较全面地反映了专署运作中的问题。

该报告就专署体制提出两大问题。第一,关于专署机构和它行使权力不相称的问题。为便于分析,兹将该问题文字录下:

> 按地方各级人民代表大会和地方各级人民委员会组织法规定:"地方各级人民委员会,即地方各级人民政府,是地方各级人民代表大会的执行机关,是地方各级行政机关。"根据这个规定专署不是一级地方行政机关,它是省设置的一个派出机构,它的任务是协助省贯彻执行中央、省人委制定的方针政策和各项工作指示。几年来,由于环境和各种条件的限制(工作条件、交通等),省把权力下放到专,增强专对县的直接领导作用,因而专虽不是一级政权执行机关,但机构设置和实施权力的范围,实际上已经起了一级政权、组织的作用,关于方针、政策的制定,会议的召开、任务分配、工作部署,除省安排外,绝大部分由专进行。这些权力的行使,在宪法未公布,普选没进行之前,还可马虎应付,现在再继续保持这种状态已不合时宜了,必须加以改变,否则就和宪法的规定精神不符,权力行使有困难。①

---

① 中共开封专员公署党组:《关于专署体制讨论情况的报告》,第1—2页。全宗号:33;案卷号:21。开封市档案馆藏。

121

第二,关于专署机构设置、编制和运作问题。兹将该问题文字录于后:

> 专署不是一级政权组织,但是实际上还仍然起着一级政权组织的作用,省的文件、电报绝大部分下达到专,情况掌握、工作具体安排,主要还要靠专来汇报,因此,要情况、要数字、要问题、要报告形成专的重要工作任务。正由于这种情况,专级组织机构,几年来不是缩小,反而是随着工农业生产的发展,业务上的专业分细,相应地得到增强和扩大,专署1952年仅有各科、室、处单位13个,现已增加到22个。企业公司增加更快,1952年仅有四大公司,现已发展到12个,增加三倍;在机构设置上不统一,有的专有县没有(劳动科、司法科等),有的不全(监察、工业等),工作既难布置,又难进行。人员编制上有大量增加,特别是事业单位和有事业单位的部门,随便占用事业编制,硬抽企业人员,专署行政编制只有119人,但实有336人,多余干部,全由企、事业单位供给,如:商业科原编制7人,实际工作经常在13人左右。工作又多又重的生产办公室、生产救灾办公室,长期没有固定编制,经常从有关部门抽调,专署像这样经常性办公室而没有固定编制的在五个以上(生产、生产救灾、煤炭、转建、油脂、移民等)。由于人员的乱抽乱调,部门工作受到影响,引起部门不满,最近有的部门以无人为名,干脆拒绝抽调,或者是对上一个不是工作能力弱,就是有病才好,根本不能抓办公室工作,造成工作中的困难。由于机构庞大,层次较多,要电话、写指示成了中心任务。据专署一个单位统计,每天下达到县的文件平均10件以上,200余份,其他表格、便函、电话不包括在内,下达文件字数,每月不下30余万。如果加上处、局、企业公司,这个数字就大有可观了。因此当前专级机构的会议多、文件多、办公室多、抓电话多,成了普遍现象。近两年来,省已直接加强对县的具体领导,有些工作(如财经、工矿等)已直抓到县,但总的来说,还未完全改变,不少厅、局本来也可直抓到县的(如劳动局、商业厅等),都经专再转达到县,这样不仅可以

第三章 当代中国专员公署制到地区行署制的法制考察:演变(上)

使文件长期周转旅行,拖长("长"应为"延"——引者注)文件的及时性,而且也造成人力、财力的浪费,经常发生布置和上报时间上的矛盾,增多电话费的开支。机构人员的增多,同时在住宿方面也造成困难。①

报告所述的第一个问题,是法律规定和专署的实际地位、作用脱节的问题。专署的领导能够意识到这一问题,是因为 1954 年 9 月 21 日第一届全国人民代表大会第一次会议通过的《中华人民共和国宪法》在关于地方政府的第四节中没有规定专署这一层次,只是在《中华人民共和国各级代表大会和地方各级人民委员会组织法》中规定了专署是省的"派出机关"的地位。而事实上,专署是省政府的"派出机关"的规定如前所述早在 1950 年 1 月的《省人民政府通则》中就有明确规定。可能在宪法未颁布前,即使专署工作的人员对于专署的派出机关的地位并不十分清楚,以致在宪法颁布后才意识到这一问题。就专署这一层级来说,从其创制之时就不是一级法定的政府,南京国民政府实施这一制度过程中始终坚持其省县之间的虚级地位,即省政府的"辅助机关";②在根据地,只有个别专署层设有民意机关,绝大多数专署层未设,表明事实上基本认识到专署非正式一级政权的地位,其中《晋察冀边区行政督察专员公署组织大纲》规定专署为"边委会之辅佐机关",③《山东省行政公署组织条例》规定专署"代表行政公署督察其所辖区之行政工作",④其上一级政府之"辅助"、"代表"机关的地位甚明。尽管法律地位是上一级政府之"辅助"、"代表"机关,但在实际上,专员公署在国民政府体制下发挥的作用越来越大,在根据地体制下也越来越起着一级政府的作用。

---

① 中共开封专员公署党组:《关于专署体制讨论情况的报告》,第 2—3 页。全宗号:33;案卷号:21。开封市档案馆藏。
② 中国第二历史档案馆:《国民党政府政治制度档案史料选编》下册,安徽教育出版社 1994 年版,第 462、492 页。
③ 《中国新民主主义革命时期根据地法制文献选编》第 2 卷,中国社会科学出版社 1981 年版,第 254 页。
④ 《中国新民主主义革命时期根据地法制文献选编》第 2 卷,中国社会科学出版社 1981 年版,第 366 页。

因此，新中国建立后在全面推行专署制的过程中，在人们的心目中专署应和省、县一样，是一级政权机关。宪法和相应组织法颁布后，人们才清醒地认识到了专署的困境：法律规定专署不是一级政权，而如报告所说"实际上已经起了一级政权、组织的作用"。在事实上违反了宪法和法律。这一问题怎样解决？

开封专署党组的意见是，必须改变专署体制的现状，使之符合宪法的精神和相关规定。报告指出："按宪法的规定专署不是一级行政权力机关，不能再继续行使过去的权力，就需要在组织性质上加以改变，把专署变为督导性质，使它真正成为省的一个派出机关，协助省贯彻执行中央、省人委制度的方针、政策和各种重要措施。它的主要任务是，深入基层，巡回检查，反映各种政策措施贯彻执行情况和问题，经常总结交流工作当中的经验，根据省的布置，及时向省提出检查报告。"开封专署党组的意见是明确的，但问题是这一意见能不能在实际工作中实行。

报告所述第二个问题，是专署机构、人员编制自我膨胀和难以遏制的问题。当时的政府理念，实际上是全能政府的理念。政府什么事都要管，政府的行政行为在扩张。这样，政府的管理机构就不可避免地增加。政府权力直接介入社会生活领域，所管理的事越多、越具体，成立的管理机构就越多。如报告所称，"专署组织机构""随着工农业生产的发展""相应地得到增强和扩大"：专署内部机构从1952年的13个扩张到1956年的23个，4年间增长了76%，年递增19%。由政府成立的公司由1952年的4个扩张到1956年的12个，4年间增加了200%，年递增50%。应该说，其行政扩张的速度和程度是很高的。由于专署机构处于高度的扩张状态，其行政人员超过原定编制的比例自然也会很高，由原定编制的119人超编了217人，超编了182%。专署机构急剧增加、人员严重超编的原因，从客观上看是由于随着工农业生产迅速发展而产生的需求；而其主观原因，则是政府权力的自我扩张要求；从根本上说，则是由于没有法制的安排和约束。如果政府机构的增加、人员编制的增加，必须通过一定法律程序的限制才能实施，而不只是由政府自己说了算，政府的自我扩张行为就会被限制在法

第三章 当代中国专员公署制到地区行署制的法制考察：演变(上)

律所许可的、社会发展所需要的适度范围内,就不会出现上述政府机构急剧膨胀、人员严重超编的现象。对于这一问题,开封专署党组持什么样的解决意见呢?

开封专署党组的意见是:根据宪法和相关组织法的规定,"专署性质改变以后,现有的组织形式,已不完全适用,必须加以改组"。① 根据这一认识,专署组织的改组意见是:将现有的科、处、局、行、企业公司全部撤销,全专成立一个综合性办公室,四个业务性办公室,一个政法系统,室下划分小组,分别掌握各个部门的工作。② 其具体机构设置和编制见表1—表6。

表1 综合办公室　　　　　　　　　　　单位:人

名　称	编　制	名　称	编　制
正副主任	2	民政	2
秘书	2	监察	3
研究员	5	人事	1
巡事(视)员	5	管理员	1
群众来信来访鉴印	1	事务员	1
内收发	1	传达员	1
机要档案	3	会计员	1
打字员	3	司机	1
党团专职干部	1	收发员	1
转业建设	5	招待员	3
救灾组	5	合计	48

资料来源:中共开封专员公署党组:《关于专署体制讨论情况的报告》,第4页。

---

① 中共开封专员公署党组:《关于专署体制讨论情况的报告》,第4页。全宗号:33;案卷号:21。开封档案馆藏。实际上,如前所述,专署的性质从法规上看在宪法公布以前一直是"辅助机关"、"派出机关",并不存在所谓"性质改变"。中共开封专署党组的这一看法似乎反映了宪法公布后专政部门对法律的权威性认识有所省察这一事实。

② 中共开封专员公署党组:《关于专署体制讨论情况的报告》,第4页。全宗号:33;案卷号:21。

125

专区与地区政府法制研究

表2　农林水办公室　　　　　　　　　　　　单位：人

名　称	原编制数	现在意见数	备　考
主任		2	包括一个兼职
秘书		1	
水利组	51	50	配正副组长二人
林业组	15	15	同上
农业组	21	20	同上
合计	87	88	

资料来源：中共开封专员公署党组：《关于专署体制讨论情况的报告》，第5页。

表3　财经办公室　　　　　　　　　　　　单位：人

名　称	编　制	名　称	编　制
主任	3	商业组	25
秘书组	15	国家收入组	15
合作组	25	金融组	15
粮食组	22	采购组	20
小计	65	总计	140

资料来源：中共开封专员公署党组：《关于专署体制讨论情况的报告》，第5页。该报告称，经济企业部门原有五六百人，缩减到140余人，精简百分之七十五。

表4　文卫办公室　　　　　　　　　　　　单位：人

名　称	编　制	备　考
主任	1	
秘书	1	
文教组	7	包括正副组长
卫生组	6	同上
合计	15	

资料来源：中共开封专员公署党组：《关于专署体制讨论情况的报告》，第5页。该报告称，文教、卫生系统干部不算多，保持原状。

第三章　当代中国专员公署制到地区行署制的法制考察:演变(上)

表5　工交办公室　　　　　　　　　　　　单位:人

名　称	编　制
交通	编制不详
劳动	同上
工业	同上
手工业	同上
合计	40人

资料来源:中共开封专员公署党组:《关于专署体制讨论情况的报告》,第6页。

表6　政法系统　　　　　　　　　　　　单位:人

名　称	原有编制	计划编制	备　考
检察院	24	28	
法院	27	16—20	拟改为公安督察室
公安处	不详	20—24	
合计		64—72	

资料来源:中共开封专员公署党组:《关于专署体制讨论情况的报告》,第6页。

上述专署的五个办公室及一个政法系统,共计划编制395—398人,而专署原只有行政编制119人(尽管实有339人)。根据该报告显示,真正缩减的只有经济企业部门,其他部门与原有的编制相比变化不大。政府机构要真正改革的应是行政部门,而不应是经济企业部门(事实上经济企业部门所需编制应由市场来决定)。但由于专署的经济企业部门,是专署的外围组织,是附属单位,不属于专署的行政编制,[①]对于专署来说压缩起来比较容易。因此,在该报告的讨论中,专署的行政编制实际上并没有大的变化。变化的只是形式,正如该报告所说的"现有的组织形式,已不完全适用",报告强调的是组织的"形式",所以在专署体制讨论中形成的意见就是改变"形式",将原有的科、处、局整合到相关办公室中,而在实质上并不存在专署改

---

① 如中共开封专员公署党组:《关于专署体制讨论情况的报告》中曾提到专署行政编制119人、实有336人的情况,而联系该报告又说经济企业部门原有五六百人之句,显然专署行政编制不包括经济企业部门编制。

127

变领导范围、减少专署行使权力的问题。从某种程度上说，办公室体制使原有的科室分工体制明显削弱，是一种集中、加强专署权力的意见，这和该报告所提的"把专署变成督导性质"的"派出机关"的主旨并不真正吻合。从体制的角度看，几大办公室的体制显然是一种临时性的体制，从政府机构长期、稳定发展来看，这种体制显然也是不适合的。报告已认识到专署组织机构急剧膨胀和人员严重超编这一问题，并谋求解决方法，但其解决的方式、方法却存在着严重的缺陷。这种缺陷表现在，没有从长远的眼光和从法制的角度从根本上对专署机构的设置进行设计和安排，而是采取临时压缩、设置临时机构的办法，而且调整和压缩的编制重点放到专署的附属机构，并不真正缩减专署机关自身的编制。专署机关的编制既然没有真正的变动，而且其所设办公室体制为权宜之计，因此，这个报告所称的专署体制改变的意义在实践层面就成了疑问。开封专署党组发现了专署体制的某些问题，但并不能解决这些问题。这当然不能苛求开封专署党组。因为专署体制问题是一个具有全国性的问题，它所涉及的问题是地方行政管理层次、管理结构的问题。这种具有全国性的专署体制问题，自然不是开封党专署党组自身所能解决的。

就开封专署党组报告的问题看，有些是自相矛盾的。该报告讨论体制的缘起，是出于学习毛泽东1956年4月在中共中央政治局扩大会议上所作的《论十大关系》的报告。如该报告说："自从传达贯彻了毛主席今年四月在中共中央政治局扩大会议上关于调动一切积极因素，建设社会主义的十大方针以后，对于精简行政机构、结合专署的现存情况，曾作过酝酿考虑，认为毛主席的指示是适时的、必要的。最近为了讨论研究体制问题，专门召开了专署党分组书记会议，又进行了讨论。"开封专署党组学习毛泽东《论十大关系》关于调动一切积极性精神，对地方而言则是调动地方积极性，而要调动地方积极性则要给地方一定的自主权。毛泽东在《论十大关系》中强调，"中央要注意发挥省市的积极性"，"不能够框得太死"，"应当在巩固中央统一领导的前提下，扩大一点地方的权力"，"中央和地方两个积极性，比只有一个积极好得多"。可见，专署体制的讨论，与毛泽东的地方扩权主张有一定的

第三章　当代中国专员公署制到地区行署制的法制考察:演变(上)

联系。① 专署体制的讨论,直接原因应是中央于1956年10月下放的以给地方扩权为中心内容的《关于改进国家行政体制的决议(草案)》,该决议(草案)指示各地就体制问题进行研究讨论并提出意见。② 而开封专员公署党组通过学习得出的结论,不是应该扩大专署的权力,而是要缩小专署的权力,因为他们关注的重点不是地方积极性问题和地方扩权问题,而是专署的地位、性质和活动应否符合宪法和法律规定的问题。因此,报告虽然称是贯彻毛泽东《论十大关系》的精神,但它贯彻的是关于精简机构的指示,③而不是地方扩权的精神。之所以会出现这一问题,并不是开封专署党组的理解能力问题,而是由于专署这一层级,全国人大通过的地方政府组织法规定的专员公署是省的派出机关的性质和《论十大关系》中的地方扩权主张相矛盾。在开封专署党组看来,《论十大关系》中关于扩大地方权力的精神并不适用于专署这一层级,因为从法律上看专署不是一级地方政府;专署不但不应扩权,而且还应该按照法律所定的专署的地位和性质将专署现有一级政府的权力削弱而使其与派出机关的性质相适应。这里,注意的重点是合宪性、合法性问题。就此而言,开封专署党组报告的观点和意见又在情理之中。

不仅开封专署党组的报告的意见是这样;从法律的角度看,专署作为一级政府的现状必须改变也为省政府所认识。稍后,1957年1月25日山西省人民委员会第20次会议通过的《山西省人民委员会关于专员公署性质、任务方面有关问题的决定》中,对此做了全面的明确规定。该决定称,专署"在过去几年中,由于工作的需要,它实际上在省和县之间起着一级地方政府的作用",但根据全国人大通过的地方政府组织法,必须"把专员公署的任务适当加以改变,使它成为真正名副其实的省人民委员会

---

① 《建国以来毛泽东文稿》第6册,中央文献出版社1992年版,第90—92页。
② 夏海:《政府的自我革命——中国政府机构改革研究》,中国法制出版社2004年版,第21页。
③ 毛泽东在强调要强化无产阶级专政的"强制性"时,又转而果断地说:"但是,必须反对官僚主义,反对机构庞大。在一不死人二不废事的条件下,我建议党政机构进行大精简,砍掉它三分之二。"见《建国以来毛泽东文稿》第6册,中央文献出版社1992年版,第96页。

的派出机关"。① 该决定规定专署的基本任务是：

（一）对所属各县人民委员会的工作进行一般的督导检查,但重点应当放在农村生产建设和财政经济工作及各方面的政策的执行方面。对督导检查工作中的情况和问题,应当及时地向省人民委员会提出报告及建议。

（二）依托重点县、乡,根据省人民委员会对农村建设的长远规划,进行必要与可能的调查研究工作,提供省人民委员会作为指导全省农村建设工作的依据。

（三）完成省人民委员会临时交办的各项必要的具体任务。②

上述三方面的基本任务,重点是对所属各县农村工作进行督导、检查、调查、研究,据此向省政府提出报告、建议和有关调查研究的情况,并完成省交办的具体工作。这样,专署的主要工作就不再是一级地方政府对该地方的全面领导、指挥、命令和决策,只是省政府派到下面的督导政策实施的巡视部门,了解情况以给省政府政策决策提供建议和根据的信息咨询部门以及临时办事部门。由此,专署机构的设置和编制就需要大加缩减。

该决定规定：在专员公署的任务改变以后,它的机构编制也应当随着加以调整。决定原专员公署的工作机构除公安处应予精简保留外,原则上一律撤销。专员公署的编制以 40—50 人为限。专署的工作人员除专员、副专员和必要的服务人员外,一律改设督察员。对原专员公署所属工作机构及附属机构,应当分别情况按以下规定处理：

（一）办公室和民政、计划、统计、财政、税务、工业、劳动、交通、农业、水利、水土保持、文化、教育、卫生等工作部门应即撤销;

（二）商业部门及所属的各公司,原则上应予撤销或改为二级批发站,马上撤销或改变有困难的,可以给予半年的过渡时间。对

---

① 张焕光、苏尚智等编：《中华人民共和国行政法资料选编》,群众出版社 1984 年版,第 288—289 页。
② 张焕光、苏尚智等编：《中华人民共和国行政法资料选编》,群众出版社 1984 年版,第 289—290 页。

第三章 当代中国专员公署制到地区行署制的法制考察:演变(上)

粮食部门,由于需要一定时间结算账目调拨粮食,马上结束尚有困难,可允许和商业部门一样过渡半年;

(三)农业实验站、植物检疫站、机械农场、棉花轧花厂、家畜防疫站、拖拉机站、猪病重点防疫组、马牛羊改良工作站、果树苗圃、兽医站、会计辅导员、技术推广员等,应当本便利工作的原则,分别归省或交市、县;

(四)人民银行和农业银行的中心支行,建设银行和保险公司的专区一级机构,一律撤销;

(五)各专区的公立医院暂予保留,疗养院、保健站、防疫队分别归省或交市、县;

(六)原属专区的剧团、剧院、电影院,分别归省或交当地市、县;

(七)原由专署领导的师范学校和完全中学归市或省,初级中学一律归当地市、县。①

山西省政府对专署体制现状改变的幅度和程度,要比开封专员公署党组报告中所提大得多。该决定将包括专员、副专员和督察员及服务人员等所有总编制压缩为40—50人。问题还不在于人员的压缩,原来庞大的专署机构,被改造为内部不设置任何职能机构,甚至连专署办公室也不保留,成为纯粹的省政府派出的办事机构。这样,专员、副专员以及督察员,只是省政府派出监督地方的办事员。开封专员公署党组的五大办公室的机构改革人员编制计划,在这里显得甚为庞大。这样,专署不可能再作为一级地方政府而发挥作用。因此,专员公署的职权、任务及其与县政府的关系,也就必然发生变化。对此,该决定规定:

(一)专员公署不向县人民委员会颁发命令,不在省人民委员会布置的任务之外向县人民委员会布置任务;但为了贯彻实施省

---

① 张焕光、苏尚智等编:《中华人民共和国行政法资料选编》,群众出版社1984年版,第289—290页。

人民委员会的某项决议、命令或指示，可以向县人民委员会发布补充性质的指示，可以发布对于好坏典型进行表扬和批评的通报。

（二）专员公署对于省人民委员会的决议、命令、指示和布置的任务有不同意见的时候，应当一面督导县人民委员会执行，一面向省提出意见。

（三）专员公署发现所属县人民委员会有不适当的决议和命令的时候，应当一面停止其执行，一面报告省人民委员会决定。

（四）专员公署为了检查工作，可以指调各县有关负责人到专署进行汇报；受省人民委员会委托布置某项任务时，可以召开县长会议。①

据此，专署只是根据省安排的事项对县进行督导或布置，或办理省委托的事项，没有自己独立的职权，不能独立地进行工作。这和开封专员公署党组报告中所说的专署体制讨论前"实际上已经起一级政权、组织的作用，关于方针、政策的制定，会议的召开、任务分配、工作部署，除省安排外，绝大部分由专进行"②的专署能独立决策和独立工作的状况，有了根本的改变。

应该说，山西省政府就专署性质、任务、机构调整和人员编制方面的规定，与全国人大制定的组织法关于专署为省派出机关的规定是一致的，而且由省人民委员会制定的决定，具有法规的性质和效力，为专署的体制变革提供了法制上的依据。

然而，从现有资料和专署的发展脉络看，这种按照专署的法定地位精简其机构的状况，并没有能维持下来。以安徽省阜阳专员公署为例，1957年年初，专署机构由原来的28个被精简为专署办公室、文卫办公室、工交办公室、农林水办公室、财粮办公室五大办公室和公安处、监察处、计划委员会共8个机构，而到1958年"阜阳地区和全国一样开展了大跃进运动，由于形势发展

---

① 张焕光、苏尚智等编：《中华人民共和国行政法资料选编》，群众出版社1984年版，第290页。

② 中共开封专员公署党组：《关于专署体制讨论情况的报告》，第2页。全宗号：33；案卷号：21。开封市档案馆藏。

第三章 当代中国专员公署制到地区行署制的法制考察:演变(上)

的需要,被精简的科局又陆续恢复"。① 应该说,阜阳专署的个案具有普遍性,这一时期的情况是,1956年年底到1957年年初的专署机构不同程度的精简,实际上缘于机构合宪性、合法性的要求。而经1957年春夏之交开始的反右派运动对宪法和法律权威和约束力的冲击,以及1958年因发动大跃进导致的政府对经济和社会生活全面干预的需要,被精简的专署科、局机构又得以重建。也就是说,到1958年,专署的机构设置基本上又回到了1956年10月开封专员公署党组就专署体制讨论前的状态,法律的约束让位于政策的调整和政府对经济和社会管理的需要。

就专署机构设置的客观需求而言,如笔者所一再强调的,在中国省区管理幅度过大的情况下,在省和县之间增加一个管理层是必要的。中国历史上从地方政权二级制到三级制的演变,就是这种客观需求的反映。专员公署制从民国创设到中华人民共和国成立后继续实行,也说明了专署机构设置的现实必要性。然而,必要设置并不必然意味着设置得越大越好。但是,当时的环境和政府体制,却使得专署的机构从总的趋势上设置得规模越来越大,职能越来越健全。其主要原因在于,建国后,为了迅速巩固新建的人民政权,并尽快恢复国民经济和社会稳定,中国采取了苏联高度集权的政治体制管理模式。1956年社会主义改造完成后,中国在高度集权的政治体制的基础上又形成了高度集中的计划经济管理体制。虽然1956年2月苏共二十大后随着斯大林错误的暴露,中国领导人开始认识到苏联模式的某些弊端并对其进行反思,而且毛泽东《论十大关系》的提出表明了中国领导人在思想领域的新的思考和在实践领域的新探索,但由于历史条件的限制,这种思考和探索尚不能完全摆脱苏联模式的束缚和影响。尽管如此,这种思考和探索对于中国探索自己的道路仍然产生了深刻的影响。就政府体制来说,以1956年毛泽东《论十大关系》中给地方扩权、调动地方积极性的提出为开端到大跃进期间,中央向地方大幅度地下放分权,使得中国政府完成了由中央集权到各级政府分级集权即由"条条管理"到"块块管理"的转变。在

---

① 江荣海、刘奇等著:《行署管理》,中国广播电视出版社1995年版,第96页。

133

保持中央权威和权力的前提条件下,从中央到地方各级政府实行分级对政治、经济、文化和社会生活的分权式全面管理。这种管理模式的实践,政府的管理职能日趋扩张,整个社会资源和社会活动全部被纳入政府的控制之下,使得政府的管理工作和管理任务日趋复杂和繁重。这样,原来对专署权力的缩减,就必然地增加了省政府对属县管理的困难。因此,增加专署的权限、扩大专署的机构和编制,就又为形势所使然。因此,又出现了前面所述的专署机构精简后,随即又恢复的情形。正是在这一背景下,中共中央《关于适当扩大某些专署权限问题的意见》于 1958 年 3 月 21 日在中共中央成都政治局扩大会议上通过,并于 4 月 2 日得到中共中央政治局会议同意。该"意见"就专署的某方面的扩权问题做了专项明确指示,并作为中发(58)243号中共中央文件下发执行。该文件主要对专署财政、工农业和文化事业管理等方面的权限做了原则上的规定,为了说明问题,现录于下:

一、为了适应农业、地方工业和文化教育事业的大跃进,根据中央改进行政管理体制的精神,在某些省、自治区认为有必要的时候,可以适当地扩大专署权限。

1. 建立专区财政。专区级的企业、事业、文化教育和行政管理等正常开支,由专区所辖企业、事业收入和其他收入中解决。不足部分,由省划税和拨款补助。划税和拨款的比例,在确定以后,在几年内以不变为宜。

2. 专署对所辖县、市的财政预算执行,可以作必要的调剂。

3. 原由省人民委员会委托专署管理的企业、事业和中等学校,划归专署直接管理。

4. 根据地方工业和科学文化事业发展的需要,兴办适合于专区管理的企业,建立中等技术学校和工业、农业的科学研究机构。

5. 专区范围内的国民经济计划和物资分配计划,由专署编制汇总,并可根据执行情况,在本区内作必要的调剂。

6. 专区范围内的人员编制,在省控制的总指标内,专署可以在地区间和部门间作必要的调剂。

第三章 当代中国专员公署制到地区行署制的法制考察:演变(上)

二、为了使工农业便于相互支持,共同发展,每一个专区应有一个工业城市作为经济、政治和文化中心。为此,各省、自治区可以根据具体情况,将省、自治区直辖的若干中等城市委托专区领导,并相应地对地委和专署的领导成员作适当的调整。

三、专署无论是否扩大权限,仍然是省人民委员会的派出机关,不是一级政府。

四、专署的建立或撤销,专署行政区划的改变,都由省委、自治区党委根据本地区的情况自行决定,然后由省人民委员会报国务院备案。

五、专署权限是否扩大和如何扩大,专署编制是否相应地扩大和如何扩大,以及专署的组织形式如何,完全由省委根据本地区的情况自行决定。①

中共中央对专署权限的扩大专项发一个中央文件的做法,是值得关注和讨论的一个问题。如前所一再讨论的那样,对于学习和贯彻落实毛泽东《论十大关系》中关于调动地方积极性、地方扩权的指示精神和中央《关于改进国家行政体制的决议(草案)》的指示,专署一级囿于宪法和相关法律对专署性质的规定,在专署一级进行的不是扩权改革而是削权改革。然而,由于中国省区管理幅度过大以致省区难以对县进行全面和有效管理的现实,中共中央经过一个时期的考察和分析,认为专署原则上应和省、县一样,给予其必要的权限,以利于从整体上调动各个地方层级的积极性。中共中央关于专署扩权文件的下发,突破了宪法和相关组织法颁布后对专署的约束,给专署适应计划体制进行自身调整提供了政治上的依据,从而使专署在地方扩权的改革和调整中也完成了自身的分层集权的转变。根据这个文件的政策规定,专署拥有了自己的政治、经济、文化中心城市,拥有自己的企业、事业、中等学校和研究机构,对辖区内县市的编制和财政有必要的调

---

① 《中共中央文件·关于适当扩大某些专署权限问题的意见》(1958年3月21日成都会议通过,4月2日政治局会议同意)。转见全宗号:2;案卷号:242。开封市档案馆藏。

135

剂权,更为重要的是,有了自己的专区财政。尤其是专区财政权问题的解决,才是专署拥有一级政府作用和职能的重要标尺。应该说,这个文件对专署规定的精神,与相关组织法对专署的规定是相抵触和有矛盾的。然而,在当时的历史条件和思想认识水平上,虽然"中国共产党作为执政党,尽管在一定程度上已认识到了党员及领导干部遵法、守法的重要性,但毕竟还没认识到党必须在宪法、法律范围内活动的重要性。理论上尚未进行明确的阐述,制度上更不可能作出有关的规定"。[①] 尽管如此,该文件为表明其规定与相关法律规定的专署的性质不相矛盾,仍强调"专署……不是一级政府"。专署虽然由此事实上获得了一级政府所应有的各项权力,但是,这并不能使专署成为法定的一级政府,仍意味着随着政策的变动,专署的地位仍会有变动。

从某种意义上说,是大跃进运动发展工农业和文化教育的需要,强化了专署的权力;另一方面,也是由于大跃进的开展,使得专署制又被削弱甚至有可能被取消。大跃进运动,使中国领导人认为经济"腾飞"的速度和程度已使中国开始进入城市化时代,1958年国务院批准北京、天津、上海三个直辖市和辽宁省全部实行市领导县的体制。到当年年底,全国28个市政府领导118个县,领导县的市多为直辖市、省和自治区政府驻地的市和少数大城市。[②] 而市领导县的体制,与宪法的规定不符,1954年颁布的宪法规定"直辖市和较大的市分为区",[③]因此市领导县的体制缺乏法律上的依据。为了改变这种状况,1959年9月17日,第二届全国人民代表大会常务委员会第9次会议通过了《全国人民代表大会常务委员会关于直辖市和较大的市可以领导县、自治县的决定》。该《决定》指出:"为了适应我国社会主义建设事业的迅速发展,特别是去年以来工农业生产的大跃进和农村人民公社化,密切城市和农村的经济关系,促进工农业的相互支援,便利劳动力的调配,决定:

---

① 陈景良主编:《当代中国法律思想史》,河南大学出版社1999年版,第24页。
② 陈小京、伏宁、黄福高:《中国地方政府体制结构》,中国广播电视出版社2001年版,第153页。另参见戴均良:《中国市制》,中国地图出版社2000年版,第147页。
③ 《宪法资料选编》第一辑,北京大学出版社1982年版,第162页。

第三章 当代中国专员公署制到地区行署制的法制考察:演变(上)

直辖市和较大的市可以领导县、自治县。"①这个决定为市领导县的体制提供了法律上的依据。所谓"较大的市",显然是指直辖市之外的、省级单位之下规模较大和人口较多的市,但是,"较大"又是一个相对模糊的观念,什么样的市被认为"较大",有时根据需要是可以变通的。现在是,在省级之下,除了省的派出机关专署可以领导县外,省之下被认为"较大的市"也拥有了领导县的权力。就是说,至此,出现了与专署一样能领导县的行政机构。所谓"较大的市"可以称为"专级市"(如今之所谓"地级市");而且,市是正式的国家政权机构,专署是省级政府的派出机构。两者比较,"较大的市"领导县似乎比专署领导县具有更大的优势。这样,"较大的市"领导县的体制的确立,将意味着"专"领导县的体制的削弱甚至最终将撤销。

"较大的市"领导县的体制在法律上的确立,在当时全国大跃进的情势催生之下,专署领导县被撤销而代之以较大的市领导县,在某些省得到推广。继辽宁省全面实行市领导县之后,②在1960年,河北省也撤销了全部专区,以原专区为基础全面实行直辖市和较大的市领导县的体制;其他省区,除广西、宁夏两自治区没有推行此制外,都不同程度地实行了较大的市领导县的体制,相应地撤销了原有专区和专署建制。据统计,到1960年年底,全国已有48个市领导234个县或自治县,辖县数占全国总县数的八分之一。③就当时的情况来说,诚如有的学者所言,所"推行的市领导县体制明显超越了经济发展的水平,带有'大跃进'的冒进色彩"。④ 由于大跃进盲目冒进所造成损失和危害的严重,1960年后城市粮食供应严重短缺,较大的市领导县的体制的推广被迫停止和压缩。1961年河北省又撤销了市领导县的体制,

---

① 张焕光、苏尚智等编:《中华人民共和国行政法资料选编》,群众出版社1984年版,第330页。

② 辽宁省于1954年由辽东、辽西二省合并后有10个专级市,其中旅大市辖两县,其余35县由省直辖,但无专区之设。1955年开始设置4个专区,到1958年专区撤销,改为11个专级市,其中有10个领县,只有辽阳市不领县。

③ 陈小京、伏宁、黄福高:《中国地方政府体制结构》,中国广播电视出版社2001年版,第154页。

④ 戴均良:《中国市制》,中国地图出版社2000年版,第147页。

恢复了专区建制,设置9个专区辖105县。① 辽宁省1964年也开始恢复了沈阳、朝阳2个专区,1965年恢复到4个专区,市领导县的体制被压缩②。截止到1965年年底,市领导县的体制被压缩到仅保留了北京、上海2直辖市和13个省、2个自治区的22个市领导78个县或自治县。随着市领导县体制的压缩,专员区公署制又得到了巩固,全国专区的设置从1960年年底的116个到1964年年底又增加到了155个。③ 然而,随之而来的"文化大革命",又使专员制度发生了适合"文化大革命"需要的变化。专员制度的法制化程度受到极大挑战。

考察第一时期专员制度的演变,可以得到这样几点认识:第一,建国初期的专员制度是对革命年代专员制度的全面推行,其一级政府的功能越来越强化,专员公署的机构于是越来越膨胀,人员编制越来越大。专员制度缺乏统一的法制约束与法制保障。第二,从1954年宪法和相应地方政府组织法颁布到1956年毛泽东《论十大关系》发表后,专员公署一级政府现状的合宪性、合法性问题引起了关注,从而引发了削弱专署权限、精简专署机构和人员的调整与改革,并曾尝试建立专员制的法制机制。第三,由于当时没能厘清国家法规与执政党的政策的关系,尤其是1957年反右运动,可以说它既是法制不健全所使然,同时它又严重地削弱了本来就十分脆弱的法制基础。在此情形之下,专员制度随着党的政策的变动而变动,先是1958年专署的扩权,后是1960年前后专区建制的压缩,继之又恢复专区建制,其间变化缺乏连续性,作为地方行政制度的专员区公署制本应依国家法律而立、依国家行

---

① 中华人民共和国民政部:《中华人民共和国县级以上行政区划沿革》(1949—1983)第一卷,测绘出版社1986年版。值得注意的是,河北省1958年有6专,另有1市开始领县;1959年有5专,另有2市开始领县;而自1961年到1983年全国开始撤地改市和地市合并改革之前,河北省一直没有再采用过市领导县的做法。1983年,河北省石家庄市和唐山市才开始领县。见该书,第43—136页。

② 中华人民共和国民政部:《中华人民共和国县级以上行政区划沿革》(1949—1983)第一卷,测绘出版社1986年版,第271—321页。

③ 国务院秘书厅编:《中华人民共和国行政区划简册》,地图出版社1961年版,第1页;中华人民共和国内务部编:《中华人民共和国行政区划简册》,地图出版社1965年版,第1页。

第三章 当代中国专员公署制到地区行署制的法制考察:演变(上)

政组织法而行,但在当时法制遭受严重破坏的条件下,其曲折之演变也就成为必然。

二、第二时期:1966—1976

"文化大革命"开始后,地方各级政府机关处于瘫痪状态,宪法及相关地方政府组织法所确立的各级地方政府制度被严重破坏。法律虚无主义思潮盛行,政府组织权威被各自为政的造反派群众性团体所取代,社会遂陷于无政府状态。在各造反派组织相互夺权的失控状态下,全国各地打、砸、抢、抄、抓和武斗事件越来越多,造成了"天下大乱"的局面。"天下大乱",本是毛泽东在"文化大革命"发动之初所预设的一个阶段。他在1966年7月8日给江青的那封著名的信中设计道,"天下大乱,达到天下大治。过七八年又来一次。牛鬼蛇神自己跳出来。……现在的任务是要在全党全国基本上(不可能全部)打倒右派……尔后还要有多次扫除"。[①] 似乎,当时在毛泽东看来,"乱"本身就孕育着"治","乱"本身也就是"治";在他的哲学思辨中,看起来十分矛盾的事物和问题,在矛盾的转换中反成了完美的统一。在具有长期革命实践经历的毛泽东看来,革命就是一种乱,"文化大革命"就是要大乱。问题是,革命从根本上说是社会矛盾运动的产物,而不是人为设计的一个特定阶段。而当时中国刚从"大跃进"运动的巨创中,经过60年代前半期的调整与整顿得以恢复,不存在"乱"的客观理由和条件。但毛泽东在阶级斗争扩大化、极端化的思维之下,为了打倒他心目中"资产阶级"和"修正主义"路线及其代表人物,确保中国的社会主义国家性质"千秋万代永不变色",人为地发动了以"天下大乱"为特征的"文化大革命"。然而,毛泽东点燃了他迷信的"乱"之火,却无法用正常途径控制越"烧"越大的全国各地的"乱"之火。[②] 在这种情况下,毛泽东不得不决

---

① 《建国以来毛泽东文稿》,第12册,中央文献出版社1998年版,第71—73页。
② 参见翁有为、席富群、赵金康:《当代中国政治思想史》,河南大学出版社1999年版,第251—254页。

定起用人民解放军介入地方的"文化大革命",实行"三支两军"。① 1967年1月23日,中共中央、国务院、中央军委、中央文革小组发布《关于人民解放军坚决支持革命左派群众的决定》,3月19日,中央军委又作出《关于集中力量执行支左、支农、支工、军管、军训任务的决定》,部队陆续介入地方的运动,并对地方局势加以控制。这样,介入地方的军队指挥员,逐渐成为地方的实际领导者。到1967年上半年,地方领导权基本转移到了军队手中。② 如1967年4月,安徽省阜阳成立了"阜阳地区抓革命促生产第一线指挥部",主要负责人是阜阳军分区领导。③

自然,军队对地方的介入是不得已而为之,因之,自然也是过渡性的权宜措施。1967年1月上海风暴后,经过中央批准成立的"革命委员会"成为地方政权的新模式。其后,全国各地相继建立了各级地方"革命委员会"。到1968年9月5日西藏、新疆两个自治区革命委员会成立,标志着全国29个省、市、自治区都先后建立了革命委员会。各级地方政权和基层单位,也先后相继建立了革命委员会。当时,全国省级"革命委员会"的建立,被称为实现了"全国山河一片红",从体制的角度来说,即按照"革命委员会"的体制完成了重建政权的工作。这样,由军队的代表、革命干部的代表和群众的代表"三结合"组成的"革命委员会"领导机构,取代了原来仅由军队负责的机构。就地方各级"革命委员会"建立程序而言,都必须经过上一级权力机关批准,方为合法和有效。在原来的专区层级上,建立了"专区革命委员会"或"地区革命委员会"。原来的"专区",遂逐渐改称"地区"。专区/地区革命委员会的建立,要经过上级军政权力机构的批准。如1968年7月安徽省"阜

---

① 即支左、支农、支工和军管、军训。其实质是由军队介入地方管理,实施社会管理职能,即"军管"。

② 韩延龙主编:《中华人民共和国法制通史》下册,中共中央党校出版社1998年版,第597页。

③ 江荣海、刘奇等著:《行署管理》,中国广播电视出版社1995年版,第97页。该书作者认为,该机构基本上没有发挥什么作用。见该书第97页。但笔者认为,就全国而言,军队对维护地方局势的稳定和秩序的过渡性作用似不应忽视。

第三章 当代中国专员公署制到地区行署制的法制考察:演变(上)

阳地区革命委员会"的成立,经过安徽省革命委员会的批准。① 1968年1月河南省开封地区革命委员会的成立,经过武汉军区临时党委的批准。② 这样,原来属于省政府派出机关的专员区公署,遂成为省革命委员会之下、县革命委员会之上的、同各级革命委员会性质一样的地方政权机构。实质上,专区/地区革命委员会这一层级政权的设置,是缺乏法律依据的。不过,进而观之,从全局上说"文化大革命"本身就是缺乏法律依据的。甚至可以说,"文化大革命"是法律虚无主义的产物和反映。那么,地方各级革命委员会的设置缺乏法律依据,和地区革命委员会这一层级的设置缺乏法律依据,也就不足为奇,甚而反成极为自然的了。

尽管如此,在"革命委员会"设置之初,毛泽东似乎还是考虑过革命委员会体制与国家地方政府体制是否相符的问题。在1967年1月所谓"上海风暴"后成立的"上海市人民公社"权力机构,本来是经毛泽东批准的。③ 然而,这一改制在2月16日怀仁堂中央碰头会上,受到叶剑英的反对和质疑:"上海夺权,改名为上海公社,这样大的问题,涉及国家的体制,不经过政治局讨论,就擅自改变名称,又是想干什么?"④问题虽然由叶一人提出,但它实在又不能看作是叶剑英一个人的观点和看法,而且这也确实是一个事关国家体制和国家权威的大问题。似乎正是在这一层面上,叶剑英的质疑引起了毛泽东对国家体制问题的注意。根据毛泽东的意见,"上海市人民公社"2月24日改称为"上海市革命委员会"。⑤ 尤其值得注意的是,尽管毛泽东说"这个权力机构的名称,叫革命委员会好",是"一个革命的、有代表性的、有无产阶级权威"的机构,但在他的认识中,却仍然是"一个……临时权力机

---

① 江荣海、刘奇等:《行署管理》,中国广播电视出版社1995年版,第97页。而根据有关资料,安徽省各地1971年仍名为"专区",见陈潮、陈洪玲主编:《中华人民共和国行政区划沿革地图集》(1949—1999),中国地图出版社2003年版,第167页。
② 《中国共产党河南省开封市组织史资料》(1922—1987),中共党史出版社1992年版,第438页。
③ 马齐彬等:《中国共产党执政四十年》,中共党史出版社1989年版,第289页。
④ 马齐彬等:《中国共产党执政四十年》,中共党史出版社1989年版,第290页。
⑤ 王年一著:《大动乱的年代》,河南人民出版社1988年版,第182页。

141

构"。① 这一点对理解毛泽东当时的复杂心态是十分重要的：一方面，他要摆脱法律和制度的约束，形成让造反派夺权的局面；另一方面，在新成立的夺权机构的名称是否与国家体制相符的问题上，先在"人民公社"称谓上让步，而后在改名"革命委员会"时也定性为"临时权力机构"。毛泽东为什么把他奋不顾身地发动"文化大革命"所建立的他认为"好"的这一机构看作是临时的呢？根据当时的环境，从法制的角度解释，似乎是国家体制的权威性制约着毛泽东的意志。一方面，毛泽东发动"文化大革命"造成全国各地夺权局面，是直接挑战国家权威、消解着国家权威；另一方面，毛泽东发动"文化大革命"的合法性基础，却又恰恰必须是他所建立的中华人民共和国和他作为这个国家的缔造者的地位。而且，在他看来，他发动"文化大革命"形成"天下大乱"局面，终究还是为了国家的"治"，为了国家长久的巩固。因此，在国家体制问题上，他必须在保证他发动和进行"文化大革命"的基础上，维护国家的制度和体制。既然维护国家的体制，而"革命委员会"的体制较之人民公社虽然更具有权力机构的意味，似乎也更合乎具有长期革命斗争经历的中国人民的习惯，但它的设立毕竟没有国家宪法和相关政府组织法上的依据。所以，毛泽东认定其为临时性的机构也是在情理之中的。但对当时更乐意采用非常规革命体制的毛泽东来说，这一认识，又是甚为艰难和矛盾的。在这种艰难和矛盾的认识状态下，这一临时性的权力机构一直维持到毛泽东1976年9月去世时也未改变，其间反而由临时的变为经宪法规定的长期的制度了。1975年1月17日，中华人民共和国第四届全国人民代表大会通过的宪法，对革命委员会这一原被认为是临时性的机构而加以新的改变。宪法规定："地方各级革命委员会是地方各级人民代表大会的常设机关，同时又是地方各级人民政府。"②1975年宪法清晰地反映、折射了毛泽东的两难心态。一方面，他在政府体制上要革命化、非常规化，一是将各级政府定制为革命委员会，二是在中央不设国家主席，前者因系"文化大革命"中

---

① 《建国以来毛泽东文稿》第12册，中央文献出版社1998年版，第258页。
② 《宪法资料选编》第一辑，北京大学出版社1982年版，第299页。

第三章 当代中国专员公署制到地区行署制的法制考察：演变(上)

的新事物、新创造而为"文化大革命"的发动者和支持者所赞成,后者却因林彪坚持不同意见而演变为那场众所周知的严重冲突和事变;另一方面,作为一个政治家,他又知道,他所进行的事业必须为至公至大的国家的根本大法——宪法所认可,因此,在"文化大革命"动乱局面稍得稳定、中共九大后党的组织逐渐恢复的背景下,他于1970年3月8日提出召开四届人大、修改宪法、重建政府系统等问题。令他始料未及的是,四届人大和新修改的宪法,拖延到5年后的1975年才得以召开和通过。

在这种情况下,地区这一层级也由"文化大革命"以前专区为省的派出机关的虚级地位,而变为省之下、县之上的法定的一个实级。宪法规定："省、直辖市的人民代表大会每届任期五年。地区、市、县的人民代表大会每届任期三年。"①地方各级人民代表大会是地方国家权力机关,由于地区和省、市、县一样设有人民代表大会权力机关,所以地区也是法定的一级政权层级。

然而,1975年宪法对地区层级政权的规定,并不意味着专区/地区层级地位问题的最终和彻底解决。1975年宪法是对"文化大革命"合法性进行肯定和维护的一部宪法,其实用工具性极为明显,对地区层权力机构的肯定,也只是对"天下大乱"后所形成的行政区划和行政层级局面的事后追认而已。事实上,该宪法对地方各级革命委员会的规定极为简单,也没有制定相应的组织法,对于地区层级的规定也只见于对地区人民代表大会任期的规定。由于地区革命委员会是在"文化大革命"初期造反的情况下,取代专署管理职能而建立起来的,这种取代和其革命委员会体制是不符合甚至违反1954年宪法法统的。作为维护"文化大革命"成果的1975年宪法,既然要肯定革命委员会体制,也就必须肯定地区革命委员会和省、县革命委员会一样是一个政府层级。因此,这一规定,并不意味着宪法起草者和通过者对专区/地区的层级地位等问题有着深入研究基础上的明确共识;事实上反而意味着,地区层级地位将随着政治形势的变化而变动。

---

① 《宪法资料选编》第一辑,北京大学出版社1982年版,第299页。

可以说,在"文化大革命"期间,地区是一个重要的行政单元,是省之下、县之上的一级政权机构和政府机构。地区革命委员会的建立,固然使"地区政府的原有管理体制和机构设置被完全打乱",①但各地的地区层级的革命委员会的建立,在那样一个特殊的时期,对于维护国家的安全和社会的稳定,其管理功能是不能否定的。据统计,到1976年年底,全国有174个地区。② 地区的设置和"文化大革命"前的专区设置情况大体接近。

考察这一时期地区层级制度的演变,具有如下特点:第一,地区革命委员会在事实上和法律上,均成为一级地方政府。如果说"文化大革命"前专署具有两种发展趋向,即一种向一级政府作用并逐渐向政府实级方向发展的趋向,另一方面是限制其向政府作用并向实级发展而仅维持其派出机构地位的趋向,那么,"文革"中地区革命委员会有这种非常的变动,从层级地位上看,倒是第一种趋向在特殊条件下发展的结果。第二,就地区层级的变动看,由专署改为革命委员会,由省派出机关改为省之下法定层级,较其他机构的变动更具有戏剧性,从破坏法统到为新法统所保障,法统的严肃性、神圣性却不能不打了折扣。第三,地区革命委员会就当时的国家体制的角度看,如同省、县革命委员会一样,显现不出自己的特色,然而,从这一法定层级的建立看,其影响似乎不应小视。20世纪80年代开始推行直至21世纪初的撤地改市和地市合并的改革,重新使地级市成为省之下、县之上的法定实级,未尝不是当年地区层级法定地位的翻版。第四,既然1975年宪法是非常时期的一部宪法,非常时期一结束,这部宪法的使命亦即完成,因之其对地区层级的规定自然也就失去效力。地区层级的性质和地位问题必然又被重新提出。

三、第三时期:1976—2000

"文化大革命"的结束,标志着中国开始由非常时期逐渐转入常态时期,

---

① 江荣海、刘奇等:《行署管理》,中国广播电视出版社1995年版,第98页。
② 陈潮、陈洪玲主编:《中华人民共和国行政区划沿革地图集》,中国地图出版社2003年版,第155页。

第三章 当代中国专员公署制到地区行署制的法制考察：演变（上）

而"文化大革命"时期的非常态思想及其行为，自然逐渐受到清理。在对"文化大革命"沉痛教训的反思和对"文化大革命""左"倾错误的清理和批判的基础上，人们对法律虚无主义的危害有了切肤之痛，对法制建设的重要性开始有了比较清醒的认识。正如邓小平所总结的那样，为了防止像"文化大革命"那样的历史悲剧重演，必须加强国家的制度和法律建设，"使民主制度化、法律化，使这种制度和法律不因领导人的改变而改变，不因领导人的看法和注意力的改变而改变"。① 具有思想转折意义的中共十一届三中全会，严正宣告加强法制建设的决心："必须加强社会主义法制，使民主制度化、法律化，使这种制度和法律具有稳定性、连续性和极大的权威，做到有法可依，有法必依，执法必严，违法必究。从现在起，应当把立法工作摆到全国人民代表大会及其常务委员会的重要议程上来。"② 由此，中国进入法制的全面建设时期。

正是在这样一种由"文化大革命"非常态时期向常态时期转型的条件下，1978年3月5日中华人民共和国第五届全国人民代表大会第一次会议通过的新宪法对地区层级的认识，又恢复了"文化大革命"前1954年宪法对专署作为省之派出机关的规定。1978年宪法第34条中对此规定："省革命委员会可以按地区设立行政公署，作为自己的派出机构。"③ 1979年五届人大二次会议通过的对宪法34条关于将地方各级革命委员会，更名为地方各级人民政府的修正，规定地区行政公署成为省政府的派出机构。于是，根据宪法，地区革命委员会先是撤销，恢复地区专员行政公署作为省革命委员会的派出机构，继而，因省革命委员会更名为省人民政府而成为省人民政府的派出机构。于是，地区行政公署被认为恢复到"文化大革命"前的状态。事实上，地区行政公署与"文化大革命"前的专员公署既有相同之处又有不同之点。其相同处，之一性质上都是省的派出机构，之二其行政首长都是专员和副专员；其不同处，之一由专区改为地区，之二专区专员的重心似乎在于

---

① 《邓小平文选》第2卷，人民出版社1994年版，第146页。
② 《三中全会以来重要文献选编》（上），人民出版社1982年版，第11页。
③ 《宪法资料选编》第一辑，北京大学出版社1982年版，第313页。

行政督察而地区专员的重心似乎更在于行政。就"地区"来说,由于党的领导机构"地委"和行政领导机构"地区行政公署"的"地区"概念的结合,使"地级"概念与"地级"行政事实相吻合。正是在这种情况下,"地级"概念真正形成并不胫而走,成为省级之下、县级之上的公认的一个行政管理层,包括作为一级行政区划建制的自治州、地级市和作为省(自治区)派出机构的地区(盟)。① 使用"地"这一概念作为省、县之间一个级别的概念,似应表明"地区"在这一层级中的规范性和代表性。然而,颇具讽刺意味的是,随着"地级"概念的流行,地区建制却在中国的行政区划中逐渐消失。这就是对当今中国行政区划和中国行政体系颇有影响的撤地改市和地市合并的改革。

"文化大革命"结束后,中共十一届三中全会确立了发展经济、向现代化发展的目标和道路。现代化的重要内容之一,就是走工业化和城市化的道路。而就地区管理层来说,原来的专员公署和1978年宪法后的行政公署的任务和职责,被定为以管理农业和农村为主,主要城市由省直辖或由专/地代管。这样,地区行政公署管理体制,被认为是一种城、乡分离的管理体制。这种管理体制,被认为不利于中国完成发展工业化和城市化的任务和目标。因之,这种行政管理体制必然被一种——被认为有利于发展工业化和城市化的——新的行政管理体制所取代。事实上,如前已所述,这种发展城市和以城市管理农村的思路,早在"大跃进"时期就已实践过,并且由全国人大常委会通过了关于较大的市可以领导县和自治县的决议,专区建制一度在某些省撤销,改为市领导县的市建制,只是由于"大跃进"的受挫这一进程才被迫停止和压缩。而在1980年代早期规划现代化发展的过程中,市领导县又被认为是一种优于地管县的体制。基于这样一种认识,1982年中共中央决定改革地区体制,推行市领导县体制,并以江苏为试点。1983年1月18日,国务院批准江苏省撤销所有地区,所属各县划归11个市领导。② 2月15日,中共中央、国务院发出《关于地市州党政机关机构改革若干问题的通知》指

---

① 戴均良:《中国市制》,中国地图出版社2000年版,第145页。
② 戴均良:《中国市制》,中国地图出版社2000年版,第148页。

第三章 当代中国专员公署制到地区行署制的法制考察：演变（上）

出,进行地市机构改革,指导思想上必须明确以经济发达的城市为中心,以广大农村为基础,逐步实行市领导县的体制,使城市和农村紧密地结合起来,促进城乡经济、文化事业的发展。主要办法是:实行地、市合并,由市领导县。① 在这一行政改革方针指导下,地区建制逐渐改制为市领导县建制。1983年年底,全国地区建制由1981年年底的168个减少到138个,到1986年减少到119个,到1998年年底减少到66个;而地级市随之增加,1982年实行市领导县体制的地级市只有55个,到1983年年底由于推行地改市改革实行市领导县体制骤增到126个,1986年年底地级市增加到166个,到1998年年底地级市增加到227个,至此,市和自治州管辖的县数占全国县总数的70%,地区管辖的县占30%。② 可以说,市领导县体制基本取代了地区管理体制。

从法制上看,市领导县的体制的实施,应该说有其法律上的依据。如前所述,早在1959年,全国人大常委会制定的关于直辖市和较大的市可以领导县的规定,是该体制推行最早的法律依据。继而,1978年宪法在第三节第三十三条关于"中华人民共和国的行政区划"中,也规定"直辖市和较大的市分为区、县"。③ 至1982年宪法第一章第三十条关于"中华人民共和国的行政区划"中,同样规定"直辖市和较大的市分为区、县"。④ 市分为区乃市之通例,市分为县在最初实施时应为特例,如最早关于"直辖市和较大的市可以领导县"规定中的直辖市和"较大的市"在全国毕竟是极少数,而以后宪法中关于"较大的市分为区、县"中"较大的市"亦仍为少数。同时,应注意的是,所谓"较大的市"这一概念的标准,应有其客观依据,如城市的工商业发展的

---

① 马齐彬等:《中国共产党执政四十年》,中共党史资料出版社1989年版,第503页。
② 中华人民共和国内政部编:《中华人民共和国行政区划简册》,地图出版社1982年版,第1—3页;中华人民共和国民政部编:《中华人民共和国行政区划简册》,地图出版社1987年版,第1页;戴均良:《中国市制》,中国地图出版社200年版,第148页。地级市总数(含不领县的地级市)1982年有112个,1983年有144个。陈潮、陈洪玲主编:《中华人民共和国行政区划沿革地图集》,中国地图出版社2003年版,第154—156页。
③ 《宪法资料选编》第一辑,北京大学出版社1982年版,第313页。
④ 《十二大以来重要文献选编》(上),人民出版社1986年版,第226页。

规模和水平、人口的数量、历史地位和地理区位等；而且，从字面意义上看，"较大的市分为区、县"，应是对这类城市发展到这种"较大"程度，以致必须将其划分为区、县单元，否则不利于城市管理状况的规定。从"较大的市"分为县这一法律规定看，理解为"市管县"、"市领县"也未尝不可，因为市既然分为县，当然也就管理县、领导县。但是严格说来，市分为县，应和全国分为省、自治区、直辖市，及省、自治区分为自治州、县、自治县、市一样，是由于现有辖区幅度过大的缘故，而不得不再划分次级行政管理单元。然而事实并不是这样，现有的市领县恰恰不是市现有辖区管理幅度过大，在原有市区基础上划分县级行政单元，而是撤销原有地区建制，使原地区辖县或部分辖县拨划给该区域某一市（该市往往不一定具备较大的市的诸客观条件）。从这一意义上说，地改市或地市合并与宪法的该条规定似乎又不完全吻合。

进而言之，在中国的行政区划管理体系中，已经形成一个普遍的正式介于省和县之间的行政层级——地级市。然而，严格地说来，这一层级的设置和现行法律的规定似乎仍是有所偏离的，这一点，却为论者有意或无意地忽视。我们知道，在中国的法定地方行政层级中，在"一般"来说，在县之上只是省及和省同级的自治区和直辖市，请看宪法第三十条关于中华人民共和国行政区划的规定：

（一）全国分为省、自治区、直辖市；

（二）省、自治区分为自治州、县、自治县、市；

（三）县、自治县分为乡、民族乡、镇。

直辖市和较大的市分为区、县。自治州分为县、自治县、市。

自治区、自治州、自治县都是民族自治地方。[①]

由宪法所规定的行政区划可知，地方行政区划省、县、乡体系是全国行政区划的通例，直辖市、自治区、较大的市、自治州、自治县、自治乡等乃是特

[①] 《十二大以来重要文献选编》（上），人民出版社1986年版，第226页；《宪法配套规定》，中国法制出版社2004年版，第7页。

第三章　当代中国专员公署制到地区行署制的法制考察:演变(上)

例。就此规定看,省、县、乡三级无疑是行政区划的主体。在宪法中,较大的市分为县和自治州分为县应是一样的性质,显然是作为特例来处理的。此外,从宪法第九十五条关于地方各级人大及政府的组织的层级系"省、直辖市、县、市、市辖区、乡、民族乡、镇设立人民代表大会和人民政府"的规定①看,地方政权的层级也只能理解为省之下为县。即使从宪法第五节"地方各级人民代表大会和地方各级人民政府"中的各条以及相关的《中华人民共和国地方人民代表大会和地方人民政府组织法》第四章"地方各级人民政府"各条来看,也找不到关于"设县的市"的规定。然而,问题是"较大的市"分为县的特例,在省县管理事实中却成为主体,②已经成为公认的省县之间的一个正式层级——地级市,在事实上与宪法关于地方行政层级的规定不能说没有偏离甚至矛盾的倾向。

　　与地级市崛起相联系的,是地区行政公署的地位和趋向问题。如前所述,1978年宪法中有关于地区行署为省之派出地位的规定。1979年7月1日关于地方各级人大和地方政府组织法中规定,在省、自治区的人民政府在必要的时候,经国务院批准可以设立若干行政公署作为它的派出机关。③ 而在1982年宪法中,对省的这一派出机关却没有规定,似乎表明地区行署地位的某种变动。而以后对该组织法的修正,又改为"省、自治区的人民政府在必要的时候,经国务院批准,可以设立若干派出机关",④将省派出机关"行政公署"的组织名称也予以省略。联系到自1980年代早期开始至今的地改市进程,地区行署在法规中的这些变动,与地区行署在地市改革中的地区的实际状况似乎有某种程度的联系。就是说,随着地区建制在一定时期内只在

---

　　① 《十二大以来重要文献选编》(上),人民出版社1986年版,第243页;《宪法配套规定》,中国法制出版社2004年版,第17页。
　　② 戴均良先生认为,"地级市已经成为地级管理层次的主体"。见戴均良:《中国市制》,中国地图出版社2000年版,第164页。由于地级市作为较大的市在县之上的法律地位是为宪法所肯定的,所以地级市和省一样,分别成为该层级的主体,地级市乃处于在县之上虽为宪法所肯定,而作为省县之间一个一般层级又未为宪法肯定的尴尬境地。
　　③ 《宪法资料选编》第一辑,北京大学出版社1982年版,第356页。
　　④ 《宪法配套规定》,中国法制出版社2004年版,第61—62页。

某些特定地区保留而成为"特例",从法规上弱化这一制度是很自然的①。

随着地级市取代地区行署成为中国省、县之间的正式管理层级,中国的行政层级逐渐由省(自治区)—县—乡三级制演变为省(自治区)—地级市—县—乡四级制。虚级的地区建制尽管绝大部分被撤销,但实级的"地级市"层级正在成为省、县之间管理层的主体。这种改革和曾经中断了的"大跃进"期间的实行的地改市改革相似,又和"文化大革命"中实行的地方行政四级管理体制(省—地区—县—公社)相类。就民国以来中国的行政层级改革来说,改革幅度和频度最大的,应该数省县之间的这一层次了。北洋政府时期废州府而存道,南京政府初期依据孙中山先生遗教废道而采地方省、县二级制,继而又改制为在省、县之间设置虚级的省之辅助机关行政督察专员公署以补省、县二级制之不足。抗日战争时期在国共合作的条件下中国共产党领导的各抗日根据地边区政府与县政府之间,亦普遍地采用了行政督察专员区公署制度进行地方行政管理,中华人民共和国建立后,又经历了从专署到地区革命委员会,再到地区行署,而至地级市为主体的演进和改革。从民国道制改革和行政督察专员区公署制,到建国后的专署到行署再到地级市的改革表明,在中国现有省区过大的情况下,在省、县之间设立一个中间管理层绝不是可有可无的,而是必要的。问题只是,这一中间层是派出的虚级性质,还是正式的实级性质;是一个庞大的管理层,还是一个精干的管理层;宪法给予其地位,还是不给其地位;是在一个特定时期存在,还是长期存在。民国以来以至当下有的论者

---

① 有的学者认为,自1979年7月五届全国人大二次会议通过《地方各级人民代表大会和地方各级人民政府组织法》将地区行政公署作为省、自治区人民政府的派出机关,"此制度延续迄今,并无改变,只是自1983年以来,在经济比较发达的地方实行'地市合并'、由市管县的体制,从而撤销了一批地区和行政公署"。见孟鸿志等著:《中国行政组织法通论》,中国政法大学出版社2001年版,第91—92页。全面考察地区行署制度,自1979年,变化不仅有实践层面的,也有法律制度层面的。根据有关专家的权威意见,地区行署建制"能撤的应尽可能地撤掉。但民族地区需特别慎重。内蒙古相当于地区的盟,中央有明确政策规定保留不变。新疆、西藏的地区设置问题更要慎重对待。……在划小省区之前,这里地区管理层的存留对边疆的稳定具有重大影响,除符合撤地设市条件的地区可撤地设市外,其他地区应继续保留"。见戴均良著:《中国市制》,中国地图出版社2000年版,第163页。这里,本来在全国绝大部分地区实行的地区行署制度,演变为在一定时期内只在个别特殊地区保留的行政建制。

第三章 当代中国专员公署制到地区行署制的法制考察:演变(上)

认为,省、县之间的这一管理层应是一个在一定时期存在的尽量精干的虚级管理层,这个"一定时期"就是在人们预设的省区缩小之前。事实上,如果说民国时期的专署越来越向一级政府发展的话,那么建国后的专署在事实上基本上成为一级政府,而地区革命委员会就更是一级合法的政府;地级市改革的出现,与其说是1980年代早期发展经济所使然,毋宁说是自民国以来的省、县间管理层内在驱动使然。因此,在笔者看来,地级市为主体取代地区行署,只是在形式上取消了地区行署,而在实质上恰恰是使地区行署以合法的形式进行区域管理的一种新形式和新的阶段,就像地区行署取代专署,就管理层级来说,只是名称的更换和发展的阶段不同而已。[①]

考察这一时期地级层制度的演进,有如下特点和问题:第一,在从地区革命委员会改制为地区行署再到地区改市的过程中,制度的合法性是思考问题的重点和关键。[②] 但在制度改革中,是否与法律完全吻合则是另外的问题。第二,地级层的改革似乎主要是从便于行政管理问题的角度思考的,对行政区划层级结构问题考虑较少,因而到地级市成为地级管理层的主导地位后,人们对行政层级的增加问题又导致了对地级市体制的质疑和讨论,[③]

[①] 有的学者甚至认为,地市合并以后,"名义上消失的'行署'实际上将以合法的一级政府身份,更加有力地发挥作用"。见江荣海、刘奇等:《行署管理》,中国广播电视出版社1995年版,第259页。

[②] 地改市这样的一种改革之所以受到各方欢迎,有的论者也从合法性的角度解读:"既然省县之间确实需要一个层次,而准层次的地区又总是成为层级结构调整的众矢之的,现在出现一个《宪法》确认的市领导县的体制取代地区那种不稳定状态,当然受到各方面的欢迎。"陈小京等:《中国地方政府体制结构》,中国广播电视出版社2001年版,第171页。

[③] 有的论者指出,"在省县之间以国家基本法确认的市领导县来取代地区代管县,只适应经济发达地区对城市和乡村实行一体化领导。市领导县体制在当前条件下,不太可能完全取代地区而成各省县之间层级调整的唯一归宿。问题的关键在于如何安排理顺层级结构的组合关系,而不在于采用何种形式。如果认为省县之间不应该有一级正式层次,那么不仅地区不能变实层次,市领导县体制的存在也就有了问题;反之,如果认为省县间应该有一级正式层次,不仅市领导县的存在合理,而且地区由虚变实也是合理的。"见陈小京等:《中国地方政府体制结构》,中国广播电视出版社2001年版,第173页。还有的论者在肯定市领导县体制的作用的同时,又指出,"肯定市领导县体制的积极作用,并不等于说市领导县体制十全十美,没有缺陷,相反,这个体制作为过渡性体制不仅将来随着形势的发展会日渐不适应,就是现阶段也有很多需要注意改进和完善的地方";而且,"从长远的发展趋势看,省县之间的中间层应该逐步取消"。见戴均良:《中国市制》,中国地图出版社2000年版,第153、162页。

认为地级市体制本身也应是一个过渡性的并最终将要取消的建置。第三，就地改市这一改革而言，主要是行政层级和行政区划的改革。行政层级和行政区划是一种国家制度，是由宪法和相关法律所规定的。因此，这种改革，应经过一定的立法程序批准或授权，并制定具有明确、具体的关于改革内容、范围、过程、目标的具有法律性质的方案，以法律作依据，保证国家制度的统一性、连续性和严肃性。而起自 1983 年的地改市改革，仍是一种政策性的改革，改革前没有制定这一改革的法律、法规，改革过程中亦没有出台相关条例，改革至今在宪法和相关组织法中没有人们常说的"地级市"概念，甚至在相关组织法中的关于"地方各级人民政府"的规定"市"中只有"直辖市"、"设区的市"和"不设区的市"三种概念，①没有"设县的市"或"设区和县的市"的概念。就制度来说，其变革的依据必须是法律。没有法律就没有国家制度。因此，无论地级层存在还是撤销，最终还是由法律来裁决。第四，这一时期由于地市合并的事实，讨论地区行署的演变不能不讨论地级市问题，使得地区行署的演变与地级市的设立成为一个问题的两个方面，以至笔者探讨地区问题必然将地级市的设立与演变亦加以考察，这是需要提请读者理解的。

四、余　　论

从专区行政督察专员公署到地区行政专员公署以及由地区到地级市的演变，反映了省、县之间管理层级、管理模式的复杂的探索过程。和省、县级稳定的层级和管理模式不同，省、县之间管理层级的设置问题和管理的模式几经演变。其原因之一是，从现代中外行政区划和管理的比较中，大多趋向于认为应该取消这一行政层级，而在事实上由于省级区划过大而又不能不设置所致。对于这一层级的认识和决策，主要是政治的和行政的，法律只是

---

① 参见《中华人民共和国地方各级人民代表大会和地方各级人民政府组织法》第四章"地方各级人民政府"，《宪法配套规定》，中国法制出版社 2004 年版，第 59—62 页。

第三章 当代中国专员公署制到地区行署制的法制考察:演变(上)

政治或行政的简单工具。事实上,如果在决策时能进一步从行政组织法的角度对这一层级进行相应的研究和考虑,这一层级的演变可能要相对稳定,其变动的行政成本就会大为降低和减少。

从建国后由专区到地区的发展演变中,我们看到省、县之间这一层级扑朔迷离的变动历程。从法制的角度看,省、县两个层级的政府组织比较明确,其法律地位和现实层级地位比较稳定,相比较而言,介于省和县之间的专/地这一层级的组织法规却十分笼统乃至模糊。"文化大革命"前专区制的变改与市领县的推行等就是这种模糊认识的一种表现。如果是专区,省、县之间就是一层虚级;如果是市领县,省、县之间就是一层实级。在省、县之间究竟是需要一个实级好还是一个虚级好,这一问题在理论上没有解决之前,就不应盲目地急于用谁取代谁。诚然,省、县间层级虚、实之较量由于"大跃进"受挫折而暂停。① 而"文化大革命"期间,索性径直推行全国一律的革命委员会制,而且1975年又在宪法中将地区革命委员会作为省下县上的一级政府入宪。这样,自然也就没有了虚、实之争。事实上,那时人们的观念里,都是阶级斗争问题,没有法制观念,在很大程度上就可能没有行政层级虚实之区分。然而,"文化大革命"结束后,法律观念勃兴,省、县之间是否需要实级的问题,又重新提出。甚至,省、县之间既不需要虚级也不需要实级的主张,也日趋走高。省、县之间需要虚级地位问题的彰显,使地区于1978年宪法中变为省之派出机关;省、县之间需要实级地位问题的观点,使市领县、市管县体制改革得以推行;省、县之间既不需要虚级层也不需要实级层主张,对已为省、县之间层级主体的地级市管县体制提出质疑和批评,进而主张缩小省区、推行省、县两级制,其影响在学术界和舆论界不可小视。②

---

① 当然,市领县体制的推行也有发展经济、推行城市化战略的意图。
② 1980年代前期市管县体制推行伊始,就有学者从法律角度探讨市管县问题和地区行署问题,认为"1982年宪法对我国三级行政区域的法律地位的规定是十分明确的",对市管县问题和地区行署法律地位问题及改革提出了自己的看法,指出,在今后一个相当时期内,还会有地市两种机构并存的体制,地区行署改革要逐步精简地区机构,恢复它的派出机关的法律属性;市管县改革要分阶段、分步骤地实施,并提出了"加强行政区划立法"的建议。见程千远:《从行政区划的法律地位探讨市管县的体制改革》,《中国法学》1984年第3期。该文作者的观

153

上述问题的出现,从一个侧面反映了中西行政文化、法律文化会通、融合的事实。我们知道,中国历史上的行政制度,虽然有实级与虚级之存在,但并未有虚级与实级概念的区别,当然也就不会有设置实级或虚级的争议。而且,中国自汉、唐实行三级制后,基本上为历代相承,甚至有实行四级制之趋势。然而,近代中西接触、西方文化知识输入中国后,在行政制度上,反观西方国家的行政理论和行政法学理论及其行政实践,中国从国体到政体推行以西方式样为标准的政治改革。迄至民国,在地方政府制度改革方面,参照西方地方行政制度,始有在全国实行省、县两级制之主张,而孙中山先生在其《建国大纲》中力主省、县两级制就是一例。而在当时中国省区过大的情况下,实行省、县两级制又与政情不合,故遂有缩省之主张和在现有情势下先在省、县间设虚级管理层以为缩省之过渡的主张与实践。所以有这样一些问题,乃是由于西方行政学理论和行政法学理论与中国行政制度相结合,对中国传统行政制度改造和更新的产物。这些问题,在建国后至改革开放之前的历史时期虽然存在,如专/地地位的虚、实之现实变动,但整体而言

点是很有见地的。但作者似乎忽视了如果市管县体制分阶段、分步骤实施后的结果是取代或基本取代了地区建制,则在行政区划上成为四级制,与宪法规定的省、县、乡三级的明确规定岂不是违背的呢? 而市管县体制推行的结果正是基本形成了行政区划上的四级制,所以在21世纪到来之际,学界又从行政区划的角度纷纷指出推行20余年的市管县体制缺乏法律依据、与宪法规定的行政区划三级制不符、市管县徒增层次导致行政管理低效等问题,并多提出缩省主张。其观点主要可参见:黄胜林:《市管县体制的法律挑战》,《中国方域》2002年第5期;宫桂芝:《地级市管县:问题、实质及出路》,《理论探讨》1999年第2期;孙学玉、伍开昌:《当代中国行政结构扁平化的战略构想——以市管县体制为例》,《中国行政管理》2004年第3期;周克瑜:《反思我国"市管县"体制》,《现代城市研究》2000年第5期;何显明:《市管县体制绩效及其变革路径选择的制度分析——兼论"复合行政"概念》,《中国行政管理》2004年第7期;陈晋肃:《21世纪中国行政区划体制改革的问题与出路——刘君德教授访谈录》,《探索与争鸣》2002年第4期。除正式发表在学术刊物上的论文外,尚有大量有关文章发表在相关的网站上,形成讨论的热点。相比较而言,市管县体制试行之初,对这一体制的可行性、利弊等相关问题的研究和论证就显得甚为薄弱,1980年代前期至1990年代中期这方面的成果主要仅有程千远的《从行政区划的法律地位探讨市管县的体制改革》(《中国法学》1984年第3期)、毛寿龙的《中国地级政府的过去与未来》(《安徽教育学院学报》1995年第2期)等。值得注意的是,上述文章虽然多涉及相关法律理论,但真正从法学领域探讨上述问题的文章却并不多,可见这一问题并未为法学界所重视,这也应是地级层改革出现问题和波折的原因之一。

第三章 当代中国专员公署制到地区行署制的法制考察:演变(上)

尚未在理论、学理层面形成问题意识。改革开放后,在思想解放的大潮中,海外学术思想如汹涌的浪潮涌入国内,中西文化重新交融,深刻地冲击和影响着中国的学术界和思想界。在这种学术思潮的转变中,西方的现代行政学和法学理论和知识又被介绍、吸收到国内,在借鉴西方现代相关理论的同时,逐渐形成了具有中国自己特色的行政组织法学理论和行政学理论。伴随着改革开放以来的中国行政制度和体制改革,从现代法学理论和行政学理论的视野来观察中国的行政制度和体制,地级层次的虚实问题、缩省问题、市管县的合法性问题逐渐被理论界和学术界所关注,并在某种程度上影响着中国的行政制度改革的进程和走向。

笔者认为,专/地这一层级的虚、实问题乃至存废问题,与省制的改革相联系。在中国市民社会未发育成熟、地方自治制度未实施之前,尚不宜全面推行缩小省区的改革。既然现有省区过大,在省县之间设立地级层的地区与地级市都是必要的。当然,从法律的观点上看,它们的实际地位与法律地位必须是一致的。法律对行政组织的重要制约和保障作用,到了应该引起充分的重视的时候了。

第四章 当代中国专员公署制到地区行署制的法制考察:组织(中)

从专区行政督察专员制到地区行政专员制的演变,经历了极其复杂、曲折的发展过程。在此情形之下,要理清这一层级组织的内貌及其发展变化,诚非易事。然而,组织可以说是制度的核心成分,没有组织,法制问题也就无从谈起。因此,这一层级的组织又是不能不研究的问题。由于其组织发展变化的幅度甚大,有必要根据不同时期加以探讨。

一、第一时期:1949—1966

中华人民共和国建国后设置的行政督察专员公署这一组织,是对建国前根据地时期该制度的沿用。然而,由于建国初期百废待兴形势的需要,专员公署的组织机构设置的增加成为趋势。

1949年10月,安徽阜阳专员公署成立时,专署内设秘书室、民政科、建设科、公安局等14个科局,到1956年机构增加到28个。1956年该专署行政编制据称只有26人。[①] 专署机构的设置比抗战时期中共领导的根据地专署的组织有所增加,但行政编制未见增加,实值得注意。1957年机构精简时

---

① 江荣海、刘奇等:《行署管理》,中国广播电视出版社1995年版,第96页。值得注意的是,此处行政人员26人,而行政机构28个。

第四章 当代中国专员公署制到地区行署制的法制考察:组织(中)

内设机构8个,大跃进期间又有增加,1961年后因经济困难又压缩精简(到1962年年底共设工作机构27个),1963年后随经济形势好转又增设科局,到1966年5月专署共有工作机构34个,行政编制240人。

河南陈留专署1949年3月至9月时内设秘书室、民教科、财粮科、税务局、工商科、公安处、司法科、河务局等11个职能机构。① 而从1949年9月到1952年6月间,陈留专署又于1950年1月增设供销社,1950年5月将财粮科分设为财政科和粮食局,1950年8月成立治淮指挥部,1950年9月成立财政经济委员会,1951年7月成立人事科和卫生科,增加了6个机构。②

郑州专署1949年5月时有秘书室、财政科、民政科、税务局、公安处诸职能部门,后"随着形势的发展和实际工作需要,郑州专员公署工作机构不断增设和调整"。③ 1949年7月设立邮电局,1949年12月设立教育科(1952年12月为文教科取代),1950年1月设立中国人民银行郑州中心支行,1950年5月设立实业科(不久改为建设科,后改农林科),1950年7月设立供销社,1951年3月设立工商科,1951年8月设立人事科,1951年9月设立卫生科,1951年10月设立财政经济委员会,1951年12月设立粮食局,1952年2月设立物资管理局,1952年7月设立监察处,1952年8月设立治淮指挥部,1952年10月设立计划统计科,1952年11月设立糖烟酒专卖处和工业管理处,1953年3月设立林业科,1953年6月设立水利科,1953年8月设立黄河航运处,1953年11月设立商业科和黄河修防处,1954年5月设立手工业管理处,1954年7月设立交通科。即从1949年5月以后至1955年4月之前,又增加了23个职能部门④。

---

① 《中国共产党河南省开封市组织史资料》(1922—1987),中共党史出版社1992年版,第61—62页。

② 《中国共产党河南省开封市组织史资料》(1922—1987),中共党史出版社1992年版,第394—396页。

③ 《中国共产党河南省开封市组织史资料》(1922—1987),中共党史出版社1992年版,第397—398页。

④ 《中国共产党河南省开封市组织史资料》(1922—1987),中共党史出版社1992年版,第397—401页。

郑州专署1955年4月改名为开封专署。① 开封专署1955年4月到1966年5月间组织机构有很大的增加和调整。开封专署在原郑州专署的机构的基础上,1955年4月设立司法科(1958年12月撤销)、财贸委员会、人民武装委员会(1958年12月撤销)和编制委员会(1960年2月曾撤销,后于1960年5月重设),1956年1月设立计划委员会和采购局(1957年1月撤销),1956年3月设立盐务局(1957年1月撤销)和水利建设委员会(先是1958年12月撤销,1959年11月又恢复,后于1960年11月又撤销),1956年3月水利科改为水利局,1956年6月农业科和林业科合并成立农林局(先于1956年1月建设科改为农业科;1960年1月该局撤销),1956年12月财政科、税务局、保险公司合并成立财政局,1957年1月设立服务局(1958年4月并入商业局),1957年8月商业科改为商业局,1958年1月交通科改为交通局,1958年3月工业处与手工业管理处合并成立工业局,1958年4月文教科改为文教局(1959年1月份设文化局、教育局,1960年10月文化局、教育局、业余教育委员会合并成立文教局,1963年3月撤销),1958年12月卫生科改为卫生局(1962年1月卫生局改为卫生处),1958年12月设立统计科(1960年10月统计科并入计划委员会),1959年1月设立体育运动委员会、宗教事务处、经济委员会(1960年10月与基本建设委员会合并为经济建设委员会,1962年3月撤销。1962年3月又重设经济委员会)和基本建设委员会(1960年10月经济委员会同基本建设委员会合并,建立经济建设委员会。1962年3月经济建设委员会撤销),1959年1月工业局分设重工业局(1962年3月撤销)、轻工业局(1962年3月撤销)、化学工业局(1959年10月撤销)、建筑工程局(1961年12月撤销),1959年2月设立科学技术委员会,1959年6月劳动科改为劳动局(劳动科先于1956年1月设立;劳动局后于1961年5月改为劳动处),1959年6月设立档案管理处,1960年2月农林局改设为农业局、林业局和畜牧局(1960年10月畜牧局并入农业局),1960年3月设立爱国卫生运动委员会(1961年12月撤销),1960年7月民政科改为民政局,

---

① 1954年10月郑州专署驻地由荥阳迁至开封市。

第四章　当代中国专员公署制到地区行署制的法制考察:组织(中)

1960年7月设立民族事务委员会,1960年10月设立物资供应局(1965年2月并入开封市物资局),1960年10月人事科改为人事处,1960年11月设立农林水利委员会(曾于1961年9月撤销,1965年3月又恢复)和文教委员会(1961年9月撤销),1961年6月商业局分设第一商业局(1961年9月撤销)、第二商业局(1961年9月撤销)、对外贸易局,1961年6月设立手工业管理局(1965年7月改称第二工业局),1962年2月设立冶金煤炭工业局(1962年3月与轻化工业局合并,建立工业局),1962年9月设立煤炭矿务局和中国人民建设银行开封专区支行,1962年10月设立统计处,1963年3月文教局分设文化局和教育局,1963年9月设立农业机械管理局,1964年1月设立中国农业银行开封专区中心支行(1966年1月合并于中国人民银行开封专区中心支行),1965年2月设立工商行政管理局。[1] 其间,调整和增设机构50多个,主要情况是科改局和增加新的局、处、委员会。统计上述增、合、撤、改的情况,可知增加机构47次、扩改机构12次、撤销机构26次,调整、增撤的次数十分频繁,增而又撤、撤而复增、合而又分、分而复合之例甚多。就增、撤的年份来说,因1957年机构改革和专区派出法律地位问题影响及1961年经济困难影响而撤销机构较多外,其他时间主要是增加或扩改机构,这种状况和安徽阜阳专署的情况大体相当。

这一时期专署机构扩张和膨胀的状况比民国时期要严重得多。民国时期无论根据地的专署或是国民政府的专署,机构都是简易型的。之所以如此,除了因战争影响财政经济困难外,专署机构有明确、具体的专署组织法规和编制的约束应是重要的原因。而这一时期,作为掌握全国政权不久的中国共产党尚缺乏成熟的治国经验,缺乏用法律管理国家和社会的理念与习惯,甚至忽视和鄙夷以法律治理国家和社会的做法。从这一时期专署机构的设置情况看,其法制依据只有1950年6月政务院编定的《关于统一全国各级政府党派团体员额暂行编制(草案)》中,关于专区、盟等设秘书科、民政

---

[1] 《中国共产党河南开封市组织史资料》(1922—1987),中共党史出版社1992年版,第404—417页。

科、公安处、财政科、工商科、建设科、文教科、卫生科等机构的规定,但这一草案后来实际上显然并未真正执行。这种忽视法制的状况,势必给行政组织的发展造成不良的后果和影响:(一)对形势的判断和认识因人而异、因时而异,以致造成机构调整和增撤的随意性,也就人为地造成了组织制度和管理的混乱;(二)机构调整和增撤频繁,政府机构改革缺乏综合和长期的计划,不利于政府机构的稳定和有序地发展;(三)机构的增加和膨胀,使得专署机构庞大,人浮于事,官僚作风滋长,工作效率低下;(四)专署的膨胀使得冗员不断增加,造成了不必要的财政负担,引起社会和人们的不满。"文化大革命"初期群众"踢开"政府的行为除了受"左"的思潮的影响这一因素外,"文革"前政府机构改革的随意性、缺乏法制性、官僚主义等问题给人们的潜在心理影响,从专署机构过度增长这一"叶"亦可略知"秋"色。正因如此,毛泽东在"文化大革命"中多次强调"精简机构"问题①,而"文革"中过于简陋的机构设置,似亦可看作是对"文革"之前机构臃肿设置状况的反拨。

---

① 如毛泽东在发动"文化大革命"之际的1966年8月26日在对国务院副总理兼公安部长谢富治关于公安部机关精简问题报告的批语中批示道:"印发政治局各同志研究。我看这个设想是好的,应在下一次会议上谈一下。"谢富治1966年8月25日就公安部精简问题在给毛泽东的报告中说,拟将现有的12个局合并为6个,90个处合并为30多个,行政编制由1400多人减到400多人,最后争取减到二三百人。见《建国以来毛泽东文稿》第12册,中央文献出版社1998年版,第110页。在当时的情况下毛泽东尚能注意机构精简问题,足见"文化大革命"与精简机构的微妙关系。又如在1968年建立地方各级革命委员会的过程中,毛泽东在总结"国家机关的改革和革命委员会的基本经验"问题时说,"国家机关的改革,最根本的一条,就是联系群众"。"革命委员会要实行一元化的领导,打破重叠的行政机构,精兵简政,组织起一个革命化的联系群众的领导班子"。见《建国以来毛泽东文稿》第12册,中央文献出版社1998年版,第477页。在毛泽东最看好的"文化大革命"的政权机构"革命委员会"上述议论中,似可以将其概括为两个原则和一个目标,两个原则一个是一元化的原则,另一个就是精兵简政的原则,其中"打破重叠的行政机构"只是实行"精兵简政"原则的一项措施或途径,其目标是"组织起一个革命化的联系群众的领导班子"。在毛泽东看来,似乎上述问题是有机联系的,一方面,一元化与精兵简政是相辅相成的,只有精简的机构才能实行一元化的体制,只有实行一元化的领导体制也才能真正做到精简;另一方面,也只有实行了精简和一元化,才能真正联系群众,只有联系群众才能是革命的委员会。后来,毛泽东又把"精简机构、改革不合理的规章制度、下放科室人员"作为开展"文化大革命"的一个必经阶段。见《建国以来毛泽东文稿》第12册,中央文献出版社1998年版,第532页。这一认识也似乎反映了精简机构与"文化大革命"的微妙关系。

第四章　当代中国专员公署制到地区行署制的法制考察：组织（中）

二、第二时期：1966—1976

"文化大革命"开始后，随着造反派的冲击和夺权，社会处于造反派各自为政的无序状态，专署领导机构及其职能部门处于瘫痪、半瘫痪境地。而事实上，专署领导机构和职能部门的权力为造反派所夺取，但主要是开展政治上的阶级斗争，无法进行正常工作。在全国地方各级行政区相继建立革命委员会的情势之下，专区的革命委员会相继建立，在建立革命委员会的过程中，专区先后改称地区。地区革命委员会和专署不同，不是省的派出机关，是一级地方政权（政府），其成立须经过大军区或省军区和或省革命委员会的批准，1975年宪法将其定为正式一级政权机构。

河南省开封专署领导机构在"文化大革命"开始后受到冲击，至1966年年底陷于瘫痪状态。在1967年1月掀起夺权风暴后，专署领导机构被造反派夺权，专署机构停止正常工作。经过无序夺权后，1967年12月10日成立开封地区革命委员会筹备小组，1968年1月7日经武汉军区临时党委批准，1968年1月14日开封地区革命委员会正式成立。地区革命委员会成立初期，根据一元化领导体制和精兵简政原则，革委会（革命委员会的简称）下设四大组：一是办事组，二是政工组，三是生产指挥组，四是保卫组。这四大组取代了原地委和专署各机构的职权。这显然是在非常情况下设置的一种过于简陋的管理体制。到"文化大革命"后期，四大组体制于1973年4月被正式取消，在此前后，原有的一些常设职能部门又得以恢复。1968年4月设立开封地区黄河修防处革命委员会，1969年4月河南省交通厅黄河航运管理处革命委员会改名为开封地区黄河航运管理处革命委员会，1969年12月设立开封地区邮政局、电信局，1970年1月设立计划委员会、工业局（1974年1月撤销）、商业局、财政局、农业局（1973年12月改称农林局）、文教局（其间，1973年12月分设文化局和教育局，1975年3月撤销两局，重建文教局），1970年2月设立交通局，1970年11月设立水利局（1973年12月改称水电局），1971年9月设立爱国卫生运动委员会，1971年10月设立卫生局，1972

年3月设立机械局(1973年12月撤销)、粮食局(1975年3月撤销),1972年6月设立民政局(1973年撤销),1972年8月设立公安局,1973年3月设立供销合作社,1973年4月设立地革委办公室(同时地革委办事组撤销),1973年6月设立地区建设银行革命委员会,1973年10月设立计划生育委员会、对外贸易局(1975年3月撤销),1973年12月设立第一工业局(1975年3月撤销)、第二工业局(1975年3月撤销)和第三工业局(1975年3月撤销)、煤炭化工局(1974年3月撤销)、手工业管理局(1974年3月撤销)、税务局(1975年3月撤销,业务由财政局管理)、民劳局、科学技术委员会(1975年3月撤销)、文化局(1975年3月撤销)、教育局(1975年3月撤销)、中国人民银行开封地区革命委员会中心支行,1975年3月设立重工业局、轻工业局。①由上述可知,自1970年1月地区革命委员会设立6个局、委起,到1973年12月一次恢复11个机构,前后有不小调整,到1976年10月有22个局、处、办、委,大体具备了对社会进行全面管理的各职能机构,和"文化大革命"初期的"四大组"已截然不同。

河南信阳地区的情况和开封地区的情况比较接近。1968年年底以前信阳专署工作部门尚能继续发挥其职能作用,1967年1月夺权风暴后,各部门逐渐陷于瘫痪状态。信阳地区革命委员会成立,下设办事、政工、生产指挥、保卫四大组,取代了原专署和地委工作机构。1969年年底地区革命委员会陆续恢复和建立了一批委、局等工作部门,到1972年后全区政府工作机构才相继恢复,1973年3月地区革命委员会四大组撤销,职能部门渐趋全面。据统计,到1976年10月,信阳地区革委会有工作机构25个。②

安徽阜阳地区的情况与上述情况亦大致相近。1966年年底以前,虽然阜阳专署机构受到冲击,但尚能开展工作。1967年初夺权风暴后,阜阳地区的造反组织进行非法夺权活动,专署无法开展正常工作,被迫处于瘫痪、半

---

① 《中国共产党河南省开封市组织史资料》(1922—1987),中共党史出版社1992年版,第438—446页。

② 《中国共产党河南省信阳地区组织史资料》(1925—1987),河南人民出版社1992年版,第357—366页。

第四章 当代中国专员公署制到地区行署制的法制考察:组织(中)

瘫痪状态。1967年4月成立了过渡性的"阜阳地区抓革命促生产第一线指挥部"。1968年7月经安徽省革命委员会批准,阜阳地区革命委员会成立,下设办事、政治工作、生产指挥和人民保卫四大组,取代了原党政工作机构。延至1975年,全省各级党政机关进行了全面调整和定编,撤销四大组,恢复设立局、部、委、办等机构。①

这一时期地区机构的设置以服务、服从"文化大革命"的需要为特征。"文化大革命"初期简单的组织机构,是为进行革命夺权这一主要目标服务的。此时地区革命委员会下设四大组,四大组之下,各组再分设立若干职能小组。以1968年年初河南驻马店地区革命委员会下设的办事组、政工组、保卫组和生产指挥部四大组(部)为例,其办事组下设秘书组、行管组,政工组下设组织组、宣传组、群团组、地直组,生产指挥部下设农林水组、工交组、财贸组、计划组、民卫组、知识青年上山下乡安置办公室、文教组、银行,保卫组1971年2月改为政法组。② 这种机构设置尽管符合精简的原则,但显然是临时性的安排。"文化大革命"中后期,为了保证国家机器的正常运行和社会的正常发展,于1973年后正式恢复设置了各种行政管理机构,以取代原有的四大组管理体制。尽管地区在这一时期已成为正式一级行政层级,地区革命委员会的设置也于1975年载入宪法,但地区各职能机构的设置或裁撤并没有法律上的根据,往往是根据形势变化和政策调整的需要。论者往往提及这一时期的行政机构不健全,如果说在"文化大革命"前期这一结论尚可成立,而在"文化大革命"后期,事实上就职能分类来说各类管理机构已大体具备了。这一时期的主要问题,不应在于机构健全与否,而应在于在国家和平发展的条件下,是用所谓革命的方式调整国家机构还是用法制的方式调整国家机构的问题。其留给人们的思考,无疑是沉重和深刻的。

---

① 江荣海、刘奇等:《行署管理》,中国广播电视出版社1995年版,第97—98页。
② 《中国共产河南省驻马店地区组织史资料》(1926—1987),中共党史出版社1993年版,第344页。

三、第三时期:1976—2000

这一时期地区机构先后发生两次转变。第一次是根据1978年宪法和1979年制定的地方政府组织法,各省地区革命委员会撤销,改设省政府的派出机关地区行署。这次是地区行政地位和法律地位的改变,是由实级到虚级的转变。第二次是1983年开始的地市合并、撤地改市改革,这次却又是由虚级向实级的转变。在这两次转变中,地区组织机构自然也随之调整和变动。

1976年10月,河南省驻马店地区革命委员会下设办公室、生产指挥部、民政局、生产救灾办公室、劳动处、公安局、人民防空办公室、计划委员会、工业局、第二工业局、轻化局、社队工业领导小组、交通局、电业局、邮电局、农业局、林业局、水利局、财政局、商业局、供销合作社、粮食局、物资局、对外贸易局、中国人民银行驻马店地区中心支行、中国人民建设银行驻马店地区中心支行、文化教育局、广播事业局、文物管理局、爱国卫生运动委员会、卫生局、计划生育委员会、计划生育办公室、体育运动委员会、科学技术委员会共35个工作机构。① 1979年年底,新设置的省人民政府派出机关驻马店地区行署下设办公室、经济委员会、民政局、生产救灾办公室、视察委员会、劳动局、人事局、地区编制委员会、公安局、计划委员会、基本建设委员会、经济委员会、工业局、第二工业局、化工局、社队企业局、交通局、电业局、农林水利办公室、农业局、林业局、水利局、财贸办公室、财政局、商业局、供销合作社、粮食局、物资局、对外贸易局、工商行政管理局、税务局、科教办公室、教育局、文化局、广播事业局、中国人民银行驻马店地区中心支行、中国农业银行驻马店地区中心支行、中国人民建设银行驻马店地区中心支行、爱国卫生运动委员会、卫生局、计划生育领导小组、计划生育办公室、医药管理局、体育

---

① 《中国共产党河南省驻马店地区组织史资料》,中共党史出版社1993年版,第363—370页。

第四章 当代中国专员公署制到地区行署制的法制考察:组织(中)

运动委员会、科学技术委员会共45个工作机构。这时,作为派出机构的地区行署,比作为一级政府时1976年10月的革命委员会的下设机构,还要多出10个。[①] 而经过1983年的机构精简和调整,到1987年10月,该地区行署下设机构有63个,比1983年机构改革前的1979年年底增加了18个,计有:办公室、经济委员会、民政局、军队转业干部安置工作领导小组办公室、生产救灾办公室、劳动局、人事局、劳动就业处、地区编制委员会、编委办公室、公安局、司法处、计划建设委员会、土地管理局、经济技术协作办公室、标准计量局、统计局、审计局、经济研究中心、经济体制改革领导小组、经济体制改革领导小组办公室、经济委员会、第一工业局、第二工业局、乡镇企业管理局、电力局(公司)、邮电局、农村工作委员会、农业畜牧局、林业局、水利渔业局、农业机械管理局(站)、气象处、地区农业科学研究所、财政局、商业局、供销合作社、粮食局、物资局(处)、对外经济贸易委员会、税务局、教育委员会、文化局、广播电视局、工商物价局、地区烟草专卖局、中国人民银行驻马店地区中心支行、中国农业银行驻马店地区中心支行、中国人民建设银行驻马店地区中心支行、中国工商银行驻马店地区中心支行、爱国卫生运动委员会、卫生局、计划生育领导小组、计划生育处、医药管理局(公司)、体育处、科学技术委员会、地方史志编纂委员会、地方史志编纂办公室、驻马店地区地名办公室、驻马店地区档案局、驻马店地区民族事务处、侨务办公室。[②]

开封地区革命委员会1976年10月时下设机构计有23个[③],到1983年7月开封地区裁撤时有机构56个,计有:办公室、计划委员会、基本建设委员会、经济委员会、财贸委员会、文教卫生委员会、农业委员会、编制委员会、体育运动委员会、爱国卫生运动委员会、民族事务委员会、科学技术委员会、人民武装委员会、重工业局、煤炭化工局、轻工业局、社队企业管理局、农业局、

[①] 《中国共产党河南省驻马店地区组织史资料》,中共党史出版社1993年版,第370—385页。

[②] 《中国共产党河南省驻马店地区组织史资料》,中共党史出版社1993年版,第370—385页。

[③] 《中国共产党河南省开封市组织史资料》(1922—1987),中共党史出版社1992年版,第439—446页。但该书另一处资料显示应是18个机构。此依据23个的统计。

165

专区与地区政府法制研究

林业局、水利局、供销合作社、民政局、劳动局、财政局、税务局、物价局、统计局、工商行政管理局、物资供应局、粮食局、农机局、交通局、地方铁路管理局、黄河修防处、黄河航运管理处、商业局、外贸局、教育局、文化局、广播事业管理局、卫生局、计划生育领导小组、医药管理局、电业管理局、邮电局、宗教事务处、地方志编纂领导小组、档案局、气象局、环境保护办公室、中国人民银行开封地区支行、中国农业银行开封地区支行、中国人民建设银行开封地区中心支行、公安处、司法处、人事局。而地市合并后的1994年,开封市政府仍有工作机构达70多个①。

安徽阜阳地区1976年地区革命委员会下设工作机构40个,到1979年3月调整为42个。1983年年底行署机构调整后有机构26个,较前减少了16个。但后来因形势变化机构又得以恢复和增加。1987年10月行署工作机构增加到44个。到1993年年底,行署工作机构共达52个,编制1600多人。② 而根据《行署管理》一书提供的资料,阜阳行署下设的正式主要工作机构计有40个:办公室、计划委员会、经济委员会、农村经济委员会、科学技术委员会、教育委员会、对外经济贸易委员会、经济体制改革委员会、农牧渔业局、林业局、农业机械管理局、乡镇企业管理局、水利局、工业局、二轻工业局、机械局、交通局、商业局、供销合作社、物资局、财政局、税务局、招商局、城乡建设环境保护局、土地管理局、文化局、广播电视局、体育运动委员会、卫生局、计划生育委员会、公安处、民政局、劳动局、人事局、外事办公室/侨务办公室、工商行政管理局、审计局、物价局、统计局、档案局。此外,行署还下设临时机构计有39个:开发性农业领导小组、防汛抗旱指挥部、黄淮海平原农业综合开发治理领导小组、农业区划委员会、利用世行贷款加强灌溉农业项目领导小组、农村能源综合建设领导小组、农村改革实验区领导小组、乡镇企业领导小组、农民负担

---

① 《中国共产党河南省开封市组织史资料》(1922—1987),中共党史出版社1992年版,第489—500页。《中国共产党河南省开封市组织史资料》(1988—1995),中州古籍出版社1997年版,第51—65页。
② 江荣海、刘奇等:《行署管理》,中国广播电视出版社1995年版,第98—100页。

第四章 当代中国专员公署制到地区行署制的法制考察：组织（中）

监督管理委员会、清理有关农民负担文件领导小组、电车筹建指挥部、企业管理指导委员会、企业承包经营领导小组、烟草工作领导小组、城市能源领导小组、经济技术开发区指挥部、联运指挥部、铁路建设指挥部、民航机场扩建指挥部、"双清"工作领导小组、"三检办"领导小组、科技工作领导小组、救助失学少年儿童"希望工程"领导小组、地方病防治领导小组、艾滋病预防控制领导小组、安徽省乡镇企业大学筹备小组、争创全国体育先进县领导小组、计划生育工作领导小组、退伍军人退休干部安置领导小组、军队专业干部安置工作领导小组、"两拥"工作领导小组、信访工作领导小组、社会治安综合治理委员会、防火安全委员会、绿化工作领导小组、外事工作领导小组、职称改革领导小组、住房制度改革领导小组、普及法律常识领导小组。① 正式机构和临时机构合计达 79 个。

上述列举的这一时期若干地区的个案，通过 1976 年、1979 年、1983 年、1987 年几个年份的机构设置情况，显示了其间机构设置急剧膨胀的程度，尽管中间经历了 1979 年地区层由实级到虚级的法律地位的变动和 1983 年地区行署的机构改革和精简。其中，驻马店地区从 1976 年 10 月至 1979 年年底 3 年间机构增长了 29%，1976 年 10 月至 1987 年 10 月 11 年间机构增长了 80%。开封地区 1976 年 10 月至 1983 年 7 月 7 年间机构增长了 143%。阜阳地区从 1976 年 10 月至 1993 年年底的 17 年间机构增长 30%，相对较低，但是我们应注意该地区 1976 年 10 月机构基数本身较大这一事实，而且就其正式与临时机构合计而言，其增长值显然大大攀升，应为 97%。从上面几个时段的资料看，机构的增长量已到了不可忽视的地步。而下面河南信阳地区的资料，则显示了其机构变动和调整的频度。

1976 年 10 月信阳地区革命委员会下设机构 27 个，② 至 1987 年每年均有变动。1977 年两次（11 月、12 月）增设机构 7 个（文化局、教育局、广播事业管理局、科学教育办公室、工业交通办公室、农林水利办公室、财政贸易办

---

① 江荣海、刘奇等：《行署管理》，中国广播电视出版社 1995 年版，第 106—149 页。
② 根据《中国共产党河南省信阳地区组织史资料》（1925—1987），河南人民出版社 1998 年版，第 377—395 页有关资料统计。

公室),两次(11月、12月)撤销机构2个(文化教育局、生产指挥部),净增设5个。1978年三次(1月、4月、10月)增设机构5个(社队企业管理局、①物资局、②民政局、劳动局、中国建设银行信阳地区中心支行),一次(4月)撤销机构1个(民政劳动局),净增设4个。1979年五次(4月、7月、8月、10月、11月)增设机构7个(税务局、计划委员会、医药管理局、基本建设委员会、人事局、农业委员会、办公室),两次(7月、10月)撤销机构2个(计划建设委员会、农村水利办公室),净增设5个。1980年六次(1月、2月、3月、6月、11月、12月)增设机构9个(经济委员会、文化教育委员会、物价局、工商行政管理局、中国农业银行信阳地区中心支行、司法处、财政贸易委员会、统计局、气象局③),三次(2月、6月、12月)撤销机构3个(科学教育办公室、财政贸易办公室、工业交通办公室),净增设6个。1981年两次(3月、7月)增设机构2个(侨务办公室、鸡公山风景管理局),该年机构未见裁撤,净增设2个。1982年一次(5月)增加机构1个(地方志编纂委员会总编辑室),一次(4月)撤销机构1个(知识青年上山下乡办公室),增撤抵平。1983年三次(8月、9月、12月)增设机构5个(地名办公室、劳动人事局、计划统计建设局、经济研究中心、审计处④),一次(8月)撤销机构9个(劳动局、人事局、机械局、广播事业管理局、农业委员会、基本建设委员会、财政贸易委员会、文化教育委员会、科学技术委员会),负增长4个。1984年五次(3月、7月、9月、10月、11月)增设机构8个(烟草专卖局、经济联合社、城乡建设环境保护局、广播电视局、中国人民银行保险公司信阳地区中心公司、民族宗教事务办公室、接待办公室、中国工商银行信阳地区中心支行),两次(7月、8月)撤销机构2个(计划统计建设局、工业局),净增设6个。1985年三次(3月、7月、11月)增设机构5个(科学技术委员会、经济体制改革办公室、经济技术

---

① 后改称乡镇企业管理局。
② 后改称物资管理局。
③ 后改气象处。
④ 后改审计局。

第四章 当代中国专员公署制到地区行署制的法制考察：组织（中）

协作办公室、苏区办公室、①农业经济委员会），一次（7月）撤销机构1个（经济联合社），净增设4个。1986年一次（7月）增设机构2个（地直机关行政事务管理局、标准计量局），一次（7月）撤销机构1个（接待办公室），净增设1个。到1987年10月之前，该年一次（5月）裁撤机构1个（地名办公室）。根据上述资料，就增裁的次数和增撤机构的总数和平均数看，在这10年间，共增设三十一次增加机构50个，约平均每年增设机构三次、每年增设机构5个；共裁撤十七次撤销机构23个，平均每年裁撤机构1.7次、每年撤销机构2.3个；平均增设的次数是裁撤次数的1.8倍，平均增设的数量是减裁数量的2.1倍。共增裁四十八次增撤机构63个，平均每年4.8次6.3个。就是说，平均几乎不到3个月就要增裁一次，几乎不到2个月就要增撤机构1个。从增撤的年份看，仅1982年增撤抵平、1983年机构改革时和1987年机构裁撤大于增加之数外，其他年份机构总量均在增加。即使在机构大精简的1983年，该年虽然裁撤了9个机构，但同时增设了5个，而且在1984年又5次增设8个，1985年又3次增设5个。虽然总是不断地在裁减，但减裁的频度和数量远不及增设的频度和数量。其结果，机构设置越来越多。在这样一种情势下，到1987年10月，信阳地区行署机构设置为50个，②几乎是一件很自然的事。这种情况和安徽阜阳地区行署的机构设置十分相似，反映了地区专署机构设置日趋膨胀的事实。

就上述资料看，机构设置膨胀的问题应表现在这样几个方面：（一）政府机构设置追求全面、完备，似乎只要社会上有的领域，政府就应专门设置一个机构去管理，于是机构分工越来越细，机构设置越来越多，这是全能政府意识的产物。所谓不该管的也要管，就必然导致行政机构设置的全面自我膨胀。（二）机构设置交叉、重叠现象严重，如仅管理经济的就设置几个性质相近的委员会或办公室，有的委员会与局、办公室的设

---

① 应为苏区史编写办公室之意。
② 根据《中国共产党河南省信阳地区组织史资料》（1925—1987），河南人民出版社1982年版，第377—395页有关资料统计。

置重复,这样,反而易于造成职责不清、遇事互相推诿、效率低下的局面。(三)机构设置缺乏科学性、严肃性。除了临时机构外,为什么一些准备常设的机构刚刚设置几个月后就被裁撤?主要是设置的随意性,缺乏长远的考虑,机构设置时从眼前的形势需要出发,而待形势发生变化事过境迁,机构的设置就纯属多余。(四)机构增设与撤销过于频繁,缺乏起码的法制约束。领导者可以根据自己所定的政策的重心和倾向对机构进行增减,而随着主要领导成员的调整,行政机构亦往往随之而变更,甚至即使同一个领导在不同的时期因注意力的转移、政策重心的转向也会导致机构的变动。(五)就组织机构上看,1976年10月时的机构设置框架已大体上健全,所做的只是必要的调整而已,甚至某些地区可作必要的裁减。然而,之后,为了加强制度建设,不断地在增设机构。而事实上,增加机构设置显然不等于加强制度建设,甚至在某种程度上损害了制度建设。以上五方面的问题实际上只是表象,其深层的问题应在于组织机构的设置缺乏必要的法制安排。地区在1979年后作为省的派出机关,其法律地位与前已有不同,其机构设置上从理论上说应较前精简,但具体怎样设置应由关于地区行署的组织法来确定。这一时期虽然是建国以来法制建设最受重视、法制建设成就最为显著的时期,但关于政府组织机构的设置的规定却过于简单和粗疏,在地方政府组织法中只是笼统地规定"地方各级人民政府根据工作需要和精干的原则,设立必要的工作部门"。[1] 但具体应设立哪些部门则并没规定。而且,地区行署严格来说不是一级地方政府,这样的派出机关的机构应如何设置也缺乏必要的法律设计。由于法律设计的缺失,地区行署只能根据自己的工作需要设置机构,其结果是机构设置越来越多,[2]从而导致上述各地区机构设置调整频繁、增设无度的局面,严重违背了精干原则。行政组织法规的不健全以至缺失,机构设置和管理中人为的因素较大,随意性较多,往往造

---

[1] 《宪法配套规定》,中国法制出版社2004年版,第61页。
[2] 当然,这种现象在地方各级政府机构设置上均存在。机构设置不能仅仅说成行署自为,也与上级政府有关。

第四章　当代中国专员公署制到地区行署制的法制考察：组织（中）

成行政组织建设和管理上的"人治"现象。①

我们都知道,这一时期是重视法制建设的时期。重视法制建设,就是在行政组织上依法建政与依法行政。在行政组织或调整或增设或裁撤时,必须有法律上的依据。令人困惑的是,除了关于地方人大和地方政府的组织法中对地区越来越简单的规定外,这一时期并没有制定关于地区行署组织机构设置的法规,地区机构的调整或增裁是一种没有明确具体法律约束和限度的行政自为行为。没有法律约束的行政行为在一定条件下和一定程度上容易变成一种随意性的行为。随意的裁减或随意的扩张机构的现象,就是在组织上行政随意性行为的表现。这一状况显然是和这一时期重视法制建设的努力不相称的。这似乎也提示了这一时期行政组织法制建设的薄弱,而地区层只不过由于其特殊性更加凸显而已。

五、余　　论

专区/地区层法律地位的变动,是颇费周折、逆转不一的;但专区/地区

---

① 有的学者把这种"人治"现象的表现总结为三个方面:一是由领导人任意决定行政机构编制,并且常常因领导人的改变或其看法和注意力的改变而改变。行政组织主管部门,亦即机构编制部门的实际管理行为也因没有法律依据而随意性很大,凭经验办事。二是行政机构和编制的调整及其管理,由于没有明确具体的法律依据,强调行政组织主管部门集中统一管理,由主要领导人决定。这样做,有利于加强机构编制管理的权威性,其负面效应则是其他部门对机构编制都不承担责任,竞相要求增设机构、机构升格、扩大编制、增加职数,形成"百家推门,一家顶门"的现象。尤其是当某些部门将其增加机构编制的要求,通过分管这些部门的党委或政府领导人的讲话或签发的文件表达出来以后,主管部门的领导人常常会因不便于违背上级领导的意愿或得罪人而只好同意。还有些上级部门利用分资金、批指标、立项目等各种手段,要下级设置对口机构增加人员,施加部门干预。三是擅自调整机构编制。由于行政组织法律不健全,政策性规定又缺乏必要的权威,有些地区或部门就擅自或者变相增设机构、机构升格、扩大编制,增加领导职数。见夏海:《政府的自我革命——中国政府机构改革研究》,中国法制出版社 2004 年版,第 185—186 页。结合笔者所引述的资料,这种机构设置的"人治"的表现应是一种比较普遍的现象。这种"人治"的机构设置现象不仅直接导致机构膨胀、工作效率低下的行政弊端,而且还必然伴随着机构膨胀发生行政人员编制急剧扩大现象进而导致人民负担过重、社会不满情绪增加、社会不稳定因素增加的严重后果。即使仅从行政制度的长远发展来说,行政组织中的"人治"现象也是障碍其发展的恶疾,必须清除"人治"现象,建立"法治"机制,才能保障行政制度走上健康之途。

法律地位的变动似乎并没有影响到其内部机构有大的波动,而且其机构设置总的看是与日俱增、"与时俱进"的。这一状况显示了机构设置与法律之间不甚相关的关系。这样一种状况和关系自然地使人联想到耳熟能详的"精兵简政"的口号时,就不能不令人尴尬。不绝于耳的"精兵简政"口号和运动远不能有效约束和制止机构设置的膨胀问题,对此我们应作一深刻反思。

中国历史上的所谓"封建社会"时期,在行政上人们往往视为行政无序、机构臃肿和效率低下的代名词,事实远非如此简单。中国先秦时期的思想家们对国家行政和社会的关系就有非常卓越的认识,如孟子提出的"苛政猛于虎也"的议论深刻地提示和影响着其后的政治家思考的倾向和行政安排。至少到唐朝,中国就出现了关于国家行政机构设置、人员编制、职责、官员的选拔、任用、考核、奖惩等方面规定甚为详备的法典。令人遗憾的是,中国的这一行政文化传统在近代以来的西方文化的冲击下被抛弃、中断,而西方的行政法制理想及其理论往往还未为国人所真正接受。在革命和改革的浪潮中,行政机构设置在没有法制约束的情况下随着多变的情势而频繁地调整和增减。在这里,给我们提出了这样一个问题:评价国家行政机构设置的标准是什么?笔者认为,评价国家机构的设置应从"情"和"法"两个方面的标准去考虑。一个是"情","情",就是机构的情势或者说现实需要情况。这种"情"有的表现为机构设置一时的情势,有的表现为长期的一种情势;有的表现为一种特殊的情势,有的表现为一种普遍的情势;有的是一种人为的情势,有的是一种客观的情势……,不一而足。因此,"情",有的折射的只是事物的表象,有的则反映了事物的本质,故而对行政机构设置的"情"要作辩证的、具体的分析,看这一机构的设置是否反映了行政机构的客观本质需要和长远利益。凡是机构设置后随形势变化被裁撤或被合并的,该机构的设置就没有反映行政机构的客观本质需要和长远利益;但机构设置后未被裁撤或合并的,也并不一定反映行政机构的客观本质需要和长远利益。因为,"情"只是考察和评价行政机构的一个方面。在缺乏法制制约的情况下,机构的膨胀往往掩盖了行政机构的客观、本质和长远利益的真正表达。

第四章 当代中国专员公署制到地区行署制的法制考察：组织（中）

评价行政机构的设置是否合"情"，只是问题的一个方面。评价行政机构设置的另一方面，就是看其是否合"法"的问题。从某种程度上说，行政机构的合法与否，应是评价行政机构的主要标准。因为，从行政组织方面来说，相关"法"是立法者根据历史上和现实中乃至其他国家或地区的行政组织机构设置的普遍经验、规则和规律进行总结后用法律的形式形成的具有稳定性、长期性、权威性和强制性行政组织规范，它既反映了行政机构设置中的长期的、普遍的、本质的"情势"的需要，又代表了行政组织机构、国家和社会的长远利益和需要。行政组织的法制化是国家行政机构健全和成熟的表现。似乎可以说，没有法制约束的行政机构是一种幼稚的、不成熟的行政机构。机构设置缺乏法度的忽增忽减及增而又减、减而复增的行政过程就是行政制度不成熟、不健全的甚至是行政幼稚的表现。这种缺乏法制约束的、机构设置庞大的行政制度不仅易于导致行政对社会的过度干涉、行政效率低下等弊端，而且还往往导致行政合法性危机。试想，似乎没有什么比一个庞大而低效的官僚机构体系再遭人愤慨和鄙视了。而医治这种庞大低效的官僚机构体系的良药就是建立法治的行政和政治。法治是一个系统，政府组织事实上应居于法治这个系统网络中的重要乃至关键的部位。如果说建国初期至"文化大革命"结束之前对这一问题没有给予重视系由于历史之局限的话，那么，改革开放至今对这一问题仍没有给予充分注视并予以解决，不能说不是法治建设的一大缺憾。因此，我们对行政组织的法制化问题应该给予高度的重视。尽管在1993年的机构改革中有关文件规定，地区行署参照自治州设立办公室、计划与经济局、教育局（或教育与科学技术局）、民族宗教局、民政局、财政局、农业局、卫生局、审计局、统计局、工商行政管理局等13个局，但从上引安徽阜阳地区行署机构1993年年底等相关资料，就知道这一文件中的规定并没有落实，其问题主要恐怕应是文件中规定的是政策，政策没有法律的强制性。根治行政机构的膨胀必须跳出依赖政策的老路，走法治行政的道路，建立起和全能政府模式有别的、新型的有限责任政府的新模式。

第五章 当代中国专员公署制到地区行署制的法制考察：职权及其他（下）

专/地层级行政机构的设置与其职权状况和辖区状况等问题是相互联系的。职权的扩大，辖区的增多，也是机构设置增多的一个因素。那么，这一层级组织的职权和辖区状况如何？其党政关系如何？法律地位与实际地位有什么变化？应如何认识专/地行政组织的法制状况？这是本章所要探讨的。

一、专/地行政组织的职权

关于专/地行政组织的职权[①]，《行署管理》一书对行署的职权分为宏观职能和具体权限两个方面，其概括和列举事项可为考察专署/行署职权问题作一参考。

就宏观职能来说，该书认为，"行署的宏观职能，就是指行署在辖区范围内，以法律为依据，行使由上级所赋予的总的、原则性的功能与职责"。[②] 宏观职能按工作性质和业务范围划分可分为四个部分。（一）保卫职能。就是

[①] 由于"文化大革命"时期的地区革命委员会是一级政权形态，其职权与省、县大致相同，故略而不论，仅探讨专署与行署职权问题。

[②] 参见江荣海、刘奇等：《行署管理》，中国广播电视出版社1995年版，第84页。

第五章　当代中国专员公署制到地区行署制的法制考察:职权及其他(下)

坚持人民民主专政,保卫国家、社会和人民的安全。为了行使这一职能,行署必须在辖区内运用军队、警察、监狱等暴力机关,防御国外敌人的罪恶阴谋,镇压国内敌对分子与社会不良分子的破坏活动,维护辖区内的社会稳定和人民安全。只有对敌对势力和敌对分子实行防范和制裁,才能巩固国家的政权,保证社会经济文化等建设事业的正常进行。①(二)管理职能。行署要保证辖区内社会各行业有序运转,就必须对辖区社会各行业、各部门进行有效的管理,同时也管理好行署自身。②(三)服务职能。就是进行社会服务工作,为社会生产、人民生活服务,包括物质方面和精神方面的服务。行署由于其行政层级地位,其服务既不同于中央政府对全社会的根本方向的引导与保证,也有别于县、乡两级政府对社会偏向具体事务性的服务。它的服务既务实又务虚,既注意把握其行政区域内宏观问题,又注意关键性的具体服务。行署往往偏重其行政区域内中长期服务项目,解决影响本区域内发展全局的重大问题,以保证社会形成优良的"软"、"硬"件环境,保障社会经济的持续、稳定和长期的发展与进步。此外,行署还要鼓励、支持社会创办各项社会服务事业,主要是第三产业,解决涉及人民群众切身利益和日常生活的各种问题。③(四)宣传教育职能。就是通过各种形式的宣传、教育,不断提高全体人民的思想文化素质。④

就具体权限来说,《行署管理》一书是参照《中华人民共和国地方各级人民代表大会和地方各级人民政府组织法》关于县级以上地方政府的十项职权规定,结合行署的实际情况进行了十个方面的概括。(一)执行上级国家行政机关的决议和命令,制定本级的行政措施和发布决议、命令。在执行上级决议和命令全过程中,行署要结合本地区实际,发布本级的行政决议、命令,有针对性地开展工作。⑤(二)领导所属工作部门和下级人民政府的工

---

① 参见江荣海、刘奇等:《行署管理》,中国广播电视出版社1995年版,第84—85页。
② 参见江荣海、刘奇等:《行署管理》,中国广播电视出版社1995年版,第85页。
③ 参见江荣海、刘奇等:《行署管理》,中国广播电视出版社1995年版,第86页。
④ 参见江荣海、刘奇等:《行署管理》,中国广播电视出版社1995年版,第86页。
⑤ 参见江荣海、刘奇等:《行署管理》,中国广播电视出版社1995年版,第87页。

作。行署作为一区域内的最高行政机关,在领导下属部门和下级政府时,必须体现出本地区内最高且惟一的指挥机关的权威性。①(三)改变或者撤销所属各工作部门的不适当命令、指示和下级人民政府的不适当决议、命令。这是属于上级政府对下级政府的监督职能。②(四)依照法律规定,任免、培训、考核和奖惩国家行政工作人员。③ 事实上,专区/地区层在不同的时期由于相关规定或政策的变化,其任免、培训、考核、奖惩的人事范围和行政级别是不同的。由于没有制定一部关于专署/行署的组织法规,专署/行署拥有人事任免、奖惩和培训等事项的规定自然不够详备。1984 年前基本实行的是下管两级的政策,即专署/行署对下二级(科级)职务有任免权,对所属行政人员和下级政府人员有考核监督权。湖南省人民政府 1953 年 9 月 19 日颁布的《湖南省各级人民政府机关工作人员任免试行办法》中对专署任免有较为具体的规定,④可供参考。而自 1984 年开始改革干部管理体制,适当下放干部管理权限,采取分级管理、层层负责办法,原则上由原来下管二级改为下管一级主要领导干部。⑤ 根据有关资料,行署人事权的扩大是自 1992 年起的省政府权力下放始,行署对县市一级的行政领导职务(包括县市委书记)有直接任免权。⑥(五)执行经济和社会发展计划、预算,管理本行政区

---

① 参见江荣海、刘奇等:《行署管理》,中国广播电视出版社 1995 年版,第 87 页。
② 参见江荣海、刘奇等:《行署管理》,中国广播电视出版社 1995 年版,第 88 页。
③ 参见江荣海、刘奇等:《行署管理》,中国广播电视出版社 1995 年版,第 88 页。
④ 该办法第六条规定"各专员公署(以下简称专署)任免或批准下列人员:(一)专署秘书;公安处科长、副科长;各局股长、副股长。(二)省人民法院专区分院审判员;省人民检察署分署检察员;人民监察处监察员。(三)专署干部学校校长、副校长;所辖各县初级中学正副校长;专署主办的农场场长、副场长;人民医院院长、副院长。(四)交通银行设有专区支行的经理、副经理。(五)各县人民政府秘书,各科科长、副科长,税务、粮食局局长、副局长;财经、文教、政法、监察委员会委员。(六)各县、市所属各区区长、副区长与区并列镇的镇长、副镇长。(七)本办法五、六两条各款规定任免范围以外之政府行政工作人员,如需……专署任免者,可依据……专署所属机关及各县、市人民政府的提议,参照本办法规定之范围予以任免或批准任免"。见张焕光、苏尚智等编:《中华人民共和国行政法资料选编》,群众出版社 1984 年版,第 653—654 页。
⑤ 杨冠琼:《当代中国行政管理模式沿革研究》,北京师范大学出版社 1999 年版,第 426 页。
⑥ 江荣海、刘奇等:《行署管理》,中国广播电视出版社 1995 年版,第 257 页。

第五章 当代中国专员公署制到地区行署制的法制考察:职权及其他(下)

域的经济、教育、科学、文化、体育、城乡建设事业和财政、民政、公安、民族事务以及司法行政、监督、计划生育等行政工作。(六)保护社会主义的全民所有财产和劳动群众的集体所有财产,保护公民私人所有的合法财产,维护社会秩序,保障公民的人身权利、民主权利和其他权利。(七)保障农村集体经济组织应有的自主权。(八)保障少数民族的权利和尊重少数民族的风俗习惯,帮助本区域内各少数民族聚集的地方依照宪法和法律实行区域自治,帮助各少数民族发展政治、经济和文化事业。(九)提倡和推行男女平等,保障宪法和法律赋予妇女的同工同酬和婚姻自由等各项权利。(十)办理上级国家机关交办的其他事项。[①]

根据有关资料,开封地区专员行政公署的职权可以作更概括的表述:(一)开封地区专员行政公署是河南省人民政府的派出机关。代理省政府管理开封地区的经济、教育、科学文化、卫生、体育事业、财政、民政、民族事务、司法、行政、监察、计划生育等,领导所属部门和下级人民政府的工作。(二)带领行署各部门及全区人民努力学习马列主义、毛泽东思想,认真贯彻执行党的路线、方针、政策,做到政治上同党中央保持一致。(三)总揽全区经济工作,从宏观抓好全区经济工作的计划、管理和指导,保证经济效益和发展速度同步增长,农业产量进一步提高,财政状况进一步好转。(四)大力发展科技、教育、卫生和各项文化事业,提高全区人民的文化素质,提高全区干部职工的业务技术素质。(五)负责做好行署各部门工作,指导、协调、督促、检查工作,定期总结工作,部署下步计划。做好行署各部门科学化管理工作,提高工作效率。(六)及时向省人民政府汇报、请示工作,虚心

---

① 江荣海、刘奇等:《行署管理》,中国广播电视出版社1995年版,第89—90页。事实上,根据相关地方政府组织法,对县级政府以上职权的规定有所变化。1954年9月21日第一届全国人民代表大会第一次会议通过的《中华人民共和国地方各级人民代表大会和地方各级人民委员会组织法》的规定,县以上政府(人民委员会)的职权为17条;而1979年7月1日通过的《中华人民共和国地方各级人民代表大会和地方各级人民政府组织法》规定县以上政府的职权为10条。参见张焕光、苏尚智等:《中华人民共和国行政法资料选编》,群众出版社1984年版,第136—137、150—151页。1979年的组织法后经1982年12月1日、1986年12月2日、1985年2月28日通过的修正,对组织法关于县级以上人民政府职权的十条规定做了必要的修改和充实。

听取群众团体和各界人士的批评和建议。①

行署的职权还可以从安徽阜阳地区行署具有的职能和任务而得到说明:"阜阳地区行署成立以来,虽几经更迭,但其职能和任务大体都具有以下几个方面:一是检查了解所属市县贯彻执行中共路线、方针、政策和决定的情况,总结交流经验;二是督促检查所属市县完成上级布置的各项工作任务,协调相互关系;三是接受中共安徽省委的委托,代管一部分干部;四是完成中共安徽省委和安徽省政府交办的其他事项。随着形势的发展,阜阳地区公署在行使上述职能的同时,近几年在省和县之间的许多方面还承担着一级政府的职能,起着一级政府的作用。实际上,地区行政公署对本辖区内的国民经济计划、社会发展规划和年度计划以及其他各项社会主义建设工作负有全面责任。这种政府作用,主要通过行政决策、行政计划、行政领导、行政协调、行政控制、行政沟通、行政监督等得以实现。"②

专署/行署作为省政府派出机关,其权力应来源于法律的授权和省政府的授权。专署在民国时期由于有具体明确的关于专署的组织法规,因此,无论是国民政府的专署还是根据地和解放区的专署,其行使的职权的范围固然很多,而其职权主要限定在督察、督导及某方面的军政管理权或指挥权。尽管随着发展其越来越有一级政府的倾向,但由于有专署组织法规的明确约束,在其机构设置和职权上均与一级政府有一定的区别。但建国后,由于没有制定明确的专署组织法规,专署的职权行使没有具体的法制约束,且在

---

① 开封市档案馆档案。全宗:《开封专署》。
② 江荣海、刘奇等:《行署管理》,中国广播电视出版社1995年版,序二,第11—12页。论者指出:"行署的职权从法律角度来看,并不太大,只是'督导检查所属各县人民政府工作'而已……然而,地区行政公署在省和县之间起着一级政府的作用,这种作用从政治责任来讲,实际上是对本辖区内的国民经济计划、社会发展规划和年度计划以及其他各项社会主义建设工作负有全面责任,绝不仅仅是'督导检查'。因此,地区行政公署的任务与职权的法律地位同行政实践一直处于派出机关与一级政府的矛盾状态。就阜阳行署的实际看,它还具有如下职权:制定全地区的行政法规,向全地区发布决定和命令;统一领导全区各级国家行政机关工作,并规定它们的具体职权;编制和执行全区国民经济和社会发展计划及国家预算;向省人大或人大常委会提出议案;有权同国外对等级别政府缔结条约或协定等。总之,对本地区的政治、经济、文化教育、社会管理等方方面面,负有完全责任,实际的职责和权力都很大,并非'督导检查'所能概括。"江荣海、刘奇等《行署管理》,第169页。

第五章　当代中国专员公署制到地区行署制的法制考察：职权及其他（下）

政府全能主义模式支配下，专署职权的扩张甚至机构的扩张几乎是不可避免的。这也正是早在1956年开封专署党组一再所说的"专署虽不是一级政权执行机关，但机构设置和实施权力的范围，实际上已经起了一级政权、组织的作用"、"专署不是一级政权组织，但是实际上还仍然起着一级政权组织的作用"①的原因。行署虽然不是一级政府，但在许多方面还"承担着一级政府的职能，起着一级政府的作用"，②原因也应在于专署没有相应的具体法规对其职权行使范围作具体、明确的规定，因此，它只能参照地方政府组织法中县级以上政府职权的范围和事项行使，因而行署也就有了一级政府的职权，起着一级政府的作用。而就专署到行署这一省政府派出机关的事权定位来说，事实上是有变化的。民国时期的专员公署的全称是"行政督察专员公署"，该署主要职权顾名思义就是"行政督察"；建国后的专员公署的全称建国初期是"行政区专员公署"，该行政区专员的主要职权似乎没有限定，但理解为"行政区行政管理"似乎也有道理，值得注意的是，这里没有了"督察"二字，少了"督察"，其职权性质似乎在发生着或已发生了变化，其行政管理的功能显然强化了；随后径称"专员公署"，专员的职权没有了"督察"的限定，虽然没有冠以"行政"二字，但省政府派出代理省政府的机关，自然就行使行政权力，故被称为一级政府、一级政权组织似乎也是很自然的；"文革"结束后，1978年宪法和1979年的地方人民代表大会和地方人民政府组织法，更是明确地将其定名为"行政公署"，全然一级政府的式样。考原设专员制之初衷，是在省县二级制框架内，为补救省对县管理之不足，乃以"行政督察专员"及极精简的佐治人员之公署，作为派出机关，代省对县进行督察，以使县全面执行省之各项政策、规划、命令与措施，非一独立行政机关，乃一辅助行政机关。这样，既不增加行政层级的周转，又不增加很多的行政机构和行政人员，达到既增加行政效率与效能又不过多增加行政负担和行政成本的目的。应该说，这一设计在中国省区过大、省对过多辖县难以有效管理的

---

① 中共开封专员公署党组：《关于专署体制讨论情况的报告》，全宗号：33；案卷号：21。开封档案馆藏。
② 江荣海、刘奇等：《行署管理》，中国广播电视出版社1995年版，序二，第12页。

情况下,不失为一种可行的选择。事实上,省的派出机关之专区制在法国就是代表省政府监督和指导专区内各市镇的行政工作,一方面传达省长的命令,另一方面向省长报告情况。① 民国时期的专区制和法国的专区制应是比较相似的。但建国后由于对法学和行政学理论研究的忽视甚至禁锢,本来是省之派出机关的专署却具有一级政府的职权和作用,甚至成为一级政府。20世纪80年代正是由于作为省之派出机关的行署具有一级政府的机构和职权不合宪法和法律的规定,而使行署成为众矢之的,以致在行政体制改革中被裁撤或与地级市合并。地区行署在被裁撤或与地级市合并的过程中,地级市在增加,地区行署则在减少。尽管地区行署在减少,却在某些边境省区仍然保留。据有关方面称,由于管理上的需要,在缩小省区之前,某些地方保留的地区建制仍将继续存在。② 鉴于这种情况,地区行署的职权应否与地级市有所区别以及其职权若何问题,应有法律上的规定。从根本上说,行政权力来源于行政法规的授予,没有法律上的依据,其行使的权力就难以具有合法性,就会失去存在的依据。地区行署的裁撤似乎说明了这一问题。

总之,专/地行政组织的职权,必须由组织法予以明确而具体的规定,这是该级组织行使权力时首先遇到的问题。这种职权如果没有法律的规定和限定,权力的扩大趋势是难以避免的。早在建国初期,诚如开封专署党组认识的那样,专署虽不是一级政府却起着一级政权(政府)的作用。这一问题的出现,主要是专署的职权范围没有明确的法律限定,专署就按照一级政府职权的模式运行,起着一级政府的作用。但无论从法律上看还是从事实上看,作为省级政府派出机关的专员公署,在民国时期其职权与一级政府是有区别的,即其权力不是全面的,其权力来自组织法对行政督察和行政某方面的领导权的授权或上一级的委托事项。由于专署职权的不全面,其机构设置比较简单,甚至不如县政府机构设置得健全。这样,势必又限制了专员公署职权的扩张。而建国后由于专员公署以至地区行署的

---

① 薄贵利:《近现代地方政府比较》,光明日报出版社1988年版,第53页。
② 戴均良:《中国市制》,中国地图出版社2000年版,第163页。

第五章　当代中国专员公署制到地区行署制的法制考察:职权及其他(下)

职权没有组织法的规定,在一般情况下其职权行使范围比照县以上政府的职权行使。但在一定时期如1954年宪法颁布后,专署行使一级政府职权的行为受到质疑,其职权的缩小和机构缩减的呼声随之出现。因此,专员公署和地区行署的职权势必根据形势的变化和政策的调整而发生伸缩性变动。当20世纪80年代到90年代专署机构设置的膨胀问题引起批评和关注时,地区行署存在的合法性问题也随之而来。这一问题也是撤地改市的动因之一。地级"市",尽管有其宪法和组织法的依据和规定,但事实上仍缺乏具体而明确的单行组织法,其职权问题和机构扩张问题仍然存在。

二、专/地行政组织的辖区

专员公署及"文化大革命"结束后地区行署的辖区,与民国时期专员公署的辖区自然有一定的历史联系。以河南为例,民国时期河南有专区11—13个。其中,1932年11月设置11个专署,辖县112个,平均每专区辖县10个左右;1946年年底设置12个专署,辖县111个,平均每专区约辖县9个左右。[①] 而我们考察当代中国1951年、1961年、1971年、1981年河南专区/地区的设置数量和辖县数量情况,对比1932年1月和1946年年底国民政府时期河南省专署设置情况和辖县情况,据下各表可作一观察:

表1　1951年河南省设置专署和各专署辖县情况[②] （单位:个）

专署	郑州专署	陈留专署	商丘专署	许昌专署	淮阳专署
辖县数	7	9	7	13	8
专署	洛阳专署	陕州专署	南阳专署	信阳专署	潢川专署
辖县数	8	7	12	9	7

---

① 邵文杰总纂:《河南省志·政府志》,河南人民出版社1997年版,第23—26页。
② 《中华人民共和国县级以上行政区划沿革》第二卷,测绘出版社1987年版,第380—381页。

专区与地区政府法制研究

表2　1961年河南省设置专署和各专署辖县情况①　（单位：个）

专署	安阳专署	新乡专署	开封专署	商丘专署
辖县数	10	14	11	14
专署	许昌专署	洛阳专署	南阳专署	信阳专署
辖县数	15	13	12	16

表3　1971年河南省设置地区革命委员会和各地辖县情况②（单位：个）

地区	新乡地区	开封地区	商丘地区	许昌地区	洛阳地区
辖县数	14	9	8	12	13
地区	安阳地区	南阳地区	信阳地区	周口地区	驻马店地区
辖县数	12	12	9	9	9

表4　1981年河南省设置地区行署和各行署辖县情况③（单位：个）

地区	新乡地区行署	开封地区行署	商丘地区行署	许昌地区行署	洛阳地区行署
辖县数	14	10	8	12	14
地区	安阳地区行署	南阳地区	信阳地区	周口地区	驻马店地区
辖县数	13	12	9	9	9

表5　1932年1月河南省设置专署和各专署辖县情况④（单位：个）

专署	第一专署：驻郑县	第二专署：驻商丘	第三专署：驻安阳	第四专署：驻新乡	第五专署：驻许昌	第六专署：驻南阳
辖县数	13	12	11	14	9	13
专署	第七专署：驻淮阳	第八专署：驻汝南	第九专署：驻潢川	第十专署：驻洛阳	第十一专署：驻陕县	
辖县数	8	7	8	9	7	

---

① 《中华人民共和国县级以上行政区划沿革》第二卷，测绘出版社1987年版，第408—409页。

② 《中华人民共和国县级以上行政区划沿革》第二卷，测绘出版社1987年版，第427—429页。

③ 《中华人民共和国县级以上行政区划沿革》第二卷，测绘出版社1987年版，第456—458页。

④ 邵文杰总纂：《河南省志·政府志》，河南人民出版社1997年版，第23—24页。

第五章 当代中国专员公署制到地区行署制的法制考察:职权及其他(下)

表6　1946年年底河南省设置专署和各专署辖县情况①（单位:个）

专署	第一专署:驻郑县	第二专署:驻商丘	第三专署:驻安阳	第四专署:驻新乡	第五专署:驻许昌	第六专署:驻南阳
辖县数	12	7	11	14	9	13
专署	第七专署:驻淮阳	第八专署:驻汝南	第九专署:驻潢川	第十专署:驻洛阳	第十一专署:驻陕县	第十二专署:驻兰封
辖县数	7	7	8	9	7	7

根据上表可知,1951年专署辖县情况,郑州专署、商丘专署、陕州专署、潢川专署均各辖7个县,为县少者;许昌专署和南阳专署分别辖县13个和12个,为辖县多者;陈留专署和信阳专署均各辖9个,淮阳专署和洛阳专署均各辖8个,为一般;共10个专署,辖县87个,平均每专署辖县8.7个。这个平均辖县数和前述民国时期国民政府的专署辖县平均7个左右的情况和抗日根据地民主政权的专署辖县平均7个左右情况,②大体相当。

1961年河南有专署8个,专署的设置有了较大的变动。由于交通等原因河南省省会由开封迁至郑州,原郑州专署改为开封专署;由于交通等(京汉铁路)原因,潢川专署驻地由潢川迁至信阳而改称信阳专署;陕州专署、陈留专署、淮阳专署取消或合并,其所辖县由邻近专署所分辖;此外,建国初期原平原省所辖的安阳和新乡两专区,由于平原省于1952年11月撤销建制,豫北新乡、安阳两专区又重新划归河南省。此时,由于有的专署被合并或取消,专署辖县数量增加。信阳专署辖16县,许昌专署辖15县,商丘、新乡两专署均各辖14县,洛阳、南阳、开封、安阳四专署分别辖13、12、11和10县。这样,专署辖县最少为10个,最多为16个,8个专署辖县105县,平均辖县约为13个,这一辖县情况均较民国时期和建国初期为多。

1971年河南省地区设置的情况又有所变化,新增加周口和驻马店两地区。周口地区的设置与民国时期和建国初期淮阳专署的设置有极大的关

---

① 邵文杰总纂:《河南省志·政府志》,河南人民出版社1997年版,第24—26页。
② 分见前述国民政府时期和新民主主义革命政权时期的有关部分。

系,只是地区行政机构驻周口而不在淮阳。驻马店地区的设置应与原汝南专署的设置有很大关系,只是由于驻马店位于京汉铁路干线上而汝南偏离了铁路线,汝南的历史地位遂由驻马店取代。新乡地区辖县14个,商丘地区辖县8个,许昌地区辖县12个,洛阳地区辖县13个,安阳地区、南阳地区各辖县12个,开封、信阳、周口、驻马店4地区各辖县9个。10地区共辖县107个,辖县最少者商丘为8县,辖县最多者新乡为14县,平均每地区辖县约为11个。这一情况与民国时期河南的情况相似,但仍稍偏高。值得注意的是,1971年,河南省郑州市、开封市、洛阳市三个省辖市开始各领一县,其中,郑州市领荥阳县,开封市领开封县,洛阳市领孟津县。此前,市领县体制在河南省曾于大跃进时期实行过,1958—1960年郑州市领荥阳、新郑、登封、巩县、密县五县,1959年安阳市领安阳县、焦作市领修武县和博爱县、开封市领开封县、三门峡市领陕县。1960年安阳、焦作、开封、三门峡4市又不领县,鹤壁市领汤阴一县。1961年后至1971年之前河南省不再实行市领县制度。1971年后,河南省又开始实行市领县制度。①

1981年河南省设置有地区10个,地区驻地、名称和1971年同。稍有变化的是开封地区由辖9县增加1县为10县,洛阳地区由辖13县增加1县为14县,安阳地区由辖12县增加1县为13县,其他地区辖县与1971年时同。10地区共辖县110个,平均辖县11个。1981年河南省市辖县较1971年时又大大缩小,仅郑州市辖荥阳1县,其他地级市开封、洛阳、平顶山、鹤壁、焦作均不辖县。② 值得注意的是,在地级市中,平顶山、鹤壁、焦作三市,均以新兴的煤炭工业城市而成为行政区划中心,这是行政区划变动的一个新趋向。

由上述四表可知,除建国初期1951年专署辖县较少和1961年辖县较多外,1971年和1981年地区辖县平均为11县左右。在上述四表中,1951年全国刚刚解放,其时专区辖县情况尚处于变化、过渡之中;1961年又处于大跃进后期转变之际,两表均为不稳定形态的表征。1971年虽然处于"文化大革

---

① 《中华人民共和国县级以上行政区划沿革》第二卷,测绘出版社1987年版,第400—484页。
② 《中华人民共和国县级以上行政区划沿革》第二卷,测绘出版社1987年版,第456—458页。

第五章 当代中国专员公署制到地区行署制的法制考察:职权及其他(下)

命"之中,但行政区划模式经过建国后20多年的发展演变已基本稳定,尽管专区改称地区,但专/地作为省县之间一个中间层的基本属性是稳定的。所以,至1981年时地区辖县情况和1971年地区辖县情况基本相同。比之民国时期的1932年11个专署辖县情况和1946年12个专署的辖县情况,大体相当。而且,就专员区的中心城市而言,至1981年时仍表明,除少数个别新兴工业城市崛起作为地级市和因交通原因中心城市发生转移外,绝大多数城市仍为民国时期的地方中心城市,这些城市一般都具有悠久的政治和文化中心的特点。如民国时期作为专署驻地的商丘、安阳、新乡、许昌、南阳、洛阳、淮阳、汝南、潢川、陕州等,中华人民共和国成立后继续作为专区/地区中心,后来虽然由于交通原因有的行政中心如淮阳改到周口、汝南改到驻马店、潢川改到信阳、陕州改到三门峡,但均与原有行政中心有历史的承续关系。这种辖县数量的大致范围和行政中心设置的大致格局,虽然没有法律规定必须如此,但是由于历史的习惯和客观管理的约束,这种格局却是相当稳定的。事实上,这种历史的习惯和客观行政管理的需要和约束,就是一种内在的法则。

随着1983年地市合并和地改市制度的改革与推行,地区逐渐为地级市取代。但作为一种行政区划,地级市和地区作为省级以下的行政区划单位性质是一致的。只是,地级市制度的推行,使得一些新兴工业城市发展为新的地区性行政中心。由于地级市和地区的连续性和相近性,我们有必要对地市合并和地改市改革后形成的行政区划新格局的情况作一考察,以探讨地级行政区划出现的新特点和新问题。

表7 1988年河南省地区及地级市设置情况及辖县、市情况①

地、地级市	郑州市	新乡市	焦作市	安阳市	鹤壁市	濮阳市	许昌市	洛阳市	漯河市
辖县、市数	6	8	6	5	2	5	3	9	3

---

① 《中国邮政大全》,人民邮电出版社1989年版。与邮政编码相似的还有区号制度,区号在省和自治区是以地级为单元的,现行的区号制度是20世纪90年代实施的。原来的区号以县为单元,现行区号以地级为单元,这种单元,与邮政编码相似,似有强化地级单位概念的作用。

185

续表

地、地级市	平顶山市	三门峡市	开封市	信阳地区	南阳地区	周口地区	商丘地区	驻马店地区
辖县、市数	5	4	5	9	11	9	8	9

根据上表可知,地改市和一些新的地级市的建立,由于地区行政中心模式要求新设地级市要同时具有行政中心、文化中心、交通中心、工业中心、商业中心等多种功能,从而推动了老城市的建设步伐,促进了新兴城市的兴起、发展与完善,促进了行政区划的现代化进程。就河南省而言,建国初期的地区性行政中心多数是民国时期就已有的,甚至多数经历了一二千年的发展历史,其发展的速度无疑是比较缓慢的。地改市制度推行后,焦作、鹤壁、平顶山、濮阳、三门峡等城市或因煤炭或因石油或因水利建设而迅速发展为行政区划与文化中心,这无疑是中国行政区划的一次大的变动、大的突破,为未来的行政区划变革作了重要的积累。但是,在地改市制度推行过程中,由于缺乏必要的理性思考、理论设计和科学详细的论证以及推行过速,事实上存在相当的问题。尤其是追求升格,致使地级市数量设置偏多,使地级行政机构设置有较大增加,地级行政人员总数激增。河南省专/地级行政单位民国时期在11—13个之间,建国后至1983年前,河南专/地设置则在10个以内,"省辖市"辖县不为常态。各专地辖县的数量整体差异不大。而地级市设置的增多,必然导致地级单位平均辖县的减少,有的地级市如鹤壁市仅辖2县,有的地级市如洛阳则辖9县,而地区原辖县情况仍维持不变,如南阳地区仍辖有13个县(县级市),南阳地区辖县(县级市)比鹤壁、许昌、漯河、三门峡4个地级市辖县(县级市)还多,信阳、周口、商丘、驻马店4地区辖县一般要较其他地级市为多,使地级单位辖县情况亦呈现出不平衡的状态。

地改市所带来的地区行政区划变动程度和幅度,可能由于实行邮政编码制度而得到了意想不到的控制。1987年全国开始实行邮政编码制度,这一邮政区划的划分,就是根据省级、地级和县级分层级进行编码的。邮政编

第五章　当代中国专员公署制到地区行署制的法制考察:职权及其他(下)

码制度本来只是用户通讯地址的数码代号,是邮政制度的一种改革;但由于地址编码的存在,使得省级以下的各地级单位有了自己的独特的数据代号,而其所辖的县是该地区邮政数据代号一分子,从而强化了地区和地级市的邮政区划以至行政区划的意义。由于每个地级单位及其所辖县级单位组成一个自成体系的数据代码系统,县的数据代码是地级数据系统的一分子,而各地级邮政代码数据的集合便是省邮政数据代码系统,因而,使得地级单位是省、地(含地级市)、县三级系统中最关键的一个部位。而由于各地级单位的数据代码已经明确,事实上亦就把地级单位的数量和范围相对固定化了。比如,实行邮政编码制度以前,一个地区可以划分为2—3个地级单位,如1981年安阳地区行署辖县13个,安阳一地区在实行地市改革后划分为安阳市、濮阳市和鹤壁市三个地级单位。实行邮政编码制度后,一个地区大体都有一个相对统一和联系的邮政编码,如果再将该地区划分,似乎会给该地区的编码带来困难。在这里,编码的表征不仅是邮政的,甚至就是行政区划的。1987年实行邮政编码制度后,根据1989年出版的中国邮政大全提供的截止到1988年年底的资料对比,全国地级单位的划分到以后仍没有大的变化,即使某些地区改为市了,但地区再行分割的情形已不多见,如河南省商丘、周口、驻马店、信阳、南阳四地区后来改为地级市,但上述四个地级市均未再行划分。

其他省级单位内专/地辖县情况的演变尽管与河南省相比不尽相同,但大体的演变趋势与河南省是一致的。1983年地市合并、撤地改市改革之前,各地辖县大体是平衡的。地区单位除1950年199个、1958年121个、1959年119个、1960年116个几个过多或过少的特殊情况外,地区建制大体上在140个至170个左右,县的设置因合并除1958—1961年比较偏少情况特殊外,其他年份大体在1900个至2000个左右。这样,在1983年前,由于地级市辖县不为常态,地区辖县没有大的变化和波动。[①] 1983年地市合并、撤地

[①] 陈潮、陈洪玲主编:《中华人民共和国行政区划沿革地图集》(1949—1999),中国地图出版社2003年版,第154—157页。

改市后,由于地级市、地区均辖县,平均辖县自然减少。

表8　1983—1999年地级市与地区合计统计表①

年份合计	1983年 282个	1984年 283个	1985年 288个	1986年 285个	1987年 287个	1988年 296个	1989年 298个	1990年 298个	1991年 300个
地区	138个	135个	125个	119个	117个	113个	113个	113个	113个
地级市	144个	148个	163个	166个	170个	183个	185个	185个	187个
年份合计	1992年 301个	1993年 297个	1994年 295个	1995年 296个	1996年 297个	1997年 294个	1998年 293个	1999年 294个	2005年 300个
地区	110个	101个	89个	86个	79个	72个	66个	58个	17个
地级市	191个	196个	206个	210个	218个	222个	227个	236个	283个

由上表知,1983年至1999年,尽管地区建制由于被撤逐渐减少,但由于地区建制取消的同时改建为地级市。因之,地级市与地区总数大致维持在282个至301个左右,即使到2005年的地级市与地区的合计,仍在此范围之内。这个数量范围与1983年前的地区140个至170个的范围相比,增长至一倍,而县及县级市的数量基本未发生大的变动。这样,1983年地市合并、撤地改市后,由于辖县地级单位的增加,地级单位平均辖县的数量自然在减少。就全国的这一情况看,与前述河南省的情况也有相似之处。地级单位平均辖县的减少,是否意味着行政成本的增加,这已成为一个问题。因为,地级市管县以后,其机构的膨胀问题又成为改革的一个问题。问题还不仅在于此,由于地级市的设置出于种种的原因和不同的改革阶段,使得地级市的辖县(县级市)没有一个统一的标准,有些地级市辖县(县级市)达十个以上(河北保定市辖县市甚至达二十二个②),有的则只辖县(县级市)一二个,有的甚至无县(或县级市)可辖。这种

---

① 陈潮、陈洪玲主编:《中华人民共和国行政区划沿革地图集》(1949—1999),中国地图出版社2003年版,第155—156页;中华人民共和国民政部编:《中华人民共和国行政区划简册》,中国地图出版社2005年版,第1页。

② 中华人民共和国民政部编:《中华人民共和国行政区划简册》,中国地图出版社2005年版,第18页。

第五章　当代中国专员公署制到地区行署制的法制考察：职权及其他（下）

颇有些失去平衡的行政区划做法是否合理，值得考虑。从行政区划管理的角度考虑，地级单位的辖县应该有一个大致公认合理的幅度，高于或低于这个幅度就应该是不合理的。这个公认的幅度，应该体现了行政区划管理的客观规则，是一种自然的法则要求，或是一种客观的法则要求。人们对这种客观的法则有了自觉的理解、认识后，就要形成约束行政区划管理的一套规范、规则，这就是关于行政区划管理的法规。地级层辖县数量的失衡问题，反映了对这一问题的客观法则尚缺乏自觉的认识，尚缺乏一套必要的行政区划和管理的具体的规范和规则。这一问题是需要进一步解决的。

职权行使的区域范围又与行政区域管理的幅度相联系。专区/地区以及地级市，其所辖县（市）应有一定管理幅度，这个幅度，是以专/地这一层级客观上所要求的管理最大值和最小值为界限的。这是一个客观的规则，也是管理科学性的要求，它体现在管理习惯所形成的认识之中。除了省、县管理区域比较固定外，在地级单位和乡级单位，在组织法中明确一个比较科学的管理幅度，应该是可行的，在新民主主义革命时期的政权组织法制建设中是有过经验的。① 鉴于地级管理单位辖县过多或过少问题的出现，在组织法中予以管理幅度的规定，是必要的。

三、专/地行政组织的地位

如前所述，专员区公署的地位在法律上是省级政府的派出机关，其任务被认为"是协助省贯彻执行中央、省人委（省人委的全称是省人民委员会，即省政府——引者）制定的方针政策和各项工作指示"，② 其职权被认为主要是

---

① 早在新民主主义革命政权建设中，如对乡一级政府的建制就有所辖村庄数量、区域范围等规定。见《中国新民主主义革命时期根据地法制文献选编》第二卷，中国社会科学出版社1981年版，第38、125、237页。

② 中共开封专员公署党组：《关于专署体制讨论的报告》第1—2页，全宗号：33，案卷号：21，开封市档案馆藏。

"督导检查"。① 专署本身并不具有独立的职权,它的职责和任务是"协助"省的职权的行使,这也是省派出该机关的目的所在。建国后由于未制定专员公署组织法规,故专员区公署的职权事实上并没有法律上的依据。在这种情况下,专署法律上的地位与性质也往往为上下级及其自身所忽略。于是,"专虽不是一级正式权力执行机关,但机构设置和实施权力的范围,实际上已经起了一级政权、组织的作用。"②这就是说,专署虽在法律上不具有一级政权之"名"的地位,实际上已经取得了一级政权之"实"的地位。这种状况应是自建国之初至1954年宪法公布后的1956年前后,专署级讨论宪法与专署体制问题时一直存在的。此后,关于专署实际职权问题的改革意见和方案虽然提出,根据某些史料看并确实开始推行与实施,但随后不久随着形势的变动与政策的变化又提出了加强专署权力的意见。随着1958年大跃进中共中央下发243号文件强化专署权限,专署的实际一级政府的地位又得到了恢复。

"文化大革命"爆发后,原有的党政机构均陷于瘫痪半瘫痪状态。毛泽东用"天下大乱,达到天下大治"③的"休克"法先"破"后"立"。经毛泽东批准,全国各地造反派夺权后,建立起联合、统一的领导机构"革命委员会",取代了地方各级党政机构的职权。就专区这一层级机构来说,在成立革命委员会前后,各地区先后改称地区。专区即专员"行政区","地区"之称则主要应来源于与专员公署同级层的党的组织——"地委"(其全称为中共"某某"地方委员会,简称"某某""地委")之"地",有"地"管理区域之意。事实上,在"文化大革命"前期地区革命委员会成立时,其最高权威机关往往被认为是"中央文革",并不是国务院。中央文革隶属于中共中央和毛泽东主席,因此从隶属关系上,也似乎可以反映出"专"改"地"的政治属性。实际上,专改

---

① 张焕光、苏尚智等编:《中华人民共和国行政法资料选编》,群众出版社1980年版,第289页。

② 中共开封专员公署党组:《关于专署体制讨论的报告》第1—2页,全宗号:33,案卷号:21,开封市档案馆藏。

③ 《建国以来毛泽东文稿》第12册,中央文献出版社1998年版,第71页。

第五章 当代中国专员公署制到地区行署制的法制考察：职权及其他(下)

地的过程要复杂得多。如前已所述，文革开始后的第二年即1967年就已有专改地，大部分专区到1971年改为地区，极个别的则迟至1976年才改为地区。地区革命委员会的设置，从法律上看，并没有任何依据。当然谈不到什么法律地位。但就事实上看，地区与以往法律上肯定为一级正式政府地位的省、县行政层级已没有任何形式上的差别，已具有与省、县相同的权力地位。这一地位，迟至1975年的宪法中予以肯定，于是，地区由省的派出机关而上升为法定的居于省、县之间的正式一级政府。

"文化大革命"结束后，地区的地位问题随着对"文化大革命"时期极"左"错误的反思和纠正，也随之凸显出来。在法律上地区再次被改为省的派出机关。这样，省的派出机关地区行政公署，取代了"文化大革命"中法定的一级政府机关地区革命委员会的地位。但事实上地区行署虽是省的派出机关，但迟至1990年代，如前已所述，仍起着一级政府的作用，具有一级政府的实际地位。

综之，从专员区公署到地区行署，其间这一层级的法律地位与实际地位几经变动。建国后到"文化大革命"爆发前，其法律地位是省的派出机关，实际地位则在省派出机关与实际上的一级政府之间变动，法律规定与实际状况相矛盾、不一致的状况占据主导位置，显示了当时法律约束力薄弱的历史面相。"文化大革命"时期，地区革命委员会则不再受专员公署名与实不一致的困扰，而先具有正式的一级政府之实，后又有一级政府地位之实。"文化大革命"结束后，地区行署仍受名与实不一致之累，虽然是省的派出机关，但仍起着一级政府的实际作用。既然如此，就应该让其具有合法的正式一级政府地位。这样，在不变动宪法规定的前提下，通过地改市改革，使省级政府的派出机关地区行署，改制为既具有"市"合法地位又具有"地区"区域管理功能的"地级市"政府。于是，法律上和实际上达到了一致。尽管有论者对地级市的法律地位提出质疑，但它已经成长为一个坚实的层级政府制度。尽管有论者提出缩小省区减裁地级市这一层级，但在中国未实行地方自治制度和分权体制的情况下，为减裁地级市而缩小省区，显然也是难以实现的。事实上，在行政组织严格依照组织法的规定建立精简高效的各级行政机构的情况下,同样能达到如同缩小省区那样提高行政效率的目的。而且,如果政府机构仍然膨胀,即使缩小省区也达不到提高行政效率的目的。况且,缩小省区是一个牵涉全局、影响甚广的重大政治问题,需要谨慎对待,在条件不成熟时,是绝不可贸然推行的。

四、专/地行政组织与中共地方党组织的关系

专/地行政机关与地方党组织的权力关系,是认识和把握专/地层级组织法制的一个重要方面。专署和其后的地区革命委员会及以后的行署,对应的地方党的组织机构是地委。"文化大革命"前,一般而论,在党领导的原则下,地委的地位和权力显然要高于专署。"文化大革命"期间,地区组织发生变化,在地区革命委员会的混沌组织模式下,实行权力一元化领导。"文化大革命"中后期党的组织恢复,党的组织和地区革命委员会的组织皆属于非常状态,但仍属于以党领政模式。改革开放之后,党政分工的理论一时倡行,然地委对行署的领导地位并未发生变化。地委和行署在总的目标上自然是一致,但由于工作重心不同,地委和行署决策无疑还是有区别的。地委的决策多涉及全区中心工作以及干部人事变动、政治思想的教育和宣传、党的组织的活动;行署的决策除了中心的经济工作外,往往还有具体工作的布置和安排。

地委即党的地方委员会,建国初期至 1956 年中共八大之前是党的章程所规定的省委以下、县委以上的正式的一级地方党组织。而对于专署的地位,建国后一个时期亦倾向于认为是一级正式政府机构,到 1954 年宪法颁布后才正式规定专署不是一级正式政府机构,是省政府的派出机关。1956 年中共八大会议决定,把党的地方委员会作为省、自治区委员会的代表机关,[①]即派出的代表机关。"文化大革命"中的中共九大、十大党章规定极简,地委

[①] 邓小平:《关于修改党的章程的报告》,《邓小平文选》第一卷,人民出版社 1994 年版,第 252 页。

第五章 当代中国专员公署制到地区行署制的法制考察：职权及其他（下）

的性质是派出或正式难以找到文献上的根据。"文化大革命"后的1977年召开的中共十一大，仍对党的地委组织没有明确的规定。对地委的地位又有明确规定的，是1982年的中共十二大的党章第四章第二十九条："党的地区委员会和相当于地区委员会的组织，是党的省、自治区委员会在几个县、自治县、市范围内的派出的代表机关。它根据省、自治区委员会的授权，领导本地区的工作。"①这一规定，直至2002年召开的中共十六大的党章中，仍对原段一字未动地予以保留，稍有变动的只是将原第四章第二十九条调整为第四章第二十八条。② 对地委的这种规定，是与地区行署的省政府的派出机关的地位相对应的。

探讨专署/行署与地方党的关系及其演变，可以从地委工作部门与专署或行署工作部门设置的比较中获得认识。

从开封地委的前身郑州地委工作部门的设置，可以考察和分析地委的工作职能及其与专署行政的关系。中共郑州地方委员会1949年1月由原中共豫西区第四地区委员会改称，属中共豫西区领导，1949年3月中共河南省委成立后改归河南省委领导。中共郑州地委从1949年1月起到1955年4月改称开封地委止，存在6年多时间，正是中华人民共和国成立初期。从这一时期郑州地委工作部门的设置，可以考察其工作的范围和重点。这一时期，地委设书记1人，副书记1人，开始下设办公室、组织部、宣传部、党校、青年工作委员会、妇女工作委员会，后陆续增设政策研究组（1950年7月）、纪律检查委员会（1950年7月）、工业部、（1952年10月）、机要科（1952年10月）、地直属机关党委（1953年4月）、保密委员会（1953年8月）、水上党委（1953年11月）、统一战线工作部（1953年12月）、农村工作部（1954年9月）。③

---

① 《中国共产党第十二次全国代表大会文件汇编》，人民出版社1982年版，第114—115页。
② 《中国共产党第十六次全国代表大会文件汇编》，人民出版社2002年版，第79页。
③ 《中国共产党河南省开封市组织史资料》（1922—1987），中共党史出版社1991年版，第114—117页。其中，1953年7月后，副书记任职时间有交叉。

193

专区与地区政府法制研究

郑州地委在成立之初,从其工作机构设置看,全在党务范围之内。这种设置和前述战争时期机构设置的情况相似,工作部门设置是精简的。这种工作机构的格局,是按照党政职能分开的原则设置的。1952年10月地委设立工业部,这是地委工作开始介入经济领域的一个标志。地委设立工业部,是否与即将开始以城市工业为重点的大规模的计划经济建设以加强党的领导有关,尚待进一步的史料查证。1954年9月,地委又设立农村工作部。本来,中共中央于1952年11月决定,只在省委以上的党委设立农村工作部,而在地委以下的各级党委,因其主要任务即是领导农村工作,故无另外建立农村工作部之必要。只是某些市、镇单位较多的地委,可酌情设立专管城、镇工作的机构。① 地委农村工作部的设立,应与中共中央于1953年年底决定在农村发展农业生产合作社的政策和形势有关。因为,发展农村合作社,就要求地方党委加强对农村这一工作的指导。这样,地委的工作职能又从工业延伸到农业领域。由此可见,建国之初期的一二年间,地委的工作部门尚限定在党务范围之内。所以出现这种情况,除了思想上的认识问题外,可能还与当时国家财政经济较为困难各级党政机构尚需紧缩有关。1951年11月27日,中共中央发出关于全党必须紧缩编制、精简机构的指示,指出:"增加生产,厉行节约,以支持中国人民志愿军"是我党当前最中心的任务。而紧缩编制,精简机构,则是实现这一任务的重要的一环。目前,县以上各级党务机关及其附属单位,仍存在着机构庞大和层次重叠的现象。因此,各级党委对于党务系统的编制,必须贯彻全国编制会议关于紧缩上层、充实下层、减少层次、调整区划、精简机构、裁减冗员的精神,按照政务院去年(1950年——引者)六月关于党务系统暂行编制的规定,在中央及中央局的员额中均各减少五分之一;分局、省委减少十分之一;地委一级须酌情减少。② 在此情况下,原有工作机构及员额尚难维持,遑论增加工作机构了。随着形势的

---

① 中国人民解放军国防大学党史党建政工教研室编:《中共党史教学参考资料》第十九册,国防大学出版社印行,1986年,第595页。
② 中国人民解放军国防大学党史党建政工教研室编:《中共党史教学参考资料》第十九册,国防大学出版社印行,1986年,第380页。

第五章 当代中国专员公署制到地区行署制的法制考察：职权及其他（下）

好转,尤其到1952年年底完成了经济恢复的艰巨任务,随之,大规模的经济建设开始,在这种情况下,中共作为执政党,欲对经济建设实施领导权,就开始在党委内设立领导经济建设的工作部门。既然党委的部门与专署的工作部门在某些方面相交叉,在党委地位高于相对应的行政机关地位的情况下,党的领导就难免干涉甚至代替政府的领导。但应该说,在郑州地委时期,以党代政的现象才开始出现。

1954年10月,中共郑州地委由荥阳迁到开封。1955年4月,经中共河南省委批准,中共郑州地委改称中共开封地委。由开封地委1955年4月成立到1966年5月"文化大革命"爆发前的机构设置情况,可以考察和分析这一时期地委和专署的党政职能关系。1955年4月至1958年12月,开封地委领导设书记1人,副书记3人。1958年12月至1966年5月,开封地委领导设第一书记1人,第二书记1人,书记处书记6人;工作部门有办公室(1955年4月)、组织部(1955年4月)、宣传部(1955年4月)、统战部(1955年4月)、农村工作部(1955年4月)、工业部(1955年4月,后于1964年5月改称工业交通政治部)、保密委员会(1955年4月)、纪律检查委员会(1955年4月,后于1956年12月改称监察委员会)、党校(1955年4月)、地委直属机关党委(1955年4月)、财政贸易工业部(1955年12月,后于1964年9月改称财政贸易政治部)、文化教育部(1957年3月)、豫东导报(1959年3月)。① 由上可知,这一时期开封地委领导由郑州地委时期设书记1人、副书记1人共2人,增加为第一书记1人、第二书记1人、书记处书记6人共8人,书记职务设置的增多,使得地委直接设置分管各个方面的领导成为可能。而新的工作部门主要又增加了财政贸易工业部和文化教育部,原工业部1964年改称工业交通政治部后比原工业部的工作范围又有新的扩展和变化。这些变化,使地委的工作职能在某些方面逐渐与专署的工作职能趋同。

这一现象的出现,是党委对政府的分口领导制度的实施造成的。1955

---

① 《中国共产党河南省开封市组织史资料》(1922—1987),中共党史出版社1991年版,第129—133页。

年10月,中共中央批准了同年8月1日中共中央组织部的工作报告,其中的一个重要内容是各级党委建立分口领导政府工作的机构和制度。① 这种分口领导制度,后称为对口领导制度。此制的推行和进一步实施,使党政不分的现象逐渐严重。所谓分口领导或对口领导事实上也并非真的就如有学者所说的"设立与行政部门一一对应的党委工作部门"。② 所谓一一对应实难做到。就这一时期开封地委与开封专署的工作部门看,开封地委最多时亦在12个左右,而开封专署多时工作机构达50多个,两者事实上无法做到一一对应。所谓分口或对口,应理解为"划片"或"包片",即一个党委工作部门领导一个或几个性质相近的政府工作部门。

即使从河南省委的工作部门看,也远未细化到能与政府工作部门一一对应领导的程度。有关资料显示,1949年2月中共河南省委筹建之后,设置10个工作部门,即秘书处(1952年10月撤销,改设办公厅)、政策研究室(1952年11月撤销)、组织部、宣传部、社会部(1952年8月撤销)、工人工作委员会(1958年撤销)、青年工作委员会、妇女工作委员会(1959年5月撤销)、省委党校、河南日报社。1949年11月至1952年10月,省委工作机构由原来10个增加到14个,增加了城工部(不久改为工业部)、统一战线工作部、纪律检查委员会、农村工作委员会(1953年3月改称农村工作部)和省直机关党委。城工部和农村工作委员会两部门与政府工作部门业务有交叉关系。1956年,河南省委工作机构又增加到16个,增设有书记处办公室(1955年10月设立,1962年4月撤销)、监察委员会(1955年6月设)、政法委员会(1957年12月设,1962年6月改称政法工作领导小组)、财贸工作部(1955年7月设,中曾撤,后又恢复,1964年5月改称财贸政治部)、文化教育工作部(1956年2月设,1960年10月撤,1961年5月又恢复,1962年7月又撤)。到"文化大革命"前夕,河南省委工作机构减少为13个,即办公厅、组织部、宣传部、统一战线工作部、监察委员会、政法工作领导小组、农村工作部、工

---

① 刘琳:《新中国成立以来党政关系的历史演变及启示》,《马克思主义研究》2005年第3期。

② 见谢庆奎等:《中国地方政府体制概论》,中国广播电视出版社1998年版,第167页。

第五章　当代中国专员公署制到地区行署制的法制考察：职权及其他（下）

业交通政治部、财贸政治部、省委党校、档案局、省直机关党委、河南日报社。① 就河南省委的工作部门看，自然无法与政府工作部门一一对应领导。较少的党委工作部门对较多的政府工作部门进行领导，只能是一个党委工作部门对应多个政府工作部门的所谓分口或对口领导。

当然，就对口领导而言，尽管党委很难做到对政府工作部门的一一对应的领导，但由于政府的各个工作部门仍然有一个党委的负责人或党委工作部门的宏观的或具体的领导，党政不分、以党代政的现象就难以避免。更何况各个政府工作部门都有一个由本级党委领导的党分组，政府的党组和工作部门的党分组（或党组）也是本级地方党委对同级政府实现领导的一个途径和方式。这样，党的对政府领导就容易变成党代替政府进行领导或党政合一领导。地方党委对政府的领导在某些方面可以通过毛泽东的《工作方法六十条（草案）》得到解读。这篇写于大跃进发动之初的文献的有关内容，向我们展示了党的领导在经济和社会领域领导的内容、方面和程度。其中说：

一、县级以上各级党委要抓社会主义建设工作。这里有十四项：1. 工业，2. 手工业，3. 农业，4. 农村副业，5. 林业，6. 渔业，7. 畜牧业，8. 交通运输业，9. 商业，10. 财政和金融，11. 劳动、工资和人口，12. 科学，13. 文教，14. 卫生。

二、县以上各级党委要抓社会主义工业工作。这里也有十四项：1. 产量指标，2. 产品质量，3. 新产品试制，4. 新技术，5. 先进定额，6. 节约原材料，找寻和使用代用品，7. 劳动组织、劳动保护和工资福利，8. 成本，9. 生产准备和流动资金，10. 企业的分工和协作，11. 供产销平衡，12. 地质勘探，13. 资源综合利用，14. 设计和施工。这是初步拟定的项目，以后应该逐步形成工业发展纲要"四十条"。

三、各级党委要抓社会主义农业工作。这里也有十四项：1. 产

---

① 中共中央组织部等编：《中国共产党组织史资料》第五卷第9册，中共党史出版社2000年版，第564—569页。

量指标,2.水利,3.肥料,4.土壤,5.种子,6.改制(改变耕作制度,如扩大复种面积,晚改早,旱改水等),7.病虫害,8.机械化(新式农具,双轮双铧犁,抽水机,适合中国各个不同区域的拖拉机及用摩托开动的运输工具等),9.精耕细作,10.畜牧,11.副业,12.绿化,13.除四害,14.治疾病讲卫生。这是从农业发展纲要四十条中抽出来的十四个要点。四十条必须全部施行。抽出一些要点,目的在于有所侧重。纲举目张,全网自然提起来了。

四、全面规划,几次检查,年终评比。这是三个重要方法。这样一来,全局和细节都被掌握了。①

对于六十条中的内容,毛泽东说:"这里所说的几十条,并不都是新的。有一些是多年积累下来的,有一些是新提出的。这是中央和地方同志一九五八年一月先后在杭州会议和南宁会议上共同商量的结果。这几十条,大部分是会议上同志们的发言启发了我,由我想了一想写成的;一部分是直接记录同志们的意见;有一个重要条文(关于规章制度)是由刘少奇同志和地方同志商定而由他起草的;由我直接提出的只占一部分。这里讲的也不完全是工作方法,有一些是工作任务,有一些是理论原则。"②在某种程度上,这是党内一种共同性的认识。这种认识,把各级党委的工作甚至主要工作具体到纯粹应由政府管理的各行各业的工作中去,甚至有相当一些工作项目是应由社会或企业自主管理即使政府也不应管理的,如关于工业方面的相当一些项目和农业方面的某些项目,有些项目只需要政府加以引导由市场运行机制完成效果会更好,而地方各级党委却要管,要代替政府、企业和社会亲自抓这些自身并不熟悉的具体业务工作,其结果不但难以做好,而且往往做得效果甚差,甚至惨败。对于这种事无巨细都要管的工作思路,毛泽东也许对其实行感到有些担心,因而他套用1953年反对分散主义的口诀,说明应采取的工作原则时,要求地方四级会议讨论这一原则是否正确的问题,当

---

① 《建国以来毛泽东文稿》第7册,中央文献出版社1992年版,第46—47页。
② 《建国以来毛泽东文稿》第7册,中央文献出版社1992年版,第45—46页。

第五章　当代中国专员公署制到地区行署制的法制考察：职权及其他（下）

然，他对这一工作原则还是欣赏的。他说：

> 在省、地、县三级或者省、地、县、乡四级干部会议上，讨论一次党的领导原则问题，讨论一下这些原则是否正确："大权独揽，小权分散。党委决定，各方去办。办也有决，不离原则。工作检查，党委有责。"这几句话里，关于党委的责任，是说大事由它首先作出决定，并且在执行过程中加以检查。"大权独揽"是一句成语，习惯上往往指的是个人独断。我们借用这句话，指的却是主要权力应当集中于中央和地方党委的集体，用以反对分散主义。难道大权可以分揽吗？①

姑且不论"大权独揽"这种说法是否妥当，仅由毛泽东列举的党委工作内容，事实上相当一些对党委来说并不一定是大权方面的内容，党委不仅抓大的方面，也抓小的方面，不仅抓大权，也抓小权。在毛泽东接下去的关于"小权分散"的解释里，找不到政府机关、企业、合作社、人民团体作为一种独立责任人的位置，甚至找不到党委决定后由政府去办的位置：

> 所谓"各方去办"，不是说由党员径直去办，而是一定要经过党员在国家机关中、在企业中、在合作社中、在人民团体中、在文化教育机关中，同非党员接触、商量、研究，对不妥当的部分加以修改，然后大家通过，方才去办。②

这里，见到的只是毛泽东关于这些国家机关、企业或人民团体中党员和非党员以个体政治身份如何合作执行党委决策的解释。从他的解释里，找不到政府作为国家权力执行机关如何将中共决策转化为政府行政计划并付诸实施这一权力运作之正常程序方面的观点。在毛泽东看来，政府和企业、人民团体一样，只是党的决策决定后各方去办的一种组织形式而已。

事实上，政府这一组织形式与其他组织形式又有极大的不同。这就是，只有政府，才是国家进行统治和政治调控、权力执行和社会治理的合法权威

---

① 《建国以来毛泽东文稿》第7册，中央文献出版社1992年版，第57页。
② 《建国以来毛泽东文稿》第7册，中央文献出版社1992年版，第57页。

机关。国家权力的执行和国家对社会的治理,只有通过政府管理的渠道才具有法律上直接和具体的依据。如果政府的这些基本职能被其他组织如政党或团体所取代,这个国家的权力就往往处于法律失控状态。这一时期,以党代政最典型的就是大跃进和人民公社化。如1958年全国性的大跃进运动和人民公社化运动这样的涉及工农业经济领域和基础政权结构形式变革的重大事件,就是中共中央通过中央政治局扩大会议和中央工作会议,以中国共产党的名义,在中共中央和地方各级党委的直接领导下发动和进行的;很难在大跃进运动中找到各级政府行政功能的影子。在事实上,这样普及性的全面运动没有各级政府的领导是不可能进行的,但各级政府到哪里去了呢?各级党委代替了政府的职位,政府退而成为党委的职能部门,所以只见党委而见不到政府。权力集中到各级党委,党委管了很多不该管也管不好的工作。大跃进运动的失败,并没有使各级党委认识到以党代政的弊端。1962年1月,毛泽东在七千人大会上所作的《在扩大的中央工作会议上的讲话》中表示:"工、农、商、学、兵、政、党这七个方面,党是领导一切的。党要领导工业、农业、商业、文化教育、军队和政府。"①在毛泽东看来,不是政府领导工业、农业、商业、文化教育,而是党。这样看来,政府的职能在哪里呢?显然,当时在毛泽东的认识里,没有注意到政府应有的职能这一关键问题,遗忘了他早在土地革命战争时期就井冈山革命政权中观察到并尖锐地提出的以党代政所造成的政府权威低落问题。在他看来,党既然要领导中国进行社会主义革命和社会主义建设,党就应义不容辞地承担领导一切的任务。如果否认这一点,就是对党的事业的不忠诚,就是否认甚至是反对党的领导。他对党的领导和执政问题作了最机械的理解,对于党怎样领导即善于领导还是拙于领导的问题并未介意。而当他发现有人表示出不同的意见时,他就怀疑别人在搞独立王国,是反党集团,是修正主义或走资本主义路线的当权派。正是沿着这一思路,他发动了"文化大革命",不仅清除了他所认定的"另一个司令部"的人,也将党政机关合二为一,成立了地方政权一元

---

① 《毛泽东文集》第八卷,人民出版社1999年版,第305页。

第五章 当代中国专员公署制到地区行署制的法制考察:职权及其他(下)

化的领导机构"革命委员会"。而这一机构,正是毛泽东及那个时代的一些人,对党政关系认识误区的一个缩影。

截止到"文化大革命"之前,中共党内对党政不同职能有比较清晰认识的观点,可见之于董必武和邓小平的有关文章或报告中。董必武在建国初期曾提出:党无论在什么情况下,不应把党的机关的职能和国家机关的职能混同起来。党不能因领导政权机关就包办代替政权机关的工作,也不能因领导政权机关而取消党本身组织的职能。① 邓小平在 1956 年 9 月 16 日中共八大关于修改党的章程的报告中指出:"党是阶级组织的最高形式,指出这一点,在今天党已经在国家工作中居于领导地位的时候,特别重要。这当然不是说,党可以直接去指挥国家机关的工作,或者是把各种纯粹行政性质的问题提到党内来讨论,混淆党的工作和国家机关工作所应有的界限。"②在董必武和邓小平的上述言论中,分别提到党和国家机关的职能或界限问题。而对于党和政府等国家机关的不同职能或界限到底是什么,两人并未进一步展开阐述。即使对于党和国家机关不同职能或界限这一简单的、常识性的概念问题的认识,当时也非常少见,足见人们对党政关系认识之水平和程度的局限。尽管邓小平的上述话是作为党的代表大会的报告在中共八大上提出,但邓的这一认识很难说是一种共识。党内的主流认识应该是毛泽东在《工作方法六十条(草案)》中套用的"大权独揽"的十六字口诀中所体现的以党代政的观念。在这种认识指导下,大权集中于各级党委,各级党委大权又集中于中央,中央大权又集中于毛泽东个人。正是在这种不正常的政治格局之下,毛泽东利用他个人的权力和权威,发动了旨在打倒从中央到基层的各级"走资派"的"文化大革命"。

"文化大革命"爆发后,原有的党政机构均陷于瘫痪、半瘫痪状态。毛泽东用"破"法当头,把那些在毛泽东看来"是要整个打倒我们的党和我本人"③的各级党政机关中埋藏的"走资本主义道路的当权派",用红卫兵造反

---

① 《董必武选集》,人民出版社 1985 年版,第 308 页。
② 《邓小平文选》第一卷,人民出版社 1994 年版,第 236 页。
③ 《建国以来毛泽东文稿》第十二册,中央文献出版社 1998 年版,第 72 页。

专区与地区政府法制研究

的方式统统打倒。经毛泽东批准,全国各地造反派夺权后建立的机构名之为"革命委员会",它取代了地方各级党政机构的职能。从某种意义上说,这种名之为"革命委员会"的一元化领导的机构,不正是沿着建国后至"文化大革命"前以党代政、党政合一领导模式发展的结局吗?到1968年9月5日,以西藏和新疆两个自治区的革命委员会成立为标志,全国29个省级单位已完成了建立革命委员会的任务。而就专区这一层来说,在成立革命委员会的前后各地先后改称地区。专区改为地区,在"文化大革命"开始的第二年1967年就已经开始,大部分专区到1971年已改为地区,极个别的则迟至1976年才改为地区。①

"文化大革命"时期的党政关系,呈现一种变形的状态。"文革"初期,原有的党政机构均遭冲击,红卫兵造反组织成为临时权力机构。随后成立的各级革命委员会机构则是一元化的党政合一领导机构,是中共中央、国务院、中央文革小组的下属各级机构。革命委员会正像毛泽东说的,由革命干部、军队和革命群众代表组成"三结合"的"革命委员会","要实行一元化的领导","打破重叠的行政机构,精兵简政,组织起一个革命化的联系群众的

---

① 具体来说,专区改地区的情况是:河北省1968年以前为专区,1968年改为地区。山西省1967年以前为专区,1967年改为地区。辽宁省1970年以前为专区,1970年改为地区。吉林省1968年以前为专区,1968年改为地区。黑龙江省1967年以前为专区,1967年改为地区。江苏省1970年前为专区,1970年改为地区。浙江省1973年以前为专区,1973年改为地区。安徽省1971年以前为专区,1971年改为地区。福建省1971年以前为专区,1971年改为地区。江西省1968年以前为专区,1968年1专区改为地区,至1970年全部改为地区。山东省1967年以前为专区,1967年改为地区。河南省1969年以前为专区,1969年改为地区。湖北省1968年以前为专区,1968年1专区改为地区,1970年全部改为地区。湖南省1968年以前为专区,1968年改为地区。广东省1970年以前为专区,1970年改为地区。广西壮族自治区1971年以前为专区,1971年改为地区。四川省1968年以前为专区,1968年改为地区。贵州省1970年以前为专区,1970年改为地区。云南省1970年以前为专区,1970年改为地区。西藏自治区1970年以前为专区,1970年改称为地区。陕西省1969年以前为专区,1969年改为地区。甘肃省1969年以前为专区,1969年改为地区。宁夏回族自治区1970年以前为专区,1970年改为地区。新疆维吾尔自治区1970年以前为专区,1970年3专区改为地区,1975年1专区改为地区,1976年全部改为地区。见陈潮、陈洪玲主编:《中华人民共和国行政区划沿革地图集》(1949—1999),中国地图出版社2003年版,第158—184页。

第五章 当代中国专员公署制到地区行署制的法制考察:职权及其他(下)

领导班子"。① 革命委员会建立后,原党政两套机构、两套领导成员的模式被取消,革命委员会实行一元化的统一领导,代替了原来党和政府的职能。这种体制,正是建国后以党代政的党政关系发展、演变的极端结果。在地区一级,自然也按照"精兵简政"的原则组建地区革命委员会。以开封地区革命委员会为例,1967年12月10日,开封地区革命委员会筹备小组成立,负责全区的各项工作。1968年1月14日正式成立的开封地区革命委员会,取代了地委、专署的职权。地区委员会成立后设立四大组办事。1969年12月,经中共河南省革命委员会核心小组批准,成立中共开封地区革命委员会核心小组。1971年6月,中共开封地区第一次代表大会召开,选举并成立中共开封地委。至1973年4月,中共开封地委撤销地区革命委员会的四个组,陆续设立党的工作机构办公室、组织部、宣传部、统一战线工作部及党校。可见,这一阶段的相当一个时期内党政关系已不存在,合党、政于一。党的组织遭到极大破坏,党组织的正常工作机构及工作职能也被破坏和扭曲,政府部门亦然。而在"文化大革命"中创造出来的"革命委员会",固然是"新生事物",毛泽东对之寄予厚望,然在中央有党有政,在地方党政机构合一,时间一久,其权力运行机制就难以理顺。因之,九大前后,不得不又整党建党,各级地方党委又都恢复,革命委员会又成为一行政机构。革命委员会虽然带有非常意味的亦党亦政的味道,但由于各级地方党委既然已经重建,革命委员会就不得不向行政机构的性能转移。但既然又是"革命"时期,强调精兵简政,革命委员会和地方党委的关系究竟应如何,究竟怎样一元化领导,实际上是一个难题。就地区来说,"文化大革命"后期,随着地委的重建和地区革命委员会陆续设立局、委机构,各局、委又相继设立了党的核心小组,②其性质和"文化大革命"前的党分组是相同的,革命委员会各局、委的党分组受地委的统一领导。这样,地方党政关系又逐渐向"文化大革命"前的模式认同。

---

① 《建国以来毛泽东文稿》第12册,中央文献出版社1998年版,第477页。
② 参见《中国共产党河南省开封市组织史资料》(1922—1987),中共党史出版社1991年版,第204—211页。

专区与地区政府法制研究

"文化大革命"结束后,地方党政关系便又回复到"文化大革命"前的状态。从机构设置上看,地方党委的工作机构基本上还是以党务为主,如中共开封地委自1976年10月至1983年7月主要内设有办公室、政策研究室、组织部、宣传部、统一战线工作部、纪律检查委员会、党史资料征编委员会、保密委员会、政法领导小组、地委党校、老干部处、外事工作领导小组、对台工作领导小组、信访办公室、地直属机关党委15个机构,地区行政机构如对地区行政机构部分研究所显示的那样则急剧扩张(开封地区行署1983年7月裁撤时有工作机构56个之多),党对政的领导呈现一种什么样的具体方式?应该说,党对政的领导基本上还是"文化大革命"前的方式和途径,一方面政府的主要负责人担任同级党委的副书记或常委,以贯彻上级党委和同级党委的意图;另一方面通过政府的党组和政府工作部门的党组(党委)贯彻上级党委和同级党委的意图;同时,通过同级党委组织部对同级政府工作部门主要负责人的人事任免权,把握政府工作部门对党委领导的服从与尊重。1983年开封地区和开封市合并后,开封市实行市管县体制,开封市委进行工作机构的调整主要是增加了经济工作部和农村工作部。[①] 市委设立的这两个工作机构显然是为了加强党对经济和农业的领导。

对于党政关系的理解,根据形势的不同而呈现出不同的内涵和特点。"文化大革命"结束后,在国家进行改革开放的过程中,政治体制的改革也提上了日程。而政治体制改革的一个重要对象和内容,就是党和政府体制的完善与改革,也包括了党政关系问题。

在改革初期,邓小平就注意到了这一问题。1980年8月18日他在中共中央政治局扩大会议上作了《党和国家领导制度的改革》的重要讲话,中央政治局于8月31日讨论通过。邓小平在这篇讲话中,明确提出了"解决党政不分、以党代政的问题",认为党的负责人要"集中精力管党,管路线、方针、

---

① 参见《中国共产党河南省开封市组织史资料》(1922—1987),中共党史出版社1991年版,第306、234页。

第五章　当代中国专员公署制到地区行署制的法制考察：职权及其他（下）

政策","不兼任政府职务"。① 他针对的是国家层面的问题，实际上也适用于地方各级党政关系问题。他尖锐地批评权力过分集中于党委的现象：

> 权力过分集中的现象，就是在加强党的一元化领导的口号下，不适当地、不加分析地把一切权力集中于党委，党委的权力又往往集中于几个书记，特别是集中于第一书记，什么事都要第一书记挂帅、拍板。党的一元化领导，往往因此而变成了个人领导。全国各级都不同程度地存在这个问题。权力过分集中于个人或少数人手里，多数办事的人无权决定，少数有权的人负担过重，必然造成官僚主义，必然要犯各种错误，必然要损害各级党和政府的民主生活、集体领导、民主集中制、个人分工负责制等等。这种现象，同我国历史上封建专制主义的影响有关，也同共产国际时期实行的各国党的工作中领导者个人高度集权的传统有关。我们历史上多次过分强调党的集中统一，过分强调反对分散主义、闹独立性，很少强调必要的分权和自主权，很少反对个人过分集权。过去在中央和地方之间，分过几次权，但每次都没有涉及到党同政府、经济组织、群众团体等等之间如何划分职权范围的问题。我不是说不要强调党的集中统一，不是说任何情况下强调集中统一都不对，也不是说不要反对分散主义、闹独立性，问题都在于"过分"，而且对什么是分散主义、闹独立性也没有搞得很清楚。党成为全国的执政党，特别是生产资料私有制的社会主义改造基本完成以后，党的中心任务已经不同于过去，社会主义建设的任务极为繁重复杂，权力过分集中，越来越不能适应社会主义事业的发展。对这个问题长期没有足够的认识，成为发生"文化大革命"的一个重要原因，使我们付出了沉重的代价。现在再也不能不解决了。②

---

① 《邓小平文选》第二卷，人民出版社1994年版，第321页。
② 《邓小平文选》第二卷，人民出版社1994年版，第328—329页。

在这里,邓小平有三点实际上涉及或者说谈到了党政关系,第一,过分集权于党委和党委第一书记,"必然损害各级党和政府的民主生活、集体领导、民主集中制、个人分工负责制等等",在他看来,党委集权不仅损害了党的领导制度,也损害了政府的领导制度。显然,党委也不适当地把本属于政府的权力也集中到自己的手里,影响了正常的党政关系;第二,过去历史上的几次分权,"每次都没有涉及到党同政府、经济组织、群众团体等等之间如何划分职权范围的问题",在他看来,显然党是应该同政府等划分职权范围的;第三,党的"权力过分集中,越来越不适应社会主义事业的发展","成为发生'文化大革命'的一个重要原因",对这一问题,"现在再也不能不解决"了。在他看来,总结"文化大革命"发生的一个重要教训,就是再不能出现权力过分集中党委的现象。因而,必须实行党政职能的分权,以避免党委权力过分集中的弊端。在这篇讲话中,他还明确提到"真正建立从国务院到地方各级政府从上到下的强有力的工作系统"的问题。他指出:"今后凡属政府职权范围内的工作,都由国务院和地方各级政府讨论、决定和发布文件,不再由党中央和地方各级党委发指示、作决定。政府工作当然是在党的政治领导下进行的,政府工作加强了,党的领导也加强了。"①可以说,邓小平从总结历史教训、反思以党代政和党政不分的弊端及其危害以及国家体制改革的现实需要高度,思考党政关系问题,在这里虽然没有明确提出"党政分开"的概念,但是实际上已经集中地论述到党政应该分开,从而避免以党代政而导致的各种弊端问题。

随着经济体制改革的逐渐深入,要求加快政治体制改革步伐的呼声也日渐高涨。中共党内对政治体制改革中的党政关系问题的认识也更加明确。其中,邓小平对这一问题的认识的言论最为集中,引导着党内的认识。1986年6月28日,邓小平在中央政治局常委会议上的讲话中指出:"党政分开,从十一届三中全会以后就提出了这个问题。我们坚持

---

① 《邓小平文选》第二卷,人民出版社1994年版,第339—340页。在该讲话的另一处,也提到了"建立各级政府自上而下的强有力的工作系统"的问题,见前引书,第321页。

第五章 当代中国专员公署制到地区行署制的法制考察:职权及其他(下)

党的领导,问题是党善于不善于领导。党要善于领导,不能干预太多","干预太多,搞不好倒会削弱党的领导"。"纠正不正之风、打击犯罪活动中属于法律范围的问题,要用法制来解决,由党直接管不合适。党要管党内纪律的问题,法律范围的问题应该由国家和政府管。党干预太多,不利于在全体人民中树立法制观念。这是一个党和政府的关系问题,是一个政治体制的问题。我看明年党的十三大可以提出这个问题,把关系理顺。"①同年9月3日,邓小平在会见日本公明党委员长竹入义胜的谈话中,谈到有关政治体制改革问题时说:这一改革,"先要确定政治体制改革的范围,弄清从哪里着手"。他指出:"通过改革,处理好法治和人治的关系,处理好党和政府的关系。党的领导是不能动摇的,但党要善于领导,党政需要分开,这个问题要提上议事日程。"②同年9月13日,他在听取中央财经领导小组汇报时明确指出:"不搞政治体制改革,经济体制改革难于贯彻。党政要分开,这涉及政治体制改革。党委如何领导?应该只管大事,不能管小事,党委不要设经济管理部门,那些部门的工作应该由政府去管,现在实际上没有做到。政治体制改革包括什么内容,应该议一下,理出个头绪。我想政治体制改革的目的是调动群众的积极性,提高效率,克服官僚主义。改革的内容,首先是党政要分开,解决党如何善于领导的问题。这是关键,要放在第一位。第二个内容是权力要下放,解决中央和地方的关系,同时地方各级也都有一个权力下放问题。第三个内容是精简机构,这和权力下放有关。"③同年11月9日,他在会见日本首相中曾根康弘的谈话中,谈到改革官僚主义、提高工作效率问题时指出:"效率不高同机构臃肿、人浮于事、作风拖拉有关,但更主要的是涉及党政不分,在很多事情上党代替了政府工作,党和政府很多机构重复。我们要坚持党的领导,不能放弃这一条,但是党要善于领导。"④从邓小平的多次谈话看来,他

---

① 《邓小平文选》第三卷,人民出版社1993年版,第163—164页。
② 《邓小平文选》第三卷,人民出版社1993年版,第177页。
③ 《邓小平文选》第三卷,人民出版社1993年版,第177页。
④ 《邓小平文选》第三卷,人民出版社1993年版,第179页。

关于党政分开的观点是非常集中、明确和坚决的。在他看来,政治体制改革的关键的和第一位的问题是党政分开,而党政分开并不是不要党的领导,而是解决善于领导的问题,党委只管大事,像经济、法律那样的问题应由政府管理,党是不应该直接去管理的。

邓小平关于党政分开的基本思想为中共十三大会议所接受。1987年中共十三大报告指出:"党政分开即党政职能分开。党领导人民制定了宪法和法律,党应当在宪法和法律的范围内活动。党领导人民建立了国家政权、群众团体和各种经济文化组织,党应当保证政权组织充分发挥职能,应当充分尊重而不是包办群众团体以及企事业单位的工作。党的领导是政治领导,即政治原则、政治方向、重大决策的领导和向国家政权机关推荐重要干部。党对国家事务实行政治领导的主要方式是:使党的主张经过法定程序变成国家意志,通过党组织的活动和党员的模范作用带动广大人民群众,实现党的路线、方针、政策。"①报告还指出:"党和国家政权机关的性质不同,职能不同,政治形式和工作方式不同。应当改革党的领导制度,划清党组织和国家政权的职能,理顺党组织和人民代表大会、政府、司法机关、群众团体、企事业单位和其他各种社会组织之间的关系,做到各司其职,并且逐步走向制度化。"②由于实行党政分开,党委的工作机构设置要作必要的调整。报告指

---

① 《十三大以来重要文献选编》(上),人民出版社1991年版,第36页。有的学者认为,这段关于党的领导的经典式表述,有值得肯定的方面,也有重大失误,其中重要一点是放弃党的思想政治工作传统。而思想政治工作恰恰是实现党的领导的主要方式。党的领导不是行使权力,对党外不具有法定的强制力,这与政府工作不同。党的领导的本质是通过自己的路线方针政策的正确、通过党的组织与党员的思想政治工作、通过党员的以身作则、模范行动,使被领导者心悦诚服地服从党的意志,按党的指示去做。所以十三大关于党政关系的概括与总结不完全。十三大关于党政关系的规定,其主要意义在于在党的正式文件中明确提出实行党政分开,并对党如何实现领导作了一些具体的规定。这标志着党的领导制度与领导方式将发生根本的转变。作为一种制度安排,十三大报告关于党政分开的规定还仅仅是一个行动预案,有的内容还没有写进党的章程。如十三大报告虽然把党的领导规定为"政治领导",但十三大通过的党的章程修正案,对十二大章程中党的领导的规定并未作出修改。党的领导在十三大章程中仍规定为"政治、思想和组织的领导"。见陈红太:《从党政关系的历史变迁看中国政治体制变革的阶段特征》,《浙江学刊》2003年第6期。

② 《十三大以来重要文献选编》(上),人民出版社1991年版,第36页。

第五章 当代中国专员公署制到地区行署制的法制考察:职权及其他(下)

出:"今后,各级党委不再设立不在政府任职但又分管政府工作的专职书记、常委。党委办事机构要少而精,与政府机构重叠对口的部门应当撤销,它们现在管理的行政事务应转由政府有关部门管理。政府各部门现有的党组各自向批准它成立的党委负责,不利于政府工作的统一和效能,要逐步撤销。党的纪律检查委员会不处理法纪和政纪案件,应当集中力量管好党纪,协助党委管好党风。"①

中共十三大议定的关于党政分开的改革精神,对地方党委工作机构的调整产生了一定的影响。为使党政工作职能分开,有的撤销了有关管理经济工作的部门,如广东省委1988年4月撤销了经济工作部,②湖北省委1987年12月撤销了经济工作部,③山东省委1987年11月、1988年12月、1989年11月分别撤销企业政治部、农村工作部、财经领导小组办公室,④江西省委1988年9月撤销农村工作部,⑤宁夏自治区委1988年10月撤销了农村工作部、城市经济工作部。⑥ 有些省委的类似经济管理机构在1983年的机构改革中就已经撤销。但是,也应注意到,党政分开的改革在操作中并不易把握,这从有些省委、市委的经济管理工作部门在中共十三大后并未撤销可见一斑,如四川省委1983年7月设立的农村政策研究室1990年更名为农村工作委员会,⑦江苏也未撤农村工作部,⑧海南省委1993年后设立驻琼企业工作委员会、洋浦经济开发区管理局工作委员会等经济管理的工作机构,⑨新疆自治区党委的经济工作部改为经济贸易工作委员会,以改名的形式延续

---

① 《十三大以来重要文献选编》(上),人民出版社1991年版,第37页。
② 《中国共产党组织史资料》第七卷(下),中共党史出版社2000年版,第900页。
③ 《中国共产党组织史资料》第七卷(下),中共党史出版社2000年版,第835页。
④ 《中国共产党组织史资料》第七卷(下),中共党史出版社2000年版,第774页。
⑤ 《中国共产党组织史资料》第七卷(下),中共党史出版社2000年版,第747页。
⑥ 《中国共产党组织史资料》第七卷(下),中共党史出版社2000年版,第1189页。
⑦ 《中国共产党组织史资料》第七卷(下),中共党史出版社2000年版,第978页。
⑧ 《中国共产党组织史资料》第七卷(下),中共党史出版社2000年版,第648页。
⑨ 《中国共产党组织史资料》第七卷(下),中共党史出版社2000年版,第946—948页。

下来。① 河北省委的农村工作部改为农村政策研究室,又改为农村工作部也以改名的形式延续,又于 1990 年 6 月增设企业工作委员会和 1996 年 10 月增设综合经济工作委员会。② 吉林省委的农村政研室改为农村工作部,继改为农村政研室后又改为农村工作办公室,也以更名形式延续得以设置。③ 北京、上海、天津三个直辖市的市委经济管理机构也未见撤销,或个别撤后又设,工作机构涉及农业、工业、商业、基本建设等各方面。④ 尽管经济管理部门有撤有留,但考之史料,党委的政法工作机构则均予保留。仅从省委经济管理机构的存撤上,当可看到对党政分开的认识远没有达成共识。而经 1989 年风波之后,尤其鉴于 20 世纪 90 年代初苏联和东欧共产党在改革中丧失执政地位的政治改革风险,自 80 年代初开始的这一党政分开的实验事实上告停。

1989 年 6 月中共十三届四中全会形成的新的中央领导集体,对 20 世纪 80 年代以来实行的党政分开、党政分设的改革,重新以执政党的思维方式进行了探索,认为,"我们的党是执政的党,党的领导要通过执政来体现。我们必须强化执政意识,提高执政本领。按照我国宪法的规定,各级政权组织,包括人大、政府和司法机关,都必须接受共产党的领导。"同时,"必须处理好党政职能分开和发挥党的领导作用的关系"。"当然,党不是政权本身,不能取代政权机关的职能。"党对国家政权机关的领导是统一领导,在统一领导下各司其职。⑤ 而党的领导,"只提政治领导不够,还应该有思想和组织领导",党还要管思想、管干部。⑥ 这一思

---

① 《中国共产党组织史资料》第七卷(下),中共党史出版社 2000 年版,第 1217 页。
② 《中国共产党组织史资料》第七卷(上),中共党史出版社 2000 年版,第 426—427 页。
③ 《中国共产党组织史资料》第七卷(上),中共党史出版社 2000 年版,第 554 页。
④ 《中国共产党组织史资料》第七卷(上、下)第 11 册、12 册的有关资料,第 11 册第 362—365 页、394—397 页,第 12 册第 617—619 页。
⑤ 《毛泽东、邓小平、江泽民论党的建设》,中央文献出版社、中共中央党校出版社 1998 年版,第 526—547 页。
⑥ 《毛泽东、邓小平、江泽民论党的建设》,中央文献出版社、中共中央党校出版社 1998 年版,第 523—524 页。

第五章 当代中国专员公署制到地区行署制的法制考察：职权及其他（下）

维,强调中共执政地位下的党政关系的构建和调整①。

地委与地区行署的关系,随着20世纪80年代的党政分开的改革,行署的职权逐渐加强;而随着90年后党政关系的新调整,地委的职权又有增加的趋势。但是,20世纪80年代的党政分开的原则对党委与行署的关系仍有制约,而事实上两者关系仍尚未具体明确,且两者关系状况对其地区社会发展的影响,不可小视。诚如有的论者于20世纪90年代中期所言：

在地区党委和行署的关系上,虽然中国共产党是中国社会主

---

① 有的学者认为,在这一认识下的党政关系,党同政府的关系在中国的政治关系中就显得不那么具有更根本的意义了。而党同人民的关系,党同人民行使权力的机关——人民代表大会的关系就更具有根本的意义了。正确处理党同人民的关系,把党的领导置于人民之中,服务于人民的根本利益,组织和支持人民当家做主,这就是党执政的根本目的之所在。因此,在中国,"进一步完善人民代表大会制度,加强人民代表大会及其常委会的立法监督等职能,更好地发挥人民代表的作用,完善共产党领导的多党合作与政治协商制度,巩固和发展新时期的爱国统一战线,充分发挥人民政协在政治协商和民主监督中的作用",可能较之党政分开更具有长远和根本上解决中国政治发展问题的意义。见陈红太：《从党政关系的历史变迁看中国政治体制变革的阶段特征》,《浙江学刊》2003年第6期。而有的学者则认为,1990年代后,似乎忘记了党政关系问题,而在实际工作中,重新形成了党政不分甚至是以党代政的局面。这种局面的出现,不能认为是"回潮"或"倒退",而应该把它看作是加强政治稳定、加快经济建设的需要。也就是说,这种局面的形成有它的合理性,当然也具有合法性。然而,合理、合法的东西不一定是真理,即便是真理,那也只能是相对的真理。随着社会主义市场经济体制的逐步建立与健全,作为中国政治体制改革的关键——党政关系的走向,总的方向还是党政分开,或者叫党政职能分工。实行党政分开是我国政治体制改革的长远目标。今后应做的工作是：第一,要继续坚持党政职能分工的改革,改革不能半途而废,更不能走回头路;第二,要实现党对政府领导的民主化;第三,要实现政党和政府行为的法制化,一方面,政党和政府都要以宪法和法律为根本的行为规范,制定和完善"党的领导"的相关法律,明确规定党如何经过法定程序把政策转变为国家意志,如何向人(人民代表大会的简称,下同)大推荐政府干部等问题,以便实现政党和政府行为的法制化。另一方面,在进行党政职能分工的改革过程中,应该把已经理顺的党政关系制度化;第四,实行党政职能分工,转变执政党的领导方式和执政方式,执政党要从繁重的日常事务中摆脱出来,抓好国家和地方大事;第五,党政分工改革在中央、地方和基层实行不同内容的改革,在中央这一层次上,党中央对全国各方面的工作实行政治领导,在省、市、县等地方层次上,党委是执行党中央路线和保证全国政令统一的前提下实行政治领导,具体职责包括执行中央和上级党委的指示,保证国务院和上级政府指示在本地区的实施,对地方性重大问题做出决策,向地方国家机关推荐重要干部以及协调本地区各种组织间的关系等,在基层,党组织不再对本单位实行一元化领导,而是随着行政首长负责制的推行,逐步转变为起政治保证监督作用。见谢庆奎等著：《中国地方政府体制概论》,中国广播电视出版社1998年版,第208—209页;谢庆奎著：《政府学概论》,中国社会科学出版社2005年版,第244—247页。应该说,1990年代以来的党政合一趋势仍受到1980年代党政分开理论和原则的制约。

义建设事业的领导核心,但按照党政分开的原则,不允许权力过分集中。因此,日常性的事务工作以及政府职能范围内的工作,行署都可以讨论、决定发布文件,但要和地方同级中共党委保持通气、沟通。重大的发展战略及原则性问题,行署要向地方同级中共党委汇报并共同研究措施。在实施过程中,地方同级中共党委和行署的关系,其职权范围及责任目标并不能给予很好的界定,这是一个值得深入研究的问题。地方同级中共党委和行署关系配合协调的好坏程度,较大程度地影响区域内的社会经济发展状况。[1]

根据安徽阜阳行署的情况,可以具体地考察20世纪90年代地区行署和中共地委的分工情况及相互关系。中共阜阳地委时设书记1人,副书记4人,委员6人,共11人。不设常务委员会。下设地委办公室、政策研究室、组织部、宣传部、统战部、政法委,协助地委处理具体工作。具体分工是:书记负责全面工作;1位副书记由行署专员兼任,具体负责分管行署工作以及行署与地委的联系;1位副书记分管政法、宣传、文教卫、地委办公室、研究室方面的工作;1位副书记专门负责经济方面的工作;1位副书记分管组织和纪检工作;1位委员出身政法委副书记,就分管公检法司和民政工作;1位委员本来就是纪检委书记,因此负责纪检和监察方面的工作;1位委员是亳州市委书记,因此负责分管亳州市工作;一位委员出身于阜阳军分区政委,因而负责分管军队方面的工作;另两位委员出身行署副专员,1位是常务副专员,以负责行署工作为主,另1位分管乡镇企业方面的工作。阜阳地区行署设专员1人,常务副专员1人,副专员6人,另有专员助理、顾问和秘书长各1人。行署具体分工是:专员负责全面工作,行署实行专员负责制;常务副专员协助专员处理全面工作的同时,还重点分管行署办公室、计划生育、体制改革、监察、计划、财政、劳动、安全生产、建设、环保、物资、统计、土地、审计、工商、税务、地方志、经济技术开发区、档案、人民来信来访和阜阳飞机场扩建工作以及联系人大联络委[2]、政协

---

[1] 江荣海、刘奇等:《行署管理》,中国广播电视出版社1995年版,第92页。

[2] 由于地区行署是省政府的派出机关而非一级政权,故未设人大正式机构,一般只设立人大联络委作为联络机构,而非地方人大本身。

第五章 当代中国专员公署制到地区行署制的法制考察:职权及其他(下)

联络委①和军队方面的工作;1位副专员分管农业、科技、林业、水利、气象、农机、棉办、防汛抗旱、黄淮海办、农村能源办、农业区划、农科统筹、地震工作;1位副专员分管教育、文化、卫生、体育、广播、电视、公安、民政、司法行政、人事、民族宗教、招商、引用外资以及联系工、青、妇群众团体工作;1位副专员分管乡镇企业、沿淮三县经济开发、生产救灾、扶贫、外资办、外事和侨务工作;1位副专员分管工业、交通、邮电、电力、机械、二轻、地矿、烟草以及技术监督和阜阳电厂筹建工作;1位副专员分管商业、供销、粮食、物价、医药、金融、工商工作;专员助理分管计划生育、外经和外贸工作;顾问协助常务副专员工作;秘书长除了协助专员和常务副专员处理行署日常工作外,还分管行署办公室和法制工作。② 从上述地区党政两个机构的分工情况来看,地委和行署的工作有些相互交叉的,相比较而言,地委负责的是一些重要的方面和领域,而行署则管理得更全面、更具体。从地委和行署的具体分工来看,党政工作予必要的分工是可见的,但党和政分开则于事实上是不成立的。

　　阜阳地委和阜阳行署20世纪90年代上半期的关系的演变,显示了地委和行署关系的一些微妙变化。根据有关材料,从1991年至1992年阜阳地委发布的文件的数量和内容来看,阜阳地委1991年发布决策文件30份,1992年上升到36份,1993年1月到9月就已达51份;1991年文件的主要内容集中在对干部的任免、机构的增设、思想教育、政策宣传以及党组织自身的活动和工作方面,没有涉及经济生活和具体部门工作,这应是由于此前党政分开理论惯性的影响,地委有意识地把经济工作和具体部门工作都交给了行署。随着党执政的思维的提出重新思考党的领导问题,党政分开理论受到质疑,党领导经济和全局的认识成为主流,因而到1992年阜阳地委的决策内容就有了明显的变化,地委不仅对经济工作作出决策,而且对许多部门工作如计划生育、工会、民兵等也作出具体决策。1993年发布的决策文件中仍显

---

① 由于地区行署是省政府的派出机关而非一级政权,故未设政协("政治协商会议"的简称,下同)正式机构,一般只设立政协联络委作为联络机构,而非地方政协本身。
② 江荣海、刘奇等:《行署管理》,中国广播电视出版社1995年版,第167—169页。

示出加强对经济工作的领导的趋向。当地委发布关于经济工作和具体工作的文件时,多数是和行署联署下文的。而与阜阳地委决策数量上升趋势相比,阜阳行署在1991年、1992年、1993年1月到9月,则呈逐渐下降趋势,其"主要的原因还是党政合一、以党代政传统的恢复所致",党委的决策权在增强。①

在党政关系中,党对政的领导除了党管干部、政府行政首长担任党委领导副职、政府其他行政主要负责人担任党委常委、政府内设置党组等方式外,还逐渐形成了其他的领导方式和途径,一是党委常委扩大会议、党政联席会议,其中党委常委扩大会议往往吸收政府或相关部门的重要行政领导成员参加;二是党政联合发文,重要议事以党委与政府共同发文的名义给下级党委和政府及直属单位,这种党政联合发文的文件性质归类则属于党委的文件,显然党委处于主导地位,以实现对政府的领导;三是党政及相关机构联合组成领导小组或委员会,以对该地区工作进行全面领导,一般要涵盖财经工作、农村工作、税费改革、经济发展指导、工业、城区工作、城市建设和管理、旅游工作、编制工作、非公有制经济工作、对外开放和招商引资工作、科教兴市工作、人才工作、人口和计划生育工作、就业工作、信访工作、解决信访突出问题及群众性事件工作、维护稳定工作、党风廉政建设责任制工

---

① 江荣海、刘奇等:《行署管理》,中国广播电视出版社1995年版,第183—184页。应该看到,1990年代以来的所谓"党政合一、以党代政传统的恢复"问题,只能是相对的。因为,在改革开放前,党对政府的领导是一元化的领导,党和政府的区别主要不是职能上的区别,而似乎是把政府作为不仅仅只有共产党人而且还有非共产党人的机构,往往强调政府内的共产党员团结非党员的问题,似乎只要政府内的工作人员都是共产党员,政府合并于党的组织之中即可。这种一元化的组织模式,把政府看作党的一种组织而非国家组织,把群众团体看作党的一种组织而非社会组织,把工会看作党的一种组织而非自治组织,把社会看作需要革命化的社会而非利益组合的社会。这种思维与社会实际状况并不一致。事实上,政府内的工作人员即使都是共产党员,政府的工作职能与党的组织也有明显的不同;即使法院的法官都是共产党员,法院的工作职能与党的组织的职能也不能是相同的。政治与行政组织的分工是文明社会发展的必要,不仅在现代社会,而且远在古代国家政治文明的形成与发展中就形成了不同职能的国家部门。改革开放以后,党政职能的不同为人们所认识,正是基于此,才提出了党政分开的问题。经过1980年代党政分开问题的思考,人们逐渐意识到,党的领导要在宪法和法律的框架下运作,党的领导要通过法定的程序和法定的制度将党的主张变成国家意志,而不是党取代政府、党的政策取代法律;党主要管大政方针和干部人事而非事无巨细地管理一切。

第五章 当代中国专员公署制到地区行署制的法制考察:职权及其他(下)

作、反腐败抓源头工作、整顿和规范市场经济秩序工作、优化经济发展环境工作、经济责任审计工作、社会治安综合治理工作、依法治市工作、防范和化解金融风险工作、处置突发事件工作、精神文明建设指导工作、对外宣传工作、殡葬改革工作、行政区划调整工作、行政审批制度改革工作、农村村务公开工作、防汛工作、农田水利基本建设工作、防震减灾工作、老干部工作、党史工作、地方志编撰工作、知识分子工作、保密工作、电子政务建设工作、国家安全工作、民族宗教工作、国防动员工作、国防教育工作、关心下一代工作、扫黄打非工作、预防职务犯罪工作、法律援助工作、保健工作、事业单位人事制度改革工作、干部教育工作等60个左右的工作内容不同的小组或委员会。领导小组正副组长或正副主任一般由党委及政府方面的主要负责人担任,其下设办公室原则上设立于党委或政府的职能工作部门,如无相应工作部门,则另设办公室处理日常工作。这种领导小组是"安排部署重要工作的议事机构"。它"担负着协调组织工作,促进各项工作任务落实"的重任。凡提请地方党委和政府"研究解决的问题,原则上必须先由领导小组集体研究,提出意见"。① 这种领导小组沟通了地方党委、政府、人大、政协、法院、公安等方面的联系,而这种工作小组,其第一负责人一般是由地方党委相关负责人担任的,具体的体现了党领导全局的工作思路。而问题是,领导全局有时又可能与领导具体工作相联系,有使党陷于具体事务的倾向,与通常所提倡的党委抓大事又不免相左;但如果党委不抓具体工作,党委对地方的领导则又有被架空的可能。党在处理地方事务时如何做到党抓大事而又不被架空、做具体工作而又不代替政府,显然成为需要认真考虑和研究的一个重要

---

① 参见《中共开封市委、开封市人民政府关于调整财经工作等60个领导小组(委员会)负责同志的通知》,中国共产党开封市委员会汴文[2004]168号,开封市档案馆藏。有的学者在论及中国政府体制的党政关系时,将中央政府与中共中央的关系总结为归口管理体制,即人事口、宣传文教口、政治法律口、财经口、外事口和军事口(口又称小组)六大口管理。见杨光斌著:《中国政府与政治导论》,中国人民大学出版社2003年版第二章归口管理体制。对于地方党委和政府的关系,外事口和军事口不能说没有,但其重要性则大大降低;其关系主要表现在组织人事、宣传文教、政治法律和财经几个方面。而开封市的60个工作小组则可以视为几个口工作的进一步细化和补充的表现。

问题。从规范地方党政关系的角度看,建立法制的规范,是可以进一步研究与探讨的问题。

五、余 论

如果说,新民主主义革命时期根据地政权重视包括政权组织法在内的革命法制建设,是新民主主义革命取得最终胜利的重要原因;那么,中华人民共和国成立后,尤其是1957年以后到"文化大革命"期间,不重视包括政权组织法在内的社会主义法制建设,甚至践踏法制建设,正是社会主义建设遭受巨大挫折之极为重要的关键因素。应该说,从中华人民共和国成立到1957年反右派斗争之前,新民主主义革命时期重视法制建设的传统仍在保持。然而,从根本上说,新民主主义革命时期的法制仍是一种"革命法制",与建国以后的和平建设环境的客观需要有了很大的不同。而且,由于中国长期以来缺乏民主法制的传统,以及由于国际环境与局势变动的影响,执政的中国共产党逐渐把阶级斗争作为党和国家工作的中心,用政治运动的方式,而不是法制的方式规范与管理国家和社会的活动。在法律的研究和实践中,逐渐只强调法律的阶级性而否认法律的继承性。早在建国前夕的1949年2月,中共中央就发布了《关于废除国民党六法全书与规定解放区的司法原则的指示》。应该说,这个规定对于树立马克思主义的法律指导地位是十分必要的,但这个指示中提出的"蔑视和批判六法全书及国民党其他一切反动的法律、法令","蔑视和批判欧美日本资本主义国家一切反人民法律法令"要求,在建国初期面临全面、复杂而繁重的立法任务的情况下,对于全面借鉴前人的必要法律知识、法律智慧和法律经验,更好地完成新中国的法制建设任务,则不能说没有消极影响。而到1957年的反右派斗争和1966年至1976年的"文化大革命",法制建设备受践踏,法律虚无主义思潮弥漫。国家也因缺乏法制而陷入劫难之中。从专员公署组织的演变中,我们可以看到法制变迁的缩影。建国之初,在制定各级行政组织法时,对全国普遍推行的专员公署这一层级组织,就没有制定组织法。这在某种程度上,显示了

第五章 当代中国专员公署制到地区行署制的法制考察:职权及其他(下)

对政权组织法认识的模糊和不足。但此时,专员公署尚可依据此前的习惯或规则运行。此后专署的调整与改废即在政策与运动中完成。专员公署制逐渐暴露的问题,是由于逐渐缺乏法制的约束和保障所造成的[①]。

第一,无论是专区专员公署,还是地区行政行署,其地位与性质都是省级政府的派出机关,这与民国时期国共两党领导下的专员公署的性质从法律上看是相同的。这种上级派出机关的属性和特点要求其与正式一级政府相比机构要精简、工作人员要精干,不享有一级政府的全部职权,以免演变成一级正式政府。但是,由于其设置没有具体明确的组织法规作依据,势必使专署因缺乏法制控制而呈自为的机构膨胀和职权扩大状态。对于这一问题,20世纪50年代的开封专署党组曾感到困惑,90年代的阜阳行署党政领导也感到困惑:作为省的派出机构,不是一级政府,却事实上在起着一级政府的作用,是不是与法律相矛盾?相比而言,在50年代的开封专署党组那里,对这一问题的困惑要严重得多;到90年代的阜阳行署党政领导那里,这种困惑就很淡了,只是认识到行署尽管不是一级政府,却实际上起着一级政府作用这一现象。[②] 而在开封专署党组那里,则提出要改变专署实际上起着一级政府作用的问题。形成这着差异的原因,可能是由于行政组织长期缺乏具体明确的行政组织法规,以致各级政府逐渐不同程度地存在这一问题。[③] 由于专/地级缺乏具体明确的组织法规,使得专员公署/地区行署这一层级,与省、县两级的稳定状态相比,其机构设置乃至层级地位均几度发生变更。如1957年宪法颁布后的机构调整,1959年后的某些省份的专区改市,20世纪60年代初的市再改专区,"文化大革命"时期的专区改地区及虚级变实级,1978年的地区实级改虚级(地区革命委员会改为地区行署),1983年后的地区行署改为地级市等,多次仅依靠政策进行的调整与变更,甚至

[①] 法制是其重要的原因,但还有法制外的党的"左"的错误问题。当然,党所以犯"左"的错误,也和缺乏法制意识有极大的关系。

[②] 见江荣海、刘奇等:《行署管理》,中国广播电视出版社1995年版,序第12页。

[③] 改革开放后,虽然有统一的地方各级人大和各级政府组织法,但该法规定得不免笼统,省级、地市级、县市级的机构设置、职权差别不明显,仍需要制定单行的明确、具体的组织法规。

217

"文化大革命"中专区改地区连政策的依据也没有。由专员公署到地区行署再到地级市的变动,所暴露的问题是严重的,即行政组织的设置与变更中,忽视法律调整手段的问题。这一问题的后果是,政策的短期行为与行政组织的长期稳定要求存在着严重的矛盾。这一矛盾客观上要求行政组织的调整、变更与废止等问题,必须由法律手段来解决。

第二,由于专员公署/地区行署缺乏应有的明确、具体的组织法规,自建国后机构膨胀始终是一个难以解决的问题。随着机构的膨胀,人员也随之严重超编。如阜阳专署1956年时据称仅有编制26人,而到1994年时,"地区一级吃财政饭的人员已达二千多人,比国家规定的超出近二倍"。地区存在的"事务宠(庞)杂,效率低下,机构庞大、人员繁多,财政负担沉重"问题①,从法制的角度看,是自建国后长期忽视组织法必然导致的后果。机构的设置没有具体、明确的法律规定与限定,机构的增加或减少就会根据形势的变化、领导人的变化而发生变化。由于对机构的设置,没有必要的具体、明确的限制,在一般情况下减裁机构就会遇到巨大的阻力,以致在机构精简后不久,很快又恢复甚至比原来更为膨胀。这就是机构在不断地精简而却越来越膨胀的原因。建国前抗日根据地专署的机构和国民政府治下的专署机构,其机构之所以始终比较精简,重要原因就在于法制的约束,机构的设

---

① 见江荣海、刘奇等:《行署管理》,中国广播电视出版社1995年版,序第15页。上述现象不是阜阳个别地区的问题,而是在全国各地区具有普遍性的问题。问题出现显然缘于制度性。机构的增加问题之严重,不仅在地区层级存在,在省级同样存在。有学者指出,"国家规定,省级党政部门一般设立45—50个。1988年有关部门调查表明,全国各省市和自治区一级党政部门平均有57—58个。而到1990年,各省平均达70多个,有的省市多达100个。机关单位数,仅1990年的统计就比较1984年增加55个,6年间平均每年增加9000个,每天增加25个,这还不包括非常设机构的数目"有国家规定而未能限制,其原因之一应是这种规定是政策性的,而非法律性的,因为尽管地方政府组织法中有省级政府的规定,但组织法并未涉及省级政府的机构设置问题。这一问题的出现说明,仅有组织法是不够的,还必须有内容完善的组织法。据笔者披阅某两个地级市2002年和2005年的年鉴,两个地级市政府的行政和事业工作单位合计均共在70个以上。对于各级政府的工作部门,组织法的规定是"地方各级人民政府根据工作需要和精干原则,设立必要的工作部门",并报上级政府批准。见《宪法配套法规》,中国法制出版社2004年版,第61页。地方政府组织法对于地方政府工作机构的设置未明确具体的限定,是机构得以膨胀的一个关键因素。

第五章 当代中国专员公署制到地区行署制的法制考察:职权及其他(下)

置、领导的职数、人员的编制在其组织法规中就有规定,而财政经费的提供是以其组织法规为依据的。因此,如果要真正解决行政机构膨胀和人员超编问题,可以借鉴将行政机构的内部设置、领导人的职数、工作人员的编制规定于行政组织法之内的做法,并以此作为提供财政经费的法律依据。同样,行政组织的职权也明确规定于具体、明确的行政组织法规中,既使行使权力得到法律的保障,也使越权和违法行为承担法律的追究和责任。这样,行政组织法规的权威就会确立,依法行政才能成为行政组织运行的原则。

第三,根据专/地这一层级的特点,在专区/地区/地级市这一层,其组织法规中应有关于辖区幅度的规定。这一层级的区域管理范围,和省级、县级不同。省、县是历史上形成的有比较固定范围的区域管理单位,基于地理区域差异、地方历史文化差异、地方风俗习惯差异、民族差异等而形成。县的组成已有两千多年的历史,而省的设置最早也有700多年了。其区域的变更,对人民的心理影响是不可低估的。而专/地这一层,虽然与传统的府、州、道有相似之点和承继之处,但事实上它又是一个新创制的机构,因而,它的设置固然也要考虑历史文化、地方风俗、民族差异等问题,但在此基础上,更应该考虑区域管理和行政管理的科学性问题。根据民国时期国共两党政权体系中的专员公署管县范围,一般在7个左右。而建国后,专署辖县根据河南省的统计材料看逐渐偏多。而地级市建立后,又有辖县市过多或过少的情况,有的地级市仅辖一两县,有的则辖多达20余县市,这显然不符合区域管理科学化的客观要求。因此,在地区和地级市的组织法规中,应该规定其辖县市的大致范围,明确其不能低于和高于的界限。将行政管理的习惯法制和客观要求,用成文的形式予以明确和确定,应该是有其必要的。

第四,由于行政组织是一种权力组织,在各行政组织之间根据其组织法行使职权,必然发生各行政组织之间的权力关系、联系、连接、承接、沟通与运转等问题,因此,在各行政组织法中,应该明确和具体规定上下级组织的法律关系和权力界限、上级行政领导及其公务人员的任免或选举及其程序。行政组织法需要与公务员法规和干部任用管理条例相配合,根据其各级行政组织的特点,在对领导人员和公务人员的资格要求上,提出更具体的要求和规定。从民国时期抗日根据地和国民政府行政督察专员公署组织法规及其实践中,我们可以得到这一启示。

第六章　专/地行政组织与省县地方及中央之法律关系

专/地行政组织作为省与县之间的一级行政机构,它与省、县的关系似乎是很明晰的。然而事实上并非如此。由于专署与行署在原则上是省政府的派出机关或曰省政府的辅助机关,因而,使得它与省、县以至中央的关系,确非清晰明了,而是复杂甚难厘清的,在某种情况下从法律和实际的关系上看更是如此。本章通过讨论专员区公署与省政府、县政府和中央之关系,来说明这一问题。

一、专/地行政组织与省级政府的关系

专/地行政组织与省级政府的关系,前面的研究中已有所涉及,在此仅就两者之法律关系的角度再集中作一探讨。

从法律上讲,民国时期国民政府的专员区公署定制为省政府的辅助机关[1],并称它"非纵体之层递"。但另一方面,根据1932年制定并公布的行政督察专员公署组织条例,规定"依各省面积、地形、户口、交通、经济状况、人民习惯,酌划一省为若干区,各设行政督察专员公署"。至1936年修改并颁行的行政督察专员公署组织条例,也如是规定为"依各省面积、地形、户口、

---

[1] 《国民党政府政治制度档案史料选编》下册,安徽教育出版社1994年版,第492页。

交通、经济状况、人民习惯,酌划一省为若干区,各设行政督察专员公署",①显然如蒋介石所称将专员区确定为"行政区域"。② 既然行政督察专员区作为省县之间的行政区域为一客观事实,无论这一层级是虚级还是实级,显然只能是一省之下的纵体之层级,而绝非蒋所说的"系横面之扩张"。③

根据1932年8月行政院通过的行政督察专员暂行条例的规定,行政督察专员由省政府指定一人兼任,由省政府委员会议决遴派。行政督察专员于必要时其薪俸经省政府委员会决议得支简任初级俸。专署秘书由行政督察专员遴选后须呈请省政府民政厅委派,其余事务员、书记均由行政督察专员自行委用后报省政府及省民政厅备案。行政督察专员就本区内县市行政改革应行奖惩事宜、区行政会议决议案,得呈报或密报省政府及主管厅核办。行政督察专员办事处办公费,由民政、财政两厅造具预算,经省政府委员会核定,在省库内开支。行政督察专员办事处之关防,由省政府按照国民政府有关规定刊制关防,发交该专员启用。行政督察专员之行文,对省政府及主管厅用呈。行政督察专员办事处办事细则由省政府定之。④

根据1932年8月豫鄂皖三省总司令部所定行政督察专员公署组织条例,行政督察专员受省政府之指挥、监督(直隶属三省总部),行政督察专员由省政府加委兼任驻在地县长(专员由三省总部委派),专员公署职员亦分别兼理县政府事务。专员公署署员4人事务员6人均由专员委任,分呈三省总司令部、省政府及知照民政厅、保安处备案。行政督察专员兼保安司令承全省保安处长或民政厅长之命办理该区保安事宜并指挥该区各县保安及警察等地方武装组织。公署之参谋、副官,由专员咨呈保安处长委任,并呈省

---

① 《国民党政府政治制度档案史料选编》下册,安徽教育出版社1994年版,分见第465、492页。

② 《国民党政府政治制度档案史料选编》下册,安徽教育出版社1994年版,第472页。蒋介石为了使专员区的设置符合孙中山所定的省县二级制原则,称专员区系一单纯行政区域而非地方自治团体,殊不知行政区域即行政上之层级,与其所说的"按省、县二级制,固根本不变,即与总理建国大纲之规定,亦依然锲合"颇相矛盾。引同上,第472页。

③ 《国民党政府政治制度档案史料选编》下册,安徽教育出版社1994年版,第472页。

④ 《国民党政府政治制度档案史料选编》下册,安徽教育出版社1994年版,第462—464页。

第六章 专/地行政组织与省县地方及中央之法律关系

政府备案(先分呈三省总部)。专员对辖区县市长应行奖惩事宜得定期或随时向省政府呈报(先向三省总部呈报)。行政督察专员停止或撤销区内各县县长违法或失当之命令或处分、定期巡视情形、召集区行政会议议决案等应呈报省政府备查或查核(先呈报三省总部备查或查核)。行政督察专员公署之经费,除领所兼驻在地县政府额定开支外,另给公费由省库加拨。行政督察专员在执行任务时对省政府用呈。[①]

比较上述两个条例,三省总部所定之组织条例与行政院通过的暂行条例对专员公署与省政府的关系的规定有所不同。根据行政院暂行条例,专员的任用权在省政府,专员所办理事项的上级机关是省政府,专员办事处内的主要人事安排亦和省政府及省政府相关厅发生关系。而三省总部所定之条例,专员及其公署的上级机关首先是三省总部,其次才是省政府,其主要人事安排主要与三省总部发生关系;当然,专员及专员公署所办理事项直接地、大量地也和省政府及其相关厅处发生关系,但和行政院暂行条例毕竟不同,其不同就在于,行政院条例的专员办事处的上级事务主管是省政府一个机关,而三省总部条例的专员公署的上级主管是三省总部和省政府两个机关。由于三省总部的特殊性,专员公署与省政府的关系就不能不受影响。两者相比,行政院条例的专员办事处与省政府的关系更全面、更具有决定性(甚至省政府可以根据情况决定专员办事处的存撤),而三省总部所定专员公署与省政府的关系就不够全面、不具有决定性。

根据1936年国民政府行政院公布并修正之行政督察专员公署组织暂行条例,专员承省政府之命,推行法令并监督、指导暨统筹区内行政。公署秘书由专员呈请省政府咨由内政部转请荐任。科长及视察由专员遴选呈请省政府委任。技士、科员、事务员由专员委任呈报省政府备案。行政督察专员召集区行政会议议决案、撤销或纠正区内县市长违法或失当之命令或处分、对区内县市长及其所属工作人员考核及应行奖惩意见等应呈报省政府查核

---

① 《国民党政府政治制度档案史料选编》下册,安徽教育出版社1994年版,第465—467页。

或核办。行政督察专员公署之经费由省库支拨。行政督察专员公署之行文,对省政府用呈。① 省政府应于每年年终对所属各区行政督察专员办事情况、等第、奖惩等情呈报行政院察核。② 考察这次修正的组织暂行条例,专员公署和省政府的关系与前述1932年的两个条例都不尽同。其专员的任用权虽不在省政府(在国民政府及行政院或内政部),但专署和省政府的关系较之1932年三省总部制定的组织暂行条例,要更为直接和有力,省政府成为专署的唯一直属上级机关。

根据1943年修正陕甘宁边区行政督察专员公署组织条例,行政督察专员公署之设立与命名须经边区政府委员会决议。专员公署掌握并贯彻边区政府的政策法令与指示,对边区政府负责。专员及所设副专员由边区政府任命。专员公署政务秘书、科长、处长,由边区政府委派或由专员遴选呈报边区政府委任。其他人员由专员委任呈报边区政府民政厅备案。专员召集县、区长联席会议决议事项须随时呈报边区政府备案。专员因需要对驻守专员区内边区政府各附属机关监督、指导、检查之结果随时呈报边区政府备案。在战争军事隔绝期间专员独立行使职权经过事项须于事后呈报边区政府备查。专员定期巡视各县其巡视结果须呈报边区政府备查。专员公署经费每季度造具预决算,呈报边区政府审核后由财政厅支拨。专员公署之关防,由边区政府制发。③ 抗日根据地时期的新民主主义革命政权没有建立全国统一的中央政权,在法统上边区政府是中华民国国民政府省一级的特区地方政府,而在事实上则是中共领导的独立自主的地方省一级政府。行政督察专员区则是边区的分区。和国民政府制定的专员公署组织法规相比,就专员公署和省级上级机关的关系看,二者多有相同或相似之处。不过,陕甘宁边区政府治下的专员公署和其上一级政府的关系要比后者的关系紧密

---

① 《国民党政府政治制度档案史料选编》下册,安徽教育出版社1994年版,第491—493页。
② 《国民党政府政治制度档案史料选编》下册,安徽教育出版社1994年版,第497页。
③ 《中国新民主主义革命时期根据地法制文献选编》第2卷,中国社会科学出版社1981年版,第215—217页。

第六章 专/地行政组织与省县地方及中央之法律关系

得多。陕甘宁边区政府治下的专员公署的上级机关就边区政府一级；而后者在省政府之上，还有国民政府及其中央各机关。

根据1940年晋察冀边区行政督察专员公署组织大纲，行政督察专员公署之设立须由边区行政委员会呈请国民政府。专署专员由边区行政委员会呈准中央任用，由边区行政委员会领导，负责辖区各项工作之推行及边区行政委员会交办事项。专员公署因战争关系与边区行政委员会失去联系时得代行边区行政委员会职权，但于战争结束后应将各项处置办法，补报边区行政委员会备案。专员公署之秘书主任、秘书、科长、视察员、审判官等，均由边区行政委员会委用，余由专员委用，呈报边区行政委员会备案。专员公署之经费由边区行政委员会发给。① 此处边区行政委员会即省一级政府机关。晋察冀边区治下的行政督察专员公署的上一级政府机关是该边区行政委员会。不过，由于晋察冀边区较大，有的专署由边区直辖；有些事实上则由行政主任公署（简称行署）直辖，边区政府成为行署的上一级机关。

根据1942年晋西北行政督察专员公署组织条例，专员公署之设立由晋西北行署决定。专署之秘书、科长、局长等，均由行署任免。专员及所设副专员的任命虽未规定，实际上亦只能是晋西北行署。专员公署在行署领导下督察与领导所辖区内各项工作。因战争情况与行署失却联系时得代行行署职权，但于战争结束后须将各项处置办法补报行署备案。② 此条例虽然规定甚简，但亦明确了专署的上一级省级机关是晋西北行署，行署也是专署的唯一上级行政机关。

根据1943年山东省行政公署组织条例和行政督察专员公署组织条例，山东全省划分为若干行政区，各行政区根据具体环境及工作上之需要得划分为若干专员区，委派行政督察专员，成立行政督察专员公署，代表行政公

---

① 《中国新民主主义革命时期根据地法制文献选编》第2卷，中国社会科学出版社1981年版，第254—256页。

② 《中国新民主主义革命时期根据地法制文献选编》第2卷，中国社会科学出版社1981年版，第323—325页。

署(简称行署)督察辖区之行政工作。行政督察专员、副专员及其正副科局长由行政公署遴选呈请省行政委员会委任。[①] 专署成为行署的代表机关,专署的上级机关则为行政公署,一般直接与行政公署发生关系,间接与省战时行政委员会发生关系。专署与边区政府(省行政委员会)关系相类似的除山东省、晋察冀边区外,还有晋冀鲁豫边区。

新中国成立后的专员区公署与省政府的关系,除少数为与省平行的行署的派出机关或省级以下的行署的派出机关外,一般情况下为省政府的派出机关。即是说,专员公署的常态其上一级行政机关是省政府。在建国初期形成的干部管理制度,专署专员的任命权长期在中央[②],专署的设置则由省根据区划管理而定。"文化大革命"时期,根据1967年5月的中央有关规定,地专级革命委员会筹备小组的审批权限,在尚未建立省级革命委员会的地方,由省军区或军审查报大军区批准;在已建立省级革命委员会的地方,由省革命委员会审查批准报中央备案。地专级正式的革命委员会的成立审

---

① 《中国新民主主义革命时期根据地法制文献选编》第2卷,中国社会科学出版社1981年版,第366—369页。
② 建国初期形成的分级下管理两级的干部管理体制长时期没有改变,所谓下管两级是指,中央组织部在1951年初经中央同意,决定对干部管理实行苏共党的职务名单制办法,划定中央委员会秘书长以下至正副地司局级以上干部归中央管理;中央局管理县以上干部;省市管理区以上干部;地委管理区一般干部;县委管理乡主要干部。1984年开始改革干部管理体制,适当下放干部管理权限,采取分级管理、层层负责办法,缩小中央管理干部的范围,原则上由原来下管理两级改为下管一级(省、部级)主要领导干部。见杨冠琼:《当代中国行政管理模式沿革研究》,北京师范大学出版社1999年版,第187、426页。根据1949年11月28日政务院通过的《政务院关于任免工作人员的暂行办法》和1951年11月5日中央人民政府委员会第13次会议批准的《中央人民政府任免国家机关工作人员暂行条例》,政务院任免或批准任免区专员、副专员;根据1950年5月5日《东北人民政府组织大纲》有关规定,东北地区的专员、副专员由东北人民政府提请政务院批准任免;根据1954年第一届全国人民代表大会第一次会议通过的《中华人民共和国国务院组织法》和1957年9月6日国务院全体会议第57次会议通过的《国务院任免行政人员办法》,专署专员的任免权限在国务院,上述法规见《中华人民共和国行政法资料选编》,群众出版社1984年版,第618、624、116、37、629页。根据1957年国务院公报第50号公布的《县级以上人民委员会任免国家机关工作人员条例》,专员公署的副专员和专员公署的科长、处长、局长、委员会主任办公室主任由本省、自治区人民委员会任免,见《中华人民共和国行政法资料选编》,群众出版社1984年版,第632页。

第六章 专/地行政组织与省县地方及中央之法律关系

批权限,在尚未建立省革命委员会的地方,由军区审查报中央批准;在已建立省级革命委员会的地方,则由省革命委员会审查报中央批准。① 1967年11月中央对地专级革命委员会筹备小组的成立的权限和地专级的革命委员会成立的权限规定又作了修改,在尚未建立省革命委员会的地方,地专级革命委员会筹备小组的成立由省军区或军审查报大军区批准,报中央备案。正式革命委员会的建立,在尚未建立省革命委员会的地方,由军区审查大军区批准报中央备案;在已建立省革命委员会的地方,由省革命委员会审查和批准报中央备案,即正式地专级革命委员会的成立不需要再经过中央批准,只需要报中央备案即可。② 而1984年后,行署专员的人事任免亦移至省,专员与省的关系就更加直接和密切。就整体来说,以专员公署/行署的派出性质和辅助地位,专员公署与省的关系与民国时期基本上是一致的。虽然"文化大革命"时期的地区不是省的派出机关和辅助机关而为一级正式地方政府机构,但地区由专区转化而来显而易见。"文化大革命"后的地区行署虽然又改为省政府的派出和辅助机关,其性质也由"实"级变为"虚"级,但仍然保留了一级政府的相当权力,事实上各界也认为行署发挥着一级政府的作用,这种情况,与民国时期的专员公署又区别。从专署/行署与省政府的关系看,专署/行署虽然一直属于省政府的派出机关或辅助机关,但随着专署/行署制度的实施和社会发展的需要,专署/行署与省政府的关系逐渐由虚级变为实级的趋向日益凸显,"文化大革命"之地区级实级虽非水到渠成,却也事出势然;而当下之"地级市"则可谓专员制度实施之一自然结果。制度之因应演变,有其自身规则。

---

① 中共中央、国务院、中央军委、中央文革:《关于成立地专级、县级革命委员会筹备小组和正式革命委员会的审批权限》,1967年5月31日,《毛主席的革命路线胜利万岁》,河南省新郑县工代会、贫代会印,1969年10月,第924—925页。

② 中共中央、国务院、中央军委、中央文革:《关于成立地专级、县级革命委员会筹备小组和革命委员会的审批权限的修改规定》,1967年11月7日,《毛主席的革命路线胜利万岁》,河南省新郑县工代会、贫代会印,1969年10月,第1060—1061页。

二、专/地行政组织与县政府的关系

专署/行署与县政府的关系在前述关于专员的职权部分就已经分别就国共两党治下的状况作了考察。在此,再作一系统分析。

专署/行署这一层级,其设立之由,前已述及,系为省级政府管理县不及、不周而创设。这一创设之因,决定了县与专/地的关系、县与省的关系。从法律上看,县以对省关系为主,县以对专/地关系为派生。专/地的任务是辅助省级政府管理县政府。行政督察专员制创设之初,南京政府行政院通过的内政部 1932 年制定的行政督察专员暂行条例对行政督察专员职权的规定主要是督促、监察性质。时任实施此条例的某省一位专员说:"专员的职责,顾名思义,不过是'督促','监察'。如果长官相信,而又有心做事的话,当然有很多机会,去发挥你的天才,可是遇到不很通达事故的初任官,要是怕做出岔子,那么,只要你把公事承转,不时去看看催催,照例办去,对上面也就可以交代过去。因为县长做的事,上面都有规定,县长固然不好自己拿若干主张,就是专员也没有权力去变更上面的法令,去做那从心所欲的工作。所以我说专员是容易做的(只要你不随便乱来),并且是最能藏拙的官。"① 这位专员说的,显然有发专员没有独立做事权力的牢骚话的成分。而同年豫鄂皖三省司令部制定的行政督察专员公署组织条例,专员对区内辖县的管理虽如蒋介石所称"专任其责"为"监察、督促之权",但其倾向于"隆重其体制,予以简任之待遇,授以监督区内各县县长之大权",② 故较行政院之暂行条例规定之专员职权较大,其职权为"综理辖区内各县、市行政"等其他事项。③ 考此"综理"权之含义,当非"监察、督促"之意所能尽,显然具有

---

① 罗时实:《做过行政督察专员以后》,《政治评论》第 120 号,1934 年 9 月。
② 《国民党政府政治制度档案史料选编》下册,安徽教育出版社 1994 年版,第 472 页。
③ 《国民党政府政治制度档案史料选编》下册,安徽教育出版社 1994 年版,第 465 页。

第六章 专/地行政组织与省县地方及中央之法律关系

其独立管理和独立决策的成分。1936年行政院修正公布并普遍实施之行政督察专员公署组织暂行条例,其设置专员公署之旨,在于承省政府之命辅助省政府"监督、指导暨统筹辖区内各县市行政",主要依1932年之"组织条例"为蓝本,其中"指导、统筹"权的规定显然也具有行政自立的倾向。从1932年三省总部所定暂行条例和1936年行政院所定组织暂行条例看,专员的职权除了承上级机关之命"监察"、"督促"外,还有其"综理"或"统筹"与"指导"的职权,①而"综理"、"统筹"就非"公事承转"、"看看催催"所能概括。

根据河南省第一专署1946年编定的《五年来工作纪要》,可以较为全面地考察专员公署与各县的关系。其工作纪要分沦陷前、沦陷时和光复后三大部分。沦陷前其纪要详述其工作25大项,计有办理救灾、推行保民大会、实验乡镇工作、举行县政竞赛、定期接见民众、办理乡镇长副考询、督导各县实施总动员、督导游击区县政、训练干部、整饬役政、发动士绅公务员子弟从军、推行禁止烟毒、统筹军事征用、整理财政、修筑防洪河堤、兴办水利、设置通讯网、成立儿童保育院、改进教育、出版国民报、整理并集训团队、构筑工事、充实备战、督办防空等。根据该纪要所载,尤其在办理救灾、举行县政竞赛、督导游击区县政、训练干部、统筹军事征用、兴办水利、改进教育、整理并集训团队、充实备战等项工作中,颇能体现专员公署领导所属各县之"综理"与"统筹"关系。②沦陷后其工作纪要详述其工作有建立专员区抗战根据地、区内县政府机构的延续与调整、督导战时工作、推行战时教育、组织战地工作团、查禁烟毒、救护盟国空军战友、取缔伪钞、整饬契税、破坏敌伪交通、阻止敌伪征兵征粮、编组地方武力、策动伪军反正、袭击敌伪等项,③亦可体现专署对各县的"综理"、"统筹"的关系。光复后其工作纪要详述其工作有编

---

① 《国民党政府政治制度档案史料选编》下册,安徽教育出版社1994年版,第465、492页。专员制的设计者杨永泰曾说,专员"除督察而外,还有统筹、领导两种职务"。见江禄煜:《我国地方行政制度改革刍议》,《东方杂志》第34卷第14号,1937年7月16日。
② 河南省第一区行政督察专员公署:《五年来工作纪要》,第1—2页。全宗号:旧4—2,案卷号:38。开封市档案馆藏。
③ 河南省第一区行政督察专员公署:《五年来工作纪要》,第19—28页。全宗号:旧4—2,案卷号:38。开封市档案馆藏。

整保甲、整饬吏治、督饬举行保民大会、整顿户政、整理役政、督饬办理选政、整饬警政、督饬惩办汉奸、奖励抗战出力人员、扩大救济工作、整理郑州市容、督导郑州市政、整饬县卫生院、筹建专区医院、筹建省立郑州医院、提倡民众高尚娱乐、改正社会不良习俗、恢复各县财政科和县银行等财务金融机构、整理各县自治税收、充实各县县银行资金、编制各县及联合师范预算、清理各县公有款产、实施县银行代理公库、厘定各县摊派物标准、查报抗战损失、成立区保安团粮服经理委员会、修筑公路、恢复通讯设备、督饬造林、督饬凿井、协助堵黄河花园口决口处及修复大堤、提倡生产、督征田赋、筹购军粮、筹建粮厂、推行合作、开发各县特产、督导粮食生产、恢复各县中心学校、恢复专员区联立医院、协助省立郑州中学建筑校舍、调查各级学校及教职员及学生人数、督饬改进国民教育、筹设郑州市失学儿童补习班、筹设郑州市幼稚园、整编训练团队、维持地方治安等事项,①其中除筹建省立郑州医院、协助省立郑州中学建筑校舍,其他诸项均与县发生直接关系,或专署"督饬"各县办理,或专署"综理"、"统筹"领导各县办理;即使所谓省立项目之筹建省立医院、协助省立郑州中学建筑校舍,也要专署与各县协调并令其出钱、出物、出力等事项,对各县仍是"督导"、"综理"、"统筹"的关系。

　　抗日根据地的行政督察专员公署组织法规关于专员公署对属县的关系的规定,与南京政府行政院的规定在文本表达上尽管有所不同,但内容则仍是大致接近的。如1943年修正之陕甘宁边区行政督察专员公署组织条例中规定,专员公署"对边区政府负责,统一领导督察该分区所辖各县之一切行政事宜"。② 1941年11月陕甘宁边区第二届参议会通过的《陕甘宁边区县政府组织暂行条例》中规定,"各县分受各专署之领导"。③ 值得注意的是,

---

① 河南省第一区行政督察专员公署:《五年来工作纪要》,第28—74页。全宗号:旧4—2,案卷号:38。开封市档案馆藏。

② 《中国新民主主义革命时期根据地法制文献选编》第2卷,中国社会科学出版社1981年版,第215页。

③ 《中国新民主主义革命时期根据地法制文献选编》第2卷,中国社会科学出版社1981年版,第218页。

第六章　专/地行政组织与省县地方及中央之法律关系

在1942年6月30日边区政府第二十六次政务会议通过的《陕甘宁边区县务委员会暂行组织条例》中则又规定"县务委员会受边区政府之领导,分区专员公署之督察"。① 此处将专员公署对县领导又改为督察。察冀边区行政公署组织大纲规定,专员公署"督察及领导所属各县行政"。② 晋西北行政督察专员公署组织条例也规定,专署"督察与领导所辖区内各县行政工作"。③ 山东省行政督察专员公署组织条例则规定,专署对属县工作进行"领导"、"督促检查"、"提请任免行政人员"、"实施奖惩"。④ 专署对属县,一是为贯彻上级法令与政令进行督察与检查,另一主要职权就是对县政府的行政工作进行领导。而且,值得注意的是,根据地专署对县政府的领导,是与中共地委对县委及县政府的领导联系在一起的。

中华人民共和国建立后,经历过专员公署、地区革命委员会和地区行署三个阶段的演变。除地区革命委员会外,在专员公署和地区行署两个时期,始终未能制定专员公署及地区行署的组织法或组织条例。根据政策,在某一时期是全面领导,在另一个时期强调督察性质,而在另一时期又强化专署/行署的权力,赋予其全面领导之责。其详情参见第三章有关内容。

作为与县关系的延伸,专署与县政府之下的区也发生行政上的关系。1932年8月鄂豫皖三省总部所定各县区公所组织条例规定,区长由县长荐请专员委任;区员由区长荐请县长委任并呈报该管专员公署备案;县政府对区长考询或促其注意或与之协议各事项应笔录要领编成考询录,每月由县长分呈该管专员公署查核;区公所预算,经县长编成呈候该管专员核定;如省库之辅助费不敷用时,非经该管专员呈报省政府核准后,各县区不得自由

---

① 《中国新民主主义革命时期根据地法制文献选编》第2卷,中国社会科学出版社1981年版,第222页。
② 《中国新民主主义革命时期根据地法制文献选编》第2卷,中国社会科学出版社1981年版,第255页。
③ 《中国新民主主义革命时期根据地法制文献选编》第2卷,中国社会科学出版社1981年版,第324页。
④ 《中国新民主主义革命时期根据地法制文献选编》第2卷,中国社会科学出版社1981年版,第367页。

征取。① 1942年11月晋西北行政督察专员公署组织条例规定,专署有区长及同级干部任免调动事项之职权。② 1943年9月修正之山东省区公所组织条例规定,区长、副区长由县政府呈请专员公署委任之。③ 1953年9月19日《湖南省各级人民政府机关工作人员任免实行办法》规定,各县市所属各区区长、副区长与区并列镇的镇长、副镇长由专署任免或批准任免。④ 而如前所述,自1984年干部管理权限下放为管理一级后,地区行署可以直接任免其所辖县级正副职。

就整体而言,专署在民国时期尽管具有督察与行政的双重职责,其地位被限定在上级辅助和派出机关的法律规定之内。中华人民共和国成立后,专署/行署对县,逐渐由督察性质的关系向领导与管理的关系发展。到最终由地区行署改为地级市,则最后完成这一过渡,成为一级正式政府层级。

三、专/地行政组织与中央机关的关系

专/地行政组织本是为辅助省管理县之不足、不周而设,但专员制的创设与实施却是一个全国性的国家地方制度问题,并非一省所能自主决定实施。

1932年8月国民政府行政院通过的行政督察专员暂行条例,其重要特征之一即为视专员制度为省政府所设置一临时应急性的行政机构,既非要在全国推行,亦非要在一省普遍实施,只是在离省会过远因特种事情发生

---

① 周必璋:《改进行政督察专员制度刍议》,重庆,中央政治学校研究部出版,1941年版,第92—93页。
② 《中国新民主主义革命时期根据地法制文献选编》第2卷,中国社会科学出版社1981年版,第324页。
③ 《中国新民主主义革命时期根据地法制文献选编》第2卷,中国社会科学出版社1981年版,第391页。
④ 张焕光、苏尚智等编:《中华人民共和国行政法资料选编》,群众出版社1984年版,第654页。此外,根据当时干部下管两级的原则,专署任免或批准任免的人员还有:所辖各县市人民政府秘书,各科科长、副科长,税务、粮食局局长、副局长,财经、文教、政法、监察委员会委员;交通银行设有专区支行的经理、副经理;所辖各县初级中学正副校长,专署干部学校副校长,专署主办农场场长、副场长,人民医院院长、副院长;省人民法院专区分署审判员,省人民检察分署检察员,人民检察处检查员;专署秘书,公安处正副科长,各局正副股长。见该书,第654页。

第六章 专/地行政组织与省县地方及中央之法律关系

时,始得设置,专员机构及其职权亦极其简略。尽管如此,行政督察专员之设置,经省政府委员会议决,由省政府开明设置事由及所定之督察区域范围,绘具图说,必须"咨请内政部转呈行政院决定行之"。① 因此,唯有行政院有最后决定专员区设置与否之权。而且,行政督察专员之任用,虽由省政府委员会遴派,但仍须"咨报内政部转呈行政院备案"。② 可以说,行政院在专员区设置与否问题上与专员制发生着直接的关系。

1932年8月三省总部所定专员组织条例隆其体制、赋予专员专任之权,其要旨在使专员公署成为一常设机关。由于该制系由豫鄂皖三省总部所定,故专员公署与三省总部发生多项直接关系。(一)专员督察区的设置及其数量,即由三省总部依各省面积、地形、户口、交通、经济状况、人民习惯"酌划"并"设行政督察专员公署"。(二)行政督察专员公署"直隶"三省总部,"并受"省政府之指挥。(三)行政督察专员公署设专员一人,由三省总部委派,专员公署秘书一人由专员呈请三省总部委任,署员、办事员等由专员委任呈三省总部等备案。(四)区保安副司令由专员呈请省保安处长核定转呈三省总部委任,参谋、副官由专员咨呈省保安处长委任并分呈三省总部备案。(五)专员根据条例所行使之考核、处分、巡视、召集行政会议等情须呈报三省总部。③ 此处,专员公署这一行政机构并未与行政院发生关系,而与以蒋介石为总司令的三省总部发生关系。三省总部即南京国民政府军事委员会下属豫鄂皖三省总部,其地位特殊,虽非南京政府正式中央机关,但事实上其权威与南昌行营一样,是南京政府的真正中枢机构。1934年7月,军事委员会委员长南昌行营公布的《各省行政督察专员职责系统划分办法》中规定,"各省行政督察专员,上承南昌行营"或豫鄂皖三省"总部及各该省政府之监督指挥",④表明了行政督察专员公署行政上和军事上的特殊地位。

---

① 《国民党政府政治制度档案史料选编》下册,安徽教育出版社1994年版,第462页。
② 《国民党政府政治制度档案史料选编》下册,安徽教育出版社1994年版,第462页。
③ 《国民党政府政治制度档案史料选编》下册,安徽教育出版社1994年版,第465—467页。
④ 《国民党政府政治制度档案史料选编》下册,安徽教育出版社1994年版,第484页。

专区与地区政府法制研究

　　1936年南京政府行政院公布修正之《行政督察专员公署组织暂行条例》,作为统一的专员制度法规全面推行,前述行政院及三省总部两个条例遂被废止。这个条例的实施,使专员公署制进入正常发展的轨道。(一)专员公署作为一行政机构,其设置由行政院统一掌握。行政院令各省划定行政督察区,设置行政督察专员公署机构。各省设置时,应开明行政督察区名称、设置次第、区划情形、管辖县市暨行政督察专员公署驻在地点,绘具详细图说,咨请内政部转呈行政院核定并呈报国民政府备案。由此,专员督察区始正式成为全国行政系统一分子。(二)行政督察专员人选由行政院院长或内政部部长提出,呈请国民政府简派。(三)行政督察专员公署订立单行规则或办法,应呈报省政府转报行政院及主管部、会、署备案。(四)行政督察专员所召集行政会议议决案,应由省政府分呈咨行政院暨主管部、会、署查核。① 此处,较之1932年行政院所定条例,值得注意之点在于专员的提请任命权由省政府改为行政院院长或内政部部长,且由1932年条例只是咨报内政部转呈行政院"备案"改为由国民政府"简派"。而且,根据1936年10月15日行政院公布的《行政督察专员资格审查委员会规则》,在行政院附设行政督察专员资格审查委员会,该会设主任一人,以内政部部长充任,委员四至六人,由行政院院长就行政院及内政部高级职员中遴派。② 足见,1936年行政院所定条例,较之前两个条例,行政督察专员公署与行政院、内政部及相关会、部、署的关系更为密切与直接。

　　抗日根据地的专员公署是中国共产党领导抗日军民创建的地方行政机关,但在国共合作的条件下,它与以推翻国民党政权为目的苏维埃制度的政权体制不同,它为了维护国共合作抗日的局面,承认国民政府的中央领导地位,名义上承认自己是中华民国的地方政府。因此,尽管抗日根据地的专署在实际上对于国民政府是独立自主的,但有的根据地在成立政府机构时,仍承认国民政府的法统地位。如1940年晋察冀边区行政委员会制定的行政督察专员公

---

① 《国民党政府政治制度档案史料选编》下册,安徽教育出版社1994年版,第494—492页。

② 《国民党政府政治制度档案史料选编》下册,安徽教育出版社1994年版,第496页。

第六章　专/地行政组织与省县地方及中央之法律关系

署组织大纲中,第一条就规定"晋察冀边区行政委员会视行政上之必要,得呈请中央于适当地区,设置行政督察专员公署"。① 这里的中央,即国民政府。尽管其组织大纲如此规定,但于事实上,晋察冀边区并不必向国民政府呈请,晋察冀边区的政权是抗日军民在中共领导下在敌后与日伪的斗争中建立起来的,且国民党对敌后中共的发展采取极力遏制的态度。但是,为维护国共两党的统一战线,抗日根据地政权在一定时期还需要承认国民政府的领导地位,因而,晋察冀边区的行政督察专员公署在法统上仍承认国民政府的中央领导地位。这种法律规定与历史事实之间的关系,则是需要注意的。

中华人民共和国建立后,尽管未能制定一部单独的行政督察专员组织法规,但在其他的法规中仍有些内容涉及专员公署与中央机关的关系。1954年9月21日第一届全国人民代表大会第一次全体会议通过的《中华人民共和国地方各级人民代表大会和地方各级人民委员会组织法》第三章第四十二条中规定,"省人民委员会在必要的时候,经国务院批准,可以设立若干专员公署,作为它的派出机关"。② 如前所述,1979年7月1日经第五届全国人大第二次会议通过的《中华人民共和国地方各级人民代表大会和地方各级人民政府组织法》中也规定,"省、自治区的人民政府在必要的时候,经国务院批准,可以设立若干行政公署,作为它的派出机关"。③ 与1954年的规定稍有区别的是,(一)"专员公署"改名为"行政公署";(二)自治区也可设立派出机关行政公署。但无论省还是自治区设立行政公署,都必须经国务院批准。以后修改的各级人大和各级政府组织法,尽管措辞有所不同,但省之派出机关的设立须经国务院批准这一法律原则并没有改变。中央人民政府始终对专员公署/地区行署的设立与否有最终决定的法律关系。同时,至1984年干部管理权限下放改革之前,根据法律规定,专员的任命权或批准任免权在政务院及其后的国务院。1949年11月28日政务院第8次政务会

---

① 《中国新民主主义革命时期根据地法制文献选编》第2卷,中国社会科学出版社1981年版,第254页。
② 《宪法资料选编》第一辑,北京大学出版社1982年版,第190页。
③ 《宪法资料选编》第一辑,北京大学出版社1982年版,第356页。

议通过于 1950 年 1 月 5 日发布的《政务院关于任免工作人员的执行办法》中规定,政务院任免或批准任免的工作人员包括"区专员、副专员"。① 1951 年 11 月 5 日中央人民政府委员会第十三次会议批准并于同日公布的《中央人民政府任免国家机关工作人员暂行条例》第三条,也规定了政务院任免或批准任免的工作人员中包括"各区专员、副专员"。② 1957 年 9 月 6 日国务院全体会议第五十七次会议通过于 9 月 12 日公布的《国务院任免行政人员办法》第二条规定,国务院任免的行政人员中包括"各专员公署专员",③显然,此时副专员不再由国务院任免④。该办法还规定,经国务院任免的行政人员,必须经国务院全体会议或者国务院常务会议通过。经国务院任免的行政人员,都发给任命书。⑤ 总之,专员公署的设置,必须经过国务院批准这一法律程序;专员公署专员的任免,职权也在国务院及此前的政务院。专员公署和国务院的这一关系,和国民政府时期专员公署与行政院的关系大体相当。1984 年以后,干部管理制度由下管两级改为下管一级,专员的任免权改由省级政府行使。而随着地改市的推进,地级市的市长、副市长的任免从法律上要经过本级人民代表大会的选举当选,而实际更具有关键意义的是要有省级组织部门向人大会议的推荐。由此,地区行署及地级市与省级政

---

① 张焕光、苏尚智等编:《中华人民共和国行政法规资料选编》,群众出版社 1984 年版,第 618 页。

② 张焕光、苏尚智等编:《中华人民共和国行政法规资料选编》,群众出版社 1984 年版,第 624 页。

③ 张焕光、苏尚智等编:《中华人民共和国行政法规资料选编》,群众出版社 1984 年版,第 629 页。

④ 1957 年《国务院公报》第 50 号公布《县级以上人民委员会任免国家机关工作人员条例》第二条中规定专员公署副专员和专员公署的科长、处长、局长、委员会主任、办公室主任由省、自治区人民委员会任免。见张焕光、苏尚智等编:《中华人民共和国行政法规资料选编》,群众出版社 1984 年版,第 632 页。

⑤ 张焕光、苏尚智等编:《中华人民共和国行政法规资料选编》,群众出版社 1984 年版,第 630 页。国务院关于给由其任命工作人员发出总理署名的任命书的规定,于 1965 年 5 月 26 日根据《国务院关于停发国务院任命书的通知》而废止,该通知规定,"今后经国务院全体会议通过任命的人员,继续采取由内务部政府机关人事局内部通知、《国务院公报》公布和必要的报纸发表等三种方式,停止颁发由总理署名的任命书"。见《中华人民共和国行政法国资料选编》,群众出版社 1984 年版,第 631 页。

第六章　专/地行政组织与省县地方及中央之法律关系

府的关系更为直接和关键。

四、余　　论

专/地行政组织与省、县及中央机关的关系,大致可以分三个时期。第一个时期是民国时期。这一时期,专员公署与省、县及中央机关,在专员制创立之初,由于两个专员组织条例的要旨不同,其所规定的与省、县及其中央机关的关系自然也就不同。行政院的要旨在使专员机构为一临时的、特殊性的机构,而三省总部则力图使专员公署成为一常设的、普遍的机构。而以三省总部要旨为主要内容加以修正于1936年由行政院颁布的专员组织条例,正式确立了专署与省、县及其中央机关的关系,使专员制成为省县之间的一个常设的、于全国普遍实施的地方行政组织制度。它的意义在于,对县的管理,从省的角度和中央机关的角度看,不再是一个棘手的问题。由于这种价值,中央要保持对全国的有效管理和控制,除管理几十个省级单位外,还重视对全国一百几十个专员区的管理和控制。专员公署对县的管理这一制度,显然是有效的。它较之于北洋政府时代的道区制要成功得多。因此,抗日战争时期,实际上具有独立体系的中国共产党领导的敌后各抗日根据地,普遍援引国民政府创制的行政督察专员组织条例做法,各自颁布专员组织的法规,在敌后普遍实施了专员公署制。这显然说明了专员公署组织法规是适应客观实际需要的。所以需要,就在于专员组织法规理顺了省与县、中央①与县的关系。这种情况表明,专署与省、县及中央机关的关系是稳定的。

第二个时期,是从中华人民共和国成立到"文化大革命"爆发前。这一时期,专员公署在与省、县及中央机关的关系问题出现了三种趋向,一种是维持专员公署监督性质为主的省之派出机关的趋向,一种是尽量扩大专署权限使之具有一级政府功能的趋向,另一种是出于工业化和城市化需要使

---

① 除国民政府系统外,抗日根据地政权在行政系统上尽管没有建立自己的中央政府,但中共中央实际上领导着敌后所有根据地的全面工作。

专员公署改为可以领县的市的趋向。第二种趋向和第三种趋向尽管不同,但都是改变专员公署的现有性质与法律地位,它们在与省、县及中央的关系上,可以有更为明确的法律关系。这一时期专员公署制度除个别民族自治区、自治地方外,其他省、自治区都实施了专员公署制。然而,由于专署缺乏必要的单行的组织法规,这使得专员公署的组织及其与上下级的关系经常处于变动和即将变动的状态。这种状况,不仅使得专署组织本身感到困惑和难以适从,而且,也使得社会对专署公署的性质与地位不甚了了。在这种情况下,"文化大革命"一爆发,专区竟"自发"地成为地区,其省之派出机关的性质也在这场"革命"中被"革"掉,而成为一级正式的行政机构。

第三个时期,是从"文化大革命"发生到地改市时期,这是专员公署制的蜕变、调整与改革时期。在"文化大革命"中,专区逐渐蜕变为地区,专员公署蜕变为地区革命委员会,先为党政合一的地方权力机构,后为一级地方国家权力机关的常设机关和一级人民政府机构。这种蜕变,是在人们思维混乱、行为混乱的状态下进行的,既非一种自觉设计,也没有任何法律的依据,只是事后得到1975年宪法的追认。[①] 不过,就专员公署于"文化大革命"之前的自身演进逻辑看,这一蜕变也并非偶然。自然,在"文化大革命"结束后,人们在对这场迷乱的"革命"进行"拨乱反正"时,地区革命委员会也就在调整之例。在1978年的宪法中,地区又恢复到省之派出机构的地位。[②] 不过,不是恢复"文化大革命"之前的专区和专员公署,而是改称地区和地区行政公署(又称地区专员行政公署、行署)。就事实观之,专区与地区,专员公署与行政公署,只是名称的改变,在行政地位、事实、实质各方面是同一行政层级、同一行政机构。地区革命委员会改制为地区行政公署后,事实上却又面临着地区虚级与实级、地区与省、县、中央机构尤其是与县法律关系的困惑,对地区行署的批评与质疑之声也随之而起。在这种背景下,如同20世纪50年代末那样出于城市化和经济发展的需要,地区通过撤地改市、地市合并

[①] 《宪法资料选编》第一辑,北京大学出版社1982年版,第299页。
[②] 《宪法资料选编》第一辑,北京大学出版社1982年版,第313页。

第六章 专/地行政组织与省县地方及中央之法律关系

等途径,改制为具有正式一级政府性质的符合宪法和法律的地级市,遂成为地区行署的未来出路。通过地改制为地级市,创制于20世纪30年代初的专员公署制,最终演变为地级市制①(目前在极少数地区尚实行地区行署制)。地级市制尽管与专员公署制有着极为密切的血亲关系,但和专员公署制/地区行署制已有很大的不同,它和省、县及中央又有不同的关系,这已不属于本课题的研究范围了。只是,从专员公署制/地区行署制演变为地级市制,行政组织机构和行政层级于是处于更为明确的法律体系之中。

---

① 截止到2004年年底,全国仅保留17个地区行署建制,其中,黑龙江省1个,贵州省2个,西藏自治区6个,青海省1个,新疆维吾尔自治区7个,全分布在边远省区。见中华人民共和国民政部编:《中华人民共和国行政区划简册》,中国地图出版社2005年版,第1—8页。

结　语

作为全书的总结,笔者力图在各章研究的基础上,从宏观的角度,对专/地行政组织的历史深度再作审视,对专/地行政组织设置的时代需要和行政组织法之于行政组织的必要再作考析,对行政组织法制工程的未来实施提出建设性的意见和看法,从而将历史、现实和未来,专/地行政组织、地方行政组织和行政组织,行政组织、行政组织法和行政组织法制工程,中国传统、西方经验和现代转化,进行多维度的扩散与联结,并以行政组织法制为中轴,实现研究内容的融会与统一。

一、从中国行政制度由古代到现代发展、演变的历史脉络中透视专/地行政组织的历史角色

要进一步理解专/地行政组织的历史真相,一个重要的途径,就是从中国古代到现代的地方行政制度的发展演变中,凸显专/地行政组织的历史角色。

中国的地方行政制度有着悠久的历史和清晰的发展脉络。根据其发展演变的历史特点,从中央与地方关系的角度,可分为夏商周诸侯分封天下共主时期,秦统一中国至清中期的中央高度集权制时期,和近代以来中西冲突与交融背景下的调整与转型时期。

早在夏代,臣服于夏王朝的各部落,相对夏王而言,以今观点视之,就是具

结　语

有相当独立性的地方行政单位。各部落与夏王廷的关系,较之夏王朝建立前的部落联盟时期的平行关系,可以视为一种初生的、混沌的地方与中央的松散的臣服关系。继夏而起的商朝,其臣服和分封的各诸侯邦,对于商王廷显然负有担任王廷职务和拱卫王廷的义务;但仍然具有显著的独立性和特定条件下反叛的可能。原为商王的诸侯国周,就是在商纣王的高压下,联合其他部落通过"伐纣""革命"的方式推翻商朝、建立西周的。尽管如此,商代王廷与各诸侯的关系,较之夏代王廷与部落诸侯的君臣关系,似乎更为规范和深入人心,以致在武王伐纣时,就有当时的贤者、相互弃让孤竹国君位继承人并投奔周邦的伯夷和叔齐兄弟反对武王伐纣、而周灭商后其兄弟二人又不食周粟而死,这一做法,显然深深体现了商王朝中央与地方诸侯君臣秩序道德约束力量的影响。周王朝建立后,其统治的方式仍然采取分封诸侯制度,这种分封制度与宗法制度、礼乐制度相互为用,是对夏商中央与地方关系的新发展,其中央与地方诸侯的关系更为直接和权威:因为天下的诸侯各国是周通过征服、分封而形成的,周太子是他们尊奉的共主,是他们最高的精神领袖和现实事务分歧的仲裁者。周天子王室和诸侯各国的中央与地方的君臣隶属关系,较之夏商两朝要明晰得多、紧密得多、规范得多和权威得多。诸侯国君要定期朝觐周天子。诸侯国对周天子承担贡纳、从征等义务。① 诸侯国新君的继位,经过周天子的册封才为合法,才能得到诸侯各国的承认。所谓"礼乐征伐自天子出"原则的确认,表明周天子高高在上的权威和权力。同时,由于周实行以世卿世禄制为原则的诸侯分封世袭制度,各诸侯国有自己的军队、赋税、领土和人口,有自己独立的军事权、行政权、经济权;并且各诸侯国君主对自己的子弟和军功、事功大臣进行再分封,授之以采邑,不需要经过周天子的批准;诸侯国君根据自己的需要组建自己的军队,也不需要经过周天子的允准。② 诸侯国国君的权力事

---

① 李玉洁主编:《中国早期国家性质——中国古代王权和专制主义研究》,河南大学出版社1999年版,第132页。
② 李玉洁主编:《中国早期国家性质——中国古代王权和专制主义研究》,河南大学出版社1999年版,第163页。参见白寿彝总主编:《中国通史》第三卷,上古时期(上册),上海人民出版社1994年版,第301页。

实上是独立的,他们和周王天子的关系,仍然是以周天子为共主下的一种高度分散的中央与地方统属关系。西周分封模式下的国家结构,实际上是一种诸侯邦国分立的国家体制。在这种国家体制下,由于西周王室武功威力的影响和宗法礼仪制度中"尊尊"、"亲亲"原则的约束,诸侯各国对周天子的臣属关系基本上是正常的。① 然而,自西周末年由于内乱外患导致王室变乱、王都东迁洛阳,王室的政治权威严重受挫,经济、军事实力大为削弱,周天子的天下共主名义虽然得到保留,但实际地位和作用迅速衰微。这样,西周所实行的诸侯拱卫王室、以周天子为天下共主的诸侯邦国分封的国家秩序逐步走向解体。

从制度上分析,这种诸侯邦国体制的解体是必然的,因为它的国家结构形态表明,它不是一种稳固的国家形态。各诸侯国和周王室一样,拥有在实质上各自独立的国家地位,有自己完整的主权和维护主权的实力。诸侯国尊奉周王室,是周初以来形成的巨大的历史传统。应该说,西周二百七十多年的长治久安,宗法礼仪制度自主约束和松散的、分散自主管理的国家结构相得益彰,是重要一因。问题是,西周王室在二百多年的统治中,为什么没有进行加强王室权力、削弱各诸侯国权力的制度改革呢?② 周王室自己的实力不足似乎是一个原因,但从根本上说,这种高度分散自主管理的国家结构,与当时生产力水平发展较低、人口稀少而区域广阔的客观环境是相适应的③。但是,一旦环境发生变动,诸侯国的力量得到发展,诸侯国如果挑战王室的权威,周王室却没有独自制裁诸侯国的能力和实力。这样,周初所确立

---

① 有的学者认为,各诸侯对周王室的义务,在开国初年的武王、成王过去以后,有就成了具文。见白寿彝总主编:《中国通史》第二卷,上古时期(上册),上海人民出版社1999年版,第301页。笔者认为,周初所确立的诸侯联盟与周天子共主的国家秩序至西周中期并没有发生根本上的改变。

② 周王室在相当时期倒是非常积极地开展对周以外其他部落的征伐。

③ 另,唐朝柳宗元在论及周封建时,曾这样述说道,"周有天下,裂土田而瓜分之,设五等,邦群后,布履星罗,四周于天下,轮运而辐集。合为朝觐会同,离为守臣扞城。然而降于夷王,害礼伤尊,下堂而迎觐者。历于宣王,挟中兴复古之德,雄南征北伐之威,卒不能定鲁侯之嗣。陵夷迄于幽、厉,王室东徙,而自列为诸侯矣。厥后问鼎之轻重者有之,射王中肩者有之,伐凡伯、诛苌弘者有之"。接着柳氏敏锐地解释这一事实说:"天下乖戾,无君君之心,余以为周之丧久矣,徒建空名于公侯之上耳。"柳宗元:《封建论》,见母庚才、马建农主编:《柳宗元集》,中国书店2000年版,第41—42页。但是,应该说,也正是由于周自己实力不足,才是这一松散的天下邦国联盟体制较长时期存在的重要一因。

的诸侯国尊奉周王室的历史传统就会受到损害和破坏。

春秋战国时期,周王室衰微,王权逐渐扫地,诸侯各国的贡纳、朝觐也随之而止,礼乐征伐大权逐步转到诸侯、大夫甚至陪臣手中。在这一转变中,诸侯大国竞相称霸,遂改革旧制,废除分封世袭采邑制度,逐步确立了由国君直接控制的非世袭的县制和郡制;废除世卿世禄制度,逐步确立了凭知识能力、军功和事功而授官的新型官僚制度。新的国家政治结构正在孕育和形成。尤其是地方行政制度——郡县制——的出现,"密切了中央和地方的联系,加强了中央政策法令的贯彻,提高了地方管理的效能,因而迅速地普遍设置"。① 这里的中央,当然不再是周王室,而是各诸侯国的中央。郡县制度的设立,是一种新的国家管理模式。这种管理模式,与以往的高度分散的诸侯国地方自主管理的模式是截然不同的。在这种模式下,地方的郡县长官是由国君任免的,地方的郡县行政区划也是由君主确定并可加以调整的,地方郡县长官直接向国君负责。这就形成了由中央集中、统一管理的新型管理模式。这意味着,一个新的国家管理时代即将到来。

秦朝的统一,结束了中国业已采行了两千多年高度分散的、地方部落或诸侯自主管理的邦国联盟体制,建立了中央高度集权、各地方由中央统一指挥、调动和协调的国家行政体制。应该说,高度分散的邦国联盟体制,适应了国家初期社会生产力低、区域空间大、国家管理能力和管理技术低的发展状况。但是,由于体制的高度分散性和各诸侯国发展的不平衡性,王廷或王室对具有独立性的诸侯国的约束和影响力有限,当某个或某些诸侯国强大后,诸侯国间的兼并和战争就难以制止,甚至有的诸侯会取王廷或王室而代之。由于社会的发展、生产力水平的提高和军事技术的改进,这种兼并和战争的规模越来越大,对国家和社会的破坏也越来越严重。因此,制止和消除这种周期性的兼并和战争,成为那个时代的历史任务。而要从根本上消除这种兼并和战争,就必须消除各诸侯国,使各诸侯国的区域彻底地统一到一个中央行政体制下,成为受中央直接控制的若干行政区域,各行政区在中央引导下统一、和平地发展。

---

① 张晋藩:《中华法制文明的演进》,中国政法大学出版社1999年版,第86页。

专区与地区政府法制研究

这一思路,是战国时期许多政治家的理想和追求。这一思路,开启了又一个两千多年的中国国家结构的历史。这种国家结构,是一种高度整合的国家模式,中央的大权集中到皇帝个人手中,地方的权力也集中到皇帝手中。皇帝是国家的核心,国家的权力就是皇权。以今日观点视之,皇权就是国家主权。与原来高度分散的体制相反,新的国家体制的特点是权力高度集中。

在当时的历史条件下,秦是统一东方六国后的一个幅员广阔、人口众多、各地发展很不平衡的新型国家。秦统治者要对全国各地方进行统一、有效的管理,只能在全国普遍采用郡县制这一新的行政管理体制。秦初,将全国划分为36郡,后增加到40多郡,郡统县,实行郡县二级制管理。全国各郡、县的长官直接由皇帝任免。郡、县长官的职权和职务是皇帝授予的,郡、县长官代表皇帝管理郡、县地方,他们是皇帝的代表,对皇帝负责。郡、县长官凭借能力、军功或事功得到皇帝的信赖和任命,但如果在任职中不能胜任、犯有错误或失去皇帝信任,就可能因此丢掉官职甚至性命。因此,郡、县长官要想保住职务并得到升迁,就要在完成皇帝交给的管理地方任务的基础上,取得皇帝的信任和器重。这样,中央与地方的关系,是一种垂直管理、权力派生的关系;地方与中央的关系,是一种绝对忠诚、唯命是从的关系。这种体制下,郡县不具有独立的军事力量,地方没有与中央抗衡的实力,没有向朝廷挑战的资格,国家最高的决策权、最高的军队调动权、最高的行政管理和任命权、最高的财政经济分配权、最高的立法权和最高的司法权,都集中到皇帝手中。皇帝只要能掌握好手中的权力,就不可能有战争发生,就可保天下太平,皇朝和皇位就可以传之万世而无虑。然而,秦统治者如何也不会料到,其统治仅传历二世、统一中国仅仅十五年,由于其暴政和秦二世的昏庸,便被波涛汹涌的农民义军所灭。不过,秦朝的统治尽管很快被推翻,而秦始皇所推行的郡县制体制却被保留下来,像先秦时代的诸侯邦国联盟制一样,在发展、演进中亦实施了两千多年,至今还有很强的生命力。

继秦而起的汉王朝的统治者,对秦所推行的郡县制的价值估计不足,一方面囿于当时的复杂的军事形势,同时也错误地总结了秦王朝"孤立之败"[①]

[①] (汉)班固撰:《汉书》(卷十四《诸侯王表第二》),第2册,中华书局1962年版,第393页。

的教训，在采用郡县制的同时，先后对军功大臣和宗室子弟采用先秦时代分封建国制度封王封侯，裂土分封。这种分封制，在本质上，与郡县制基础上的统一集权的国家制度是不相容的，对新确立的国家统一集权制度具有颠覆的危险。因此，自汉初高祖起，与危害国家统一的诸侯王国反叛斗争，一直是一项重要的任务。到汉武帝时期，通过实施"推恩令"、颁布《左官律》、《酎金律》、《阿党附益法》等制度性措施，使诸侯王国名存实亡，实质上取消了汉初以来诸侯王国分封而治的制度，从而结束了长期困扰汉廷的地方诸侯分裂割据的局面，使郡县制的行政体制成为普遍推行的制度。这样，汉朝的统一集权制度得到了稳固。

然而，国家的统一集权仍然存在着问题，潜伏着多种危机。汉统治者认识到，第一，如果在一郡之内，有强宗豪右，田宅逾制，以强凌弱，以众暴寡，郡守置之不问，豪强的势力就会膨胀，社会的不满矛盾就会加剧，其结果势必影响着汉廷的统一集权体制和皇家朝廷的安全。第二，如果远在地方的郡守不按照皇帝的诏令而擅自行事，不遵守国家的典章制度而妄作妄为，违背国家利益，歪曲皇帝的诏令，利用职权侵吞、鱼肉百姓，非法聚敛财富，为自己谋取利益，就必定严重危害国家的利益。第三，如果郡守在司法判案过程中，对于可疑的案件武暴地办理，草率、残酷地处死在押人犯，情绪激愤时则滥施酷刑，情绪快乐时则滥施惠赏，暴怒无常，敲剥、摧残郡内的黎民百姓，这样，必然遭到全郡人的仇恨，人们的怨恨积郁到一定程度，山崩石裂、奇异的祥云等不正常的自然灾难就会降临，各种反对朝廷的谣言诓语就会出现，其结果势必危害朝廷的安定。第四，如果郡守在选任和荐举官员问题上，不顾事实地选任和荐举讨媚自己的人，不任用有贤德的人，而重用愚妄强暴的人，就会造成用人不公、国家政务不能正常运转的局面，这不仅对中央政令的推行带来损害，而且，也使皇帝和他的国家失去天下有才德的人的辅助和拥戴。这种做法，也为皇帝所不允。第五，郡守的子弟凭恃家庭的地位和权势，曲意逢迎、交结郡守的上级监察长官以达到自己不正当的目的，这一做法对国家政治的危害性也极为严重。第六，郡守违背国家利益，与属下结为朋党，偏袒、亲信与朝廷贰心的地方豪强势力，毫无顾忌地接受他人财宝和金钱的贿赂，践踏、损害了朝廷法令的威严和信誉,也是一种严重危害朝廷的行为。① 最高统治者认识到,诸侯王国势力虽然削平,但郡守的势力也不可轻视,虽然其权力受之朝廷,但一旦在朝廷没有察觉的情况下,郡守、豪右违背朝廷做出了上述行为,也有造成统治倾覆的可能。为了保证其王朝统治的长治久安,从汉武帝时起,就将全国划分若干州,每州派刺史一人专司对地方郡守可能出现的上述六项违背朝廷的行为进行监察,以使地方郡守的活动完全控制在中央朝廷手中。

州是汉中央所派刺史的监察区域,刺史是朝廷派到郡,监察该郡六条事项的官员。最初,刺史的官阶低于郡守,但由于刺史是皇帝派来监察郡守的使者,是皇帝的耳目,其权力和地位则高于郡守,并逐渐向一级行政机构演化。成帝时,改刺史为州牧,其行政性质日趋明显。哀帝时经历了将州牧改为刺史再改为州牧的反复。东汉初,州牧又称刺史。东汉末年灵帝时,为使州地方有力量镇压正在兴起的农民义军,又将州刺史改为州牧,州牧辖有诸郡,掌握了一州的军政大权。由于汉室衰微,州牧遂成为割据一方的军事势力。就州的发展、演变来看,汉朝中央与地方的关系,呈现着对地方控制越来越加强的趋向。要控制郡,遂设置了州,形成了州、郡、县地方三级管理体制。州由监察性质的刺史改为行政性质的州牧,朝廷是为了更有效的控制地方,然而待州地位稳固并拥有一州军政大权后,本身却又成为反叛中央的力量。这当然出乎当时设制者的意料之外,而又不依其意志为转移。皇帝要控制地方,一方面将地方郡县长官的任免权和其应享的俸禄分配权控制在中央,一方面又派州作为皇帝的监察官监察郡县,最高的军事大权则在中央,地方无论郡县或后来成为地方行政区域的州,当然无力与中央对抗,国家的统一和朝廷的集权自然无虑,可谓得计;然而,正由于大权集中于中央,当社会矛盾激化到一定程度出现较大规模的农民义军时,地方州、郡、县均无法有效地用武力平止,这正是统治者"强干弱枝"方针所必然导致的结果。在这种非常情况下,朝廷被迫只得允许各州长官拥有军事大权,以组建军事力量平叛,结果

---

① 参见(汉)班固撰:《汉书》(卷十九上《百官公卿表》第七上),第3册,中华书局1962年版,第742页,颜师古注引六条《汉官典职仪》。

结　语

当各州长官拥有自己的军事力量后,就形成了与中央朝廷对抗的割据势力。能不能使地方长官既拥有镇压大规模叛乱的军事实力,又忠诚于皇帝呢？这当然是皇帝所希望的;事实上,当地方的最高长官拥有独立的军事力量后,则相互之间,又一争雄长,而实力最强者则往往企图取皇帝之位而代之[1]。在这种非常状态下,实难找到解决这一矛盾的最安全通道。

汉末形成的地方政府的军事化,是代汉继起的魏晋南北朝时代长时期分裂、割据的制度性基础。[2] 这样,军事力量的控制与运用占有特殊重要的意义,因而中央与地方之间的矛盾,往往表现为拥有军事大权的方镇与中央之间的对抗。[3] 地方的割据、混战及由此引发的民族间争战和长期的社会动荡,给社会的发展和人们的生存带来极大灾难。至隋朝时,地方政府军事化严重阻碍着国家的统一和朝廷的安全,这一问题的危险性和严重性为隋文帝和隋炀帝所充分认识。经隋朝两代皇帝的努力,废止了都督制、行台制和总管制,并使地方军事与行政分治,从制度上清除了汉末以来外重内轻的局面。这就结束了长期的中央与地方关系变态发展的历史,中央的统一集权体制再次确立。隋和秦的命运一样,因其继位之君的暴政,导致其二代而亡。但隋王朝所再次确立的这种统一集权的体制,则成为代之而起的唐王朝前期社会稳定、经济文化迅速发展繁荣的制度性保障。隋所创设的科举制在唐代的完善和全面实行,亦奠基于统一集权的体制之上。隋鉴于魏晋南北朝以来地方行政区划越划越小、州郡县建制越设越多、地方管理幅度和

---

[1] 就汉初的史实而言,柳宗元所说的"有叛国而无叛郡"的判断是成立的;而就汉末的事实观察,各州地方长官割据自雄,对汉廷而言即为叛臣,故柳氏此一判断并不能完全成立。柳氏又言,"虐害方域者,失不在于州而在于兵",可谓得言。柳氏语见其《封建论》,载母庚才、马建农主编:《柳宗元集》,中国书店2000年版,第42—43页。地方如果有了独立的军事权,就会对中央的集权和国家的统一构成直接威胁。

[2] 军事化的地方政府建制有都督制(总管制)等。魏晋以降,州刺史和郡守莫不兼都督、将军,或使持节镇将。都督则又高踞于州郡之上,军政合一,行动自恣,自募兵卒,自辟佐吏,成为割据一方拥兵自重的军阀。南朝的开国君主无一不是以都督重兵,起而夺取帝位的。北朝也有都督,至周隋时改为总管制,其情形与都督制同。参见袁刚:《中国古代政府机构设置沿革》,黑龙江人民出版社2003年版,第226页。

[3] 白钢主编:《中国政治制度史》上册,天津人民出版社2002年版,第323页。

专区与地区政府法制研究

行政层次失调的混乱状况,将地方行政区划管理州、郡、县三级改为州县二级体制,也为唐王朝所采纳。但由于王朝疆域广大,中央对全国设置的众多州县实施有效管理实属困难。因此,就如当年汉王朝分区设州刺史监督郡守同理,唐王朝最初将全国划分十道,派使者分巡各道,或观察地方风俗得失,或罢黜不法官吏,以监督地方州县,加强对地方的控制。后在十道的基础上,分为十五道,各置采访使,使其较固定地留任在任所,允其照地方长官例入奏,这样,道的采访使逐渐演变为道的民政长官,于岁时遣使朝觐皇帝及向中书门下报告政务和岁计出入。玄宗开元年间,因边防需要,在沿边设八节度使,其辖区亦称道。安史之乱后,内地亦相继设置节度使。肃宗时改道采访使为观察使,此后观察使例由节度使兼任,掌地方军政财大权。节度使制遍及于全国,并成为中央与州之间的一级地方行政机构,中唐之后的藩镇割据局面得以逐步形成。① 这种状况,与东汉末年极为相似。

　　从汉末到唐中后期的这种周期性的地方政府失控现象,是中央统一集权体制遭遇到的棘手难题。皇权的维护和巩固,国家的统一与社会的安宁,需要中央统一集权制度的保障。要实行中央集权制度,就必须加强对地方政府的监控,以便使地方政府的行为与中央的政策、法令和意志保持完全的一致。但地方政府是否与中央保持一致或在多大程度上保持了一致,中央并不能仅凭地方政府长官自己对朝廷的奏表就能掌握。控制地方最有效的方式与方法,莫过于朝廷派得力的监督官员以国家有关政策法令为依据定期以至时刻监督地方长官的言行,这样一来,岂不可使地方长官的行为,永处于朝廷的掌控之中?地方与中央成为一体,自可保朝廷的万世太平。然

---

① 白钢主编:《中国政治制度史》,上册,天津人民出版社2002年版,第423—424页。参见袁刚:《中国古代政府机构设置沿革》,黑龙江人民出版社2003年版,第384—390页。钱穆在论及汉末、唐中后期地方割据形成及后果时说,"名义上仍是巡察使,观察使,明明是中央官,派到各地区活动巡视观察,实际上则常川停驻地方,成为地方更高一级之长官"。"如是则地方行政,本来只有二级,而后来却变成三级"。在二级之上增加一级,"本意在中央集权,而演变所极,却成为尾大不掉。东汉末年之州牧,即已如此,而唐代又蹈其覆辙。安史之乱,即由此产生。而安史之乱后,此种割据局面,更形强大,牢固不拔。其先是想中央集权,由中央指派大吏到外面去,剥夺地方官职权。而结果反而由中央派去的全权大吏在剥夺地方职权之后,回头来反抗中央,最后终至把唐朝消灭了"。见钱穆:《中国历代政治得失》,生活·读书·新知三联书店2001年版,第49—50页。

结　语

而,当地方的权力全部集中到中央派出的监控地方的大员手中时,一旦遇有重大变故,为中央监控地方的大员掌握了兵权,却反而又成为中央的异体性力量,不服从中央甚至反叛中央的局面就会出现。这一中央与地方的关系问题,是最高统治层长期思考所要解决而未能得到解决的重大问题。当然,要解决这一问题,也并不是毫无办法,其中,最重要的也是最关键的,是使监督地方的军政大吏不能有任何的军事处置权以及财政处置权。

宋王朝结束了唐末五代十国藩镇割据的局面,"终于觉悟军人操政之危险",①对如何解决长期以来地方行政长官的军权和财权问题,其思虑之深,可谓别出心裁,用意良苦。第一,五代以来,地方长官都是武将,宋廷乃以文人掌兵,使兵将分离,解决了地方自雄割据的问题。第二,在地方行政单位之上设各路转运使,掌地方财政,将地方税收尽运交中央,解决了地方财政对中央的分离问题。第三,地方路、州、县三级地方政府,其官员都由中央官兼摄,属于临时差遣的性质,事权分割,权力集中到中央。这样,就从制度上解决了汉唐所出现的地方割据、中央不能统一集权的问题。这是宋王朝统治者的高明之处。但是,当地方政府的职权和活力被过分挤压和窒息,权力尽归中央的时候,一方面是地方政府难以发挥其应有的作用,另一方面中央政府的政策、法令和意志,在地方就难以有效贯彻和实施,其结果又势必削弱中央的集权的效果。② 钱穆认为"宋代根本无地方官,只暂时派中央官员来兼管地方事",③是

---

① 钱穆:《国史大纲》,商务印书馆1996年版,第525页。

② 马克斯·韦伯观察到,"中国行政里中央集权的程度非常有限"。见《韦伯作品集·中国的宗教·宗教与世界》,广西师范大学出版社2004年版,第92页。同时,韦伯又将中国城市之缺乏军政自治性归因于帝国统一的过早形成——所有的民政、军事置诸国家官僚体系的集中掌握之下。有论者就韦伯此论解释说,"封建制度瓦解之后,此一大一统的帝国所具有的军政力量是如此的完整无缺,以至于个别城市所能自其中获取资源以资自主的机会,实在非常有限"。见上引书,导论,第346页。显然,韦伯也曾注意到中国过分集权的一面。

③ 钱穆:《中国历代政治得失》,生活·读书·新知三联书店2001年版,第85页。钱氏认为宋之弊在于中央过分的集权,"把财富兵力都集中到中央,不留一点在地方上,所以中央一失败,全国土崩瓦解,再也没有办法。""只中央首都(汴京)一失,全国瓦解,更难抵抗"。见钱穆:《中国历代政治得失》,生活·读书·新知三联书店2001年版,第86页。钱氏此论,似仅仅针对北宋而言。很明显,宋之汴京陷于金人后,宋并未"全国瓦解",宋王室尚有南方半壁江山,史称"南宋",尚存152年之久。

有道理的。地方政府权力被挤压的结果,不仅造成地方政府无为,也必然造成国家整体能力的下降。宋代确没有像汉、唐那样出现地方割据对抗中央的问题,但由于国家整体能力下降,当北方辽、夏、金、元等民族政权与宋王朝发生对抗性战争甚至取宋而代之的时候,宋王朝不仅没有能力像汉、唐那样将敌对的北方游牧民族政权消灭或击溃,反而一再被对手击败,被迫纳贡、失地,以致最终为元所灭。这种状况的形成,与宋王朝所奉行的"重内轻外"的高度的统一集权体制有着必然的因果联系。这又是宋王朝统治者最初设计此制时,所未曾料及的。

元朝作为一个新兴的蒙古族建立的政权,其中央与地方的关系,呈现了新的特点。其最大的特点就是在宋地方路、府、州、县之上,又设置了行省这一行政层级。行省由中央的派出机构,逐渐演变为有固定的行政区划的地方行政管理机构。庞大的元帝国用行省,作为更大范围的一级地方行政单位,对地方进行管理和控制。值得注意的是,元统治者有意地将行省的管理区划打破历代州、郡按山川河流自然地理形势划分的传统,从而消除了地方割据势力自雄的地理屏障,其对维护国家统一的功用影响深远,不可因当时统治者的部族私意而否定其客观的作用。① 元朝行省长官,拥有相应的军

---

① 钱穆批评元朝行省为中央集权,说,"行中书省是由中央宰相府(都省)分出一个机关驻扎在外面。这因蒙古人征服中国,不敢把政权分散,要完全把握集中在中央"。"地方绝无权,权只在中央。元代是有中央无地方的"。"行省长官是中央宰相而亲自降临到地方"。"这种行省设施,实际上并不是为了行政方便,而是为了军事控制"。从地理上看,人为地打破了自然地理的形势和界限,"给你这一半,割去你那一半。好使全国各省,都成支离破碎。既不能统一反抗,而任何一区域也很难单独反抗"。见钱穆:《中国历代政治得失》,生活·读书·新知三联书店2001年版,第116—118页。康有为则批评清末民初省之权大地广说,"行省之官制,骛广而荒,有大国之地利,而坐失弃之"。"行省之制,最为害也。合中外古今官制之失,诚未有若此之大者也"。见汤志钧编:《康有为政论集》,下册,中华书局1981年版,第745页。钱氏责省之为中央过分集权,康氏责省之与中央对抗分权。同一省制,担当两种截然不同的角色,不是省制自身使然,是这一制度的外围权力系统作用的结果。省的划分,较之汉之州、唐之道、宋之路,区域虽大,权力虽重,但在制度上受到中央权力的有效制约,故在实行省制的元、明、清三代未有地方割据发生,不能不说省制较前者更为合理。有的学者认为,省的权力"大而不专",省制的创设"背后又隐藏着古代中央与地方权力结构发展历程的必然抉择",是有道理的。引见李治安:《元代政治制度研究》,人民出版社2003年版,第86—88页。

权、财权和行政管辖权,但又受到中央的有效掌握,权虽大①却不能恣行,其地方管理的最高行政层级呈制度化和法制化的形态。元被推翻后,行省制度却因其所具有的新生命力而延续下来。明清两代,只是在元省制的基础上根据自己的需要作了适当的调整。明代对省进行了改制,在省分为承宣布政使、都指挥使和提刑按察使三司分管行政、军事和司法。在处理重大危机时,中央临时派总督、巡抚以总省之全权,事毕而撤。清代则在省设巡抚、总督(两省)为常任,以加强对地方的统治。明清两代在地方实行省、府(州)、县三级管理体制,并在省和府之间设道作为省派出的监督机构,是实三虚四的地方管理体制。

省制的生命力,就在于它较汉之州、唐之道,虽有大权却不能割据,较之宋之路,虽集权中央却自身亦有力,这样,既有利于高悬在上的朝廷的集权,有利于疆域广阔的国家的统一,又有利于地方有效的行政管理,从而能够在中央统一集权的体制下最大限度地避免地方割据、分裂所造成的社会长期混乱和动荡,维护了社会的稳定与发展。应该说,省制是适合于管理广土众民的、统一集权的国家的地方制度。但是,另一方面,由于省辖区广大,人口众多,省对地方要进行全面的管理,就难免发生这样那样的困难和问题。为了更有效地管理,省遂在府州之上,派出"道"这一监察机关代表省分道区对府州进行监督。于是,道成为府州之上的一个层级。自省制普遍实施后,地方行政管理由三级制而多了一个层级,为四级制。这样,省对地方不免高高在上,由于层级增多,层层管理虽然体制严密,但行政官吏却必然随之增多,行政效率却又反而降低,管理质量难免粗疏。尤其是,在高度的统一集权的体制下,地方长官只对朝廷负责,作为地方的"父母官"却不对地方百姓负责,不对地方的社会经济发展负责,往往不求无功,但求无过,无疑压抑了地方长官的管理能力和地方社会经济发展的可能。这种管理体制,基本上是与生产力发展缓慢的农耕社会的客观环境相适应的。值得提出的是,在中国古代政治制度发展的悠久历史长河中,

---

① 《元史》(卷九十一《百官》七)载:省"凡钱粮、兵甲、屯种、漕运、军国重事无不领之"。(明)宋濂等撰:《元史》,第8册,中华书局1976年版,第2305页。

在中西政治制度的历史比较视野中看,它是一路领先的,也是独树一帜的。

然而,近代以来由于西方资本主义文明的勃兴,并很快显示了它超乎寻常的强力和创造性。它在与中国传统政治制度的较量中,显示了中国所缺乏的现代工商业文明的巨大价值。在中国走向现代世界的过程中,中国由传统农耕社会向现代工商业社会转型,中国的政治、经济、军事、外交、文化制度随之由传统向现代形态蜕变。在中国采用西方政治制度的过程中,以西方的政治制度为标准,评判中国地方管理体制中的省、道、府(州)、县四级管理体制,自然为一种有严重弊端的管理体制,因而时人力主采用西方的地方二级管理体制。既然西方的地方二级管理体制是较传统的地方多级管理体制是先进的、科学的,中国有什么理由弃而不用呢？因而,民国早期的思想理论家和政治家们,不仅在观念上认为地方二级制是适合中国地方行政管理的,在实践上也是力促其成的,袁世凯就进行过采用省道县三级管理体制的改革,在道和县之间毅然裁去府(州)一级；稍后的当政者及继起的南京国民政府干脆改为省县二级制,又裁去道一级。然而,民主共和虽然代替了王朝世袭,但移植而来的制度却一时难以生效。不仅国会制、总统制、内阁制变了样,省县二级制也难以行通。

民国时期是一个内忧外患接连不断的非常时期。国内的分裂和割据、国外的侵略和压迫,需要国家强有力的权力体系完成国家统一、民族独立的任务。这种特殊形势下产生的制度要求,与中国古代所曾实行的集权统一的体制是吻合的。因此,集权统一的思想与制度要求,明显地体现在各种政治斗争中。就省与中央的关系看,中央为完成国家统一的任务,省必须在中央强有力的集中统领下行使管理地方的权力；而省,近代以来,尤其民国以来地方割据自雄者多,省多以自治、保境安民为名号,一方面尽量摆脱中央的束缚,另一方面则又力图加强对辖县的控制。行政督察专员区公署制度,就是在这种加强权力集中的制度需求下创设的。南京国民政府在省县之间设置专员区公署,对于其中央自身而言,通过中央任命专员,可将各省专员区控制在自己手中,通过专员上窥省情,下控各县,也就完成了集权中央的目标。而省,则尽力透过各种方式控制专员人选,达到其控制地方的目标。在此情景下,专员

结　语

区公署制度的实施,既有助于南京政府的集权统一,也有助于省对县的控制,而与近代以来竞相标榜的地方自治与地方分权的原则相去愈远。无疑,专员区公署制,担当了传统统一集权体制中增加行政层级收权中央的历史任务。然而,民国时期,北洋政府没有建立起强有力的统一集权体制;南京政府虽然用尽心力,事实上也没有真正建立起强有力的统一集权体制。其主要原因在于,强有力的集权体制被认为是汹涌兴起的民主时代潮流所抛弃的旧时代的残余,在价值体系上不再具有历史的正当性和现实的合法性。

然而,在外争独立、内求统一的时代环境中,强有力的中央统一集权体制却是不可缺少的。中共所领导的新民主主义革命政权,实行高度的民主集中制,它保留了集权,又充实了新的民主,将民主和集权两个似乎不能相容的制度结合在一起,既使中央的权力集中,又使地方的活力和能量得到保存,因而,能够以少胜多,以弱胜强,由小到大,由农村到城市,最后取得新民主主义革命的最后胜利,建立了中华人民共和国。而专员区公署制,对于从抗日战争到解放战争这一胜利关键时期所发挥的制度性作用,是不应忽视的。

正是由于专员区公署制度的不可忽视的制度性作用,新民主主义革命时期援引国民党政权创制的专员区公署制度,在新中国的政权建设中被保留下来。在建国初期大规模的经济建设和政治文化建设中,在高度集中统一的中央与地方关系中,专员区公署继续担当其不可或缺的历史角色。"文化大革命"时期,专区虽然改称地区,但省县之间的这一层级却得到保留和巩固。"文化大革命"结束后,地区虽然由实级恢复为省派出性质的虚级,甚至1980年代之后地区逐渐改为地级市,但其省县之间一个层级地位的历史角色并未发生改变。而其历史角色难以改变的重要原因,就在于在中国的现实政治生活中,仍需要一个强有力的中央政权的领导,需要一个多层次控制与管理的行政体系。由此,国家才能有稳定、统一的社会环境和社会进一步发展的可能,中国才能在世界的竞争中巩固自己的大国地位。

从中央与地方关系演变、发展的历史长河看,夏、商、西周时期中央与地方高度分散的管理体制,有国家权力过于分散之弊;秦汉以降两千年来中央与地方的关系,又确有中央权力过于集中之害。但夏、商、周时期中央权力不过于

253

分散，不足以维持封建邦国体系；秦、汉以降中央不高度集权，不足以维持天下统一。体制的优劣利弊虽然实难两全，然而，如果秦汉以降在中央集权体制的主导下适当具有分权①制度的空间，既能维护国家的统一与稳定，又能发挥地方政府的自治性和创造性，中国古代社会文明的发展就会有更高的成就。然而，自秦汉以降，言论定于皇权一尊，对集权制的批评和改造自然成为禁区。集权体制缺乏理性的分权制度的调节和补充。近代以来，在中国由传统农耕文明向现代工商文明转型的过程中，集权体制一方面在理论上受到猛烈的抨击和否定，另一方面在国家的独立和建设的实践层面需要其强有力的作用。不可忽视的是，权力高度集中的体制固然有强有力的作用，但如果缺乏民主力量的约束，在发挥积极作用的一面之后，也有高度的风险和不可小视的消极能量。因此，在中央与地方的关系的建构中，适度的中央集权和适度的地方分权，②是一种较为理想的模式。而在这样一种新的模式中，专/地行政组织应扮演什么样的时代角色，是需要进一步研究与探讨的问题。

二、从专/地行政组织设置的创设和演变看创制完善的行政组织法的必要性

20世纪30年代初，国民政府创制行政督察专员区公署制时，无论如何

---

① 笔者认为，秦汉以降，中央不存在对地方的分权。那种把汉末的地方割据和唐后期的藩镇割据称为分权的说法，是一种误解。分权是指通过国家的政治法律制度所明确划分的中央与地方的权限，而不包括用军事等非法手段窃取的国家权力。地方割据是一种对抗国家的非法行为，当然不能具有法理意义上的分权。

② 在中国进行地方政府分权改革的过程中，应充分吸取其他国家地方政府改革和治理的经验，根据中国的实际情况加以运用。这一问题已受到学界的注意，并积极翻译有关发达国家地方政府研究的著作以为镜鉴。例如，仅"地方政府与地方治理译丛"翻译西方发达国家关于地方政府改革与治理的著作就有[美]文森特·奥斯特罗姆等的《美国地方政府》（北京大学出版社2004年版）、[瑞典]埃里克·阿姆纳等主编的《趋向地方自治的新理念》（北京大学出版社2005年版）、[德]赫尔穆特·沃尔曼的《德国地方政府》（北京大学出版社2005年版）、[以色列]柴姆·卡西姆的《民主制中的以色列地方权力》（北京大学出版社2005年版）、[德]赫尔穆特·沃尔曼等的《比较英德公共部门改革——主要传统与现代化的趋势》（北京大学出版社2004年版）和理查德·廷德尔等的《加拿大地方政府》（北京大学出版社2005年版）等多种。

结　语

不会想到,这一层级制度在抗战时期被各敌后抗日根据地援用,更不会想到,国民党统治崩溃、中华人民共和国成立后,也普遍实施了这一制度。而且,这一制度在当代中国,发生了当初也无法预测的变更、调整与改制。最初的创制者,只是囿于地方省县法律二级制的规定,又迫于行政管理不便的压力,而采取的拟于某一特定情形之下及某一特定区域之内实施,带有权宜性的一种制度。后虽得以推广,亦只是被认可实施至"缩小省区"方案推行时为止。

历史发展的进程和结果,往往和最初设计者的愿望不同,甚至相反。正如列宁所说:"历史喜欢捉弄人,喜欢同人们开玩笑。本来要到这个房间,结果却走进了另一个房间。"①历史的发展充满了偶然性因素的谜团,专/地行政组织层级的变更亦是如此。

学术研究的重要任务之一,就是揭示这谜团背后的真相和原因,给人们以科学和正确的认识。省县之间专/地这一层级制度,不仅没有被局限于一特定情形之下及一特定区域之内,而且在不同的政治体系和不同的政治时代被采用,其间虽几经变改,但仍持续存在并得以巩固。究其根本原因,在于法律省县二级制的现行规定,与中国省级单位管理幅度与管理能力的矛盾。

中国的省制已有700多年的历史。省制最早经金末元初的发展,正式形成于元代世祖末成宗初时期,②成为中国最高的地方行政管理单位。元代设11个行省对地方进行管理。明、清两代在元行省制的基础上又各有发展。明代设13个行省、两京,共15个省。清初将15省中3个省一分为二,共设18省。晚清光绪末年,在原18省以外地区,设置黑龙江、吉林、奉天、新疆、台湾5个新省,到清光绪末年,全国共设23个省。③省制

---

① 《列宁全集》第20卷,人民出版社1955年版,第459页。
② 李治安:《元代政治制度研究》,人民出版社2003年版,第68—69页。钱穆对省制颇有微词,认为省制不是为了行政方便,而是为了军事控制而设。他不仅主张划小省区,而且提议把"省"这个字也"革除"掉,并说"省字,根本是一个不祥的名称"。见钱穆:《中国历代政治之得失》,生活·读书·新知三联书店2001年版,第116—121页。
③ 参见田穗生、罗辉、曾伟:《中国行政区划概论》,北京大学出版社2005年版,第266页。

专区与地区政府法制研究

经历代演进,形成了具有比较稳定的区域管理范围、地方语言文化、地方风俗习惯的地方行政区域和区域管理制度。在省县之间,一般有两层行政管理机构。

然而,近代以来,在采用西方现代法律与政治制度的同时,西方地方行政管理二级制的体制也被移植过来,从而逐渐废止了省县间的其他层级。在北洋政府1923年颁布的、中国有史以来的第一部正式宪法《中华民国宪法》中,明确规定了地方行政制度采省县二级制。随后,孙中山《建国大纲》和国民政府《训政约法》及国民政府1946年制定的《中华民国宪法》中,均规定了地方省县二级制。中华人民共和国成立后,除"文化大革命"期间的一部宪法外,全国人民代表大会通过的其他宪法中,也规定了以地方省县(县以上)二级制为主导的地方管理体制。而考之实际,中国一般省级单位,比欧洲一个中等国家面积还大,人口还多。一个省管辖少则几十个县,多则百余县。而西方地方二级制的实施,则以其历史悠久的地方自治为基石。

钱穆曾认为,西方的地方自治制度的渊源始于古希腊,当时的城邦政府,以近代目光视之,即为一种地方自治。① 其说不无道理。至少,在罗马共和国时代,行省下辖行政单位中就有自治城市。一种享有罗马公民权的自治城市,其管理制度依照罗马的国家机关设立;另一种享有部分公民权利的自治市,在行省管辖和监督下行事,每年需要向罗马交纳赋税,但城市保留自治机构和一些处理内部事务的权力。② 在罗马帝国时期,在行省仍推行自治市制度,有一些行省的城市享有一定程度的自治权;有一些被称为"盟约城市",其权利和义务由它与罗马之间的盟约规定。③ 可见,罗马时代没有形成中国式的高度集中统一的政权体制,中央对地方的管理比较松散,为地方的自我管理留下相当的空间。在中世纪的西欧,仍保留了古罗马时代自治城市的传统。在英国,在萨克森时代,存在着一些具有自治性质

---

① 钱穆:《论地方自治》,《东方杂志》第41卷第11号,1945年6月15日。
② 王宇飞、李兰色、贾志刚:《中西视野中的地方政府》,新华出版社2004年版,第11页。
③ 王宇飞、李兰色、贾志刚:《中西视野中的地方政府》,新华出版社2004年版,第13页。

的分区,随后取得了自治市的地位。诺曼底人入侵后,也建立了独立的自治市。自治市从国王或贵族那里取得特许状,享有广泛的自治权力。城市的管理自成体系,通常按行业组成行会。从亨利三世起,自治市的代表被召集参加国王会议。16世纪中叶以后,一些自治市按特许状的授权设立了自己的市议会或法庭。17世纪英国内战期间,自治市组成市法团,以法人资格从事活动。① 法国的自治市具有自己的特点。自治市的组织是一种新的共同体,市民之间通过订立互助的誓约,建立了互相平等的关系。自治市是通过与封建领主的斗争及领主对城市的妥协以特许状的方式确定的。自治市除每年向领主交纳租税、战争时为领主提供士兵外,领主不再干预城市内部的事务。自治市的机构一般由市民选举产生,由议员组成,包括一名市长(在南部则称执政官)和一些助理。自治市有自己的法庭、税收、市民自卫队以及印信和徽章。② 德国的自治市的管理机构,和法国相似,是由选举产生的市长和市议会组成,市长领导议会。到14世纪,几乎所有的重要城市都设立议会,每年由选出的议员管理城市。市议会决定和颁布法律,管理贸易,统一度量衡,发行货币和征税。③ 以中世纪的地方自治为基础,并将地方自治制度进一步推广,近代西欧各国的地方行政管理层级比较简单,一般二至三级。英国的地方行政区划分为两级,④美国州政府下设县或市。法国地方行政则由省、区、县、市和镇组成,其中区是省的派出机关,县、市和镇是一级,是虚三实二的体制。西方国家的地方政府层级之所以较中国的地方多层级为简,主要在于西方的地方事务由地方自治机构自行管理,地方政府为独立法人,地方与中央权责分明,中央不需要对地方层层控制。而且,地方自治是一种分权的制度,地方的权力法定有地方自主行使,由地方行使的事项中央毋须过问,中央权力行使的范围由法律明确规定。中央事简法明,故不需要设置多层级的地方政府。

---

① 王宇飞、李兰色、贾志刚:《中西视野中的地方政府》,新华出版社2004年版,第16—17页。
② 王宇飞、李兰色、贾志刚:《中西视野中的地方政府》,新华出版社2004年版,第19—20页。
③ 王宇飞、李兰色、贾志刚:《中西视野中的地方政府》,新华出版社2004年版,第23页。
④ 王宇飞、李兰色、贾志刚:《中西视野中的地方政府》,新华出版社2004年版,第31页。

专区与地区政府法制研究

但是中国自秦汉以降,就是一个权力高度集中的国家,没有形成地方自治①和地方分权的传统。中国自近代起,一些思想家和政治家鉴于西强中弱的强烈刺激,在挽救国家危机和学习西方的探索中,就提出在中国实行地方自治制度的主张,以培养民气和国力。在思想上,从冯桂芬、郑观应、黄遵宪到孙中山和毛泽东,都提出过在中国实行地方自治的观点;在实践上,自晚清新政改革时就曾在地方推行地方自治的实验,北洋政府时期地方自治的实验也曾不绝如缕,南京国民政府时期蒋介石接过孙中山地方自治的主张,不仅高喊地方自治,也按他自己的理解方式推行地方自治。然而,地方自治的实验如同西方议会制在中国的实验一样,很不成功,往往成为中央统治者推行集权或地方军阀割据的工具,抑或敷衍的装饰。因此,近代中国始终没有养成西方地方自治那样的基础。

这样,宪法规定省县二级制,自然难以实施。地方二级制,又为西方各国普遍推行的地方行政制度,如不推行,岂不有悖普遍原则?且宪法乃神圣之法,在西方为人人所守;在中国,尽管在某些方面不愿遵守,但在无关某集团、阶级利害和权势问题上,也往往无须更动宪法,只是采取更灵活的变通办法,以求折中。这种折中的方式有二:(一)缩小省区。省区缩小到适当程度,自然也就可以对县实施有效管理;这样,既解决行政问题,又解决与法律矛盾问题。这一方案,民国时期以至今日,时有人提出。但因此事牵及事体过大,并不易推行。(二)在省县之间设置一辅助性的派出机关,负有督察与行政的双重性质。该机关在法律上不具有一级政府的地位,故不发生与省、县二级制法律规定相矛盾问题;又可弥补与解决省对县因辖区过大、辖县过

---

① 瞿同祖在对清代地方政府研究后,将中国地方政府与法国地方政府作了对比,说:"中国没有与法兰西公社相当的地方自治。在市镇和乡村也没有政府或议会,无论是名义上的还是实质上的。从这个意义上讲,中国的地方政府比起法国集权程度更高。"见瞿同祖:《清代地方政府》,范忠信、晏锋译,法律出版社 2003 年版,第 331 页。韦伯认为在中国有村落自治。见《韦伯作品集·中国的宗教·宗教与世界》,广西师范大学出版社 2004 年版,第 146—150 页。韦伯的这种观点与中国的实际未免脱离。因为,在乡村,掌握一定权势的士绅,他们与国家的在任官吏有着极为密切的联系,他们只是国家政权管理乡村的补充,而不是自治。参见前引瞿同祖书,第 282—330 页。

结　语

多而导致的管理缺陷与困难问题。这确实是一个解决问题的办法。从第一部《中华民国宪法》到当今现行宪法，实际上都规定地方层级县之上为省级单位，而省管理众多的辖县又极为困难，故不得不设置一个中间层级，给予其部分管理权甚至全部管理权。正是基于上述客观情形，专/地这一层级设置后，尽管不时遭到非议和指责，在经历了令人难以理解的各种形式和内容上的变动后，仍保留甚至巩固了省县之间层级的地位。只要省区没有缩小和地方自治没有确立，省县之间这一层级就会存在。而怎样将这一层级的组织及其职权控制在法定范围内，则是需要进一步回答的问题。

省县之间需要一个中间层级结构，是否意味着它必然发生那令人目眩的多次变更、改废与调整？回答是否定的。根据实际需要，建立健全的行政组织法制，可以避免这种多次变动与改废情况的出现。南京国民政府及抗日根据地实施的行政督察专员公署制，由于行政组织法制比较健全，其制度形态和虚级地位基本上是稳定的。建国后，省县之间中间层级的制度形态和虚实地位的不稳定情形，与缺乏法制、忽视法制的状况紧密相连，因果相应。显然，省县之间根据实际需要，无论设置虚级或实级，必须由法律明确规定，并且这一规定必须具有稳定性和权威性。这是历史经验的总结。

恩格斯说过："我们根本没有想到要怀疑或轻视'历史的启示'；历史就是我们的一切。"[1]通过对专员公署制——地区行署制的法制考察，我们得到的基本认识和启示如下：抗日根据地的行政督察专员公署行政组织法制，是比较健全的；国民政府的行政督察专员公署组织法制，也是比较健全的。抗日根据地和国民政府的行政督察专员制度是依法而行的。建国后，专/地行政组织随着职权的扩大，机构设置越来越多，人员严重超编，工作效率低下。行政权力过分集中、机构设置严重膨胀、公共权力过分扩张等问题，反而是导致国家能力下降的重要因素。[2] 这些问题出现的关键因素在于缺乏对行

---

[1] 《马克思恩格斯全集》第一卷，人民出版社1956年版，第650页。
[2] 参见李强：《评论：国家能力与国家权力的悖论》，转见马长山：《国家、市民社会与法治》，商务印书馆2001年版，第259页。

政权力严格的法制约束。通过上述比较,我们"可以追溯到——至少可以部分地追溯到一个共同的根源",并且"可能希望得到对事实做出假设少得多、而精确程度却高得多的结论"。① 在专/地公署组织法制建设中,无论经验还是教训,都值得我们总结,进而揭示与探索出行政组织法制历史发展的规律。专/地行政组织作为一种行政组织,无疑具有行政组织的共性问题。专/地行政组织的法制状况,透射出行政组织法制所遭遇的普遍性问题:专/地行政组织的发展和演变的历史表明,专地行政组织必须有行政组织法;同理,所有的行政组织,都必须有行政组织法。而且,这种行政组织法,必须是完善的。行政组织没有组织法规,就会处于无法可依的无序运行状态。行政组织虽然有组织法,但如果法规不健全,仍会给行政组织的发展带来某种无序的状态。只有有了完善的行政组织法制,行政组织才会有健康、有序的发展。

　　行政组织必须有完善的行政组织法,从根本上说,是行政组织权力运行和制度发展的客观要求。行政组织的权力是一种国家权力,但权力具有自我膨胀的性质,必须受到法律的限制;不受限制的权力,就会越过道德和理性的界限,不仅不符合国家和社会的长远利益与需要,对行政组织自身的长期发展也必然带来危害。专/地行政组织法制的历史变迁,就是典型而充分的说明。因此,行政组织要保持正常发展,必须有完善的法制。

　　行政组织法作为国家法律的一种形式,能够规范和控制行政组织,是由行政组织法所特有的性质决定的。从行政组织法的性质上说,它是立法者根据历史上和现实中乃至其他国家或地区的行政组织机构设置的普遍经验和规律,以法律的形式形成的具有稳定性、长期性、权威性和强制性行政组织规范,它既反映了行政机构设置中的长期、普遍、本质的利益和需要,又代表了行政组织机构、国家和社会的长远利益和需要。行政组织的法制化是国家行政机构健全和成熟的表现。行政组织法的这一性质,对行政组织体现为两方面的基本作用。第一是组织行政的作

---

① 法国学者马克·布洛克语,见李振宏:《历史学的理论与方法》,河南大学出版社1999年版,第472页。

结　语

用。在组织行政的过程中，行政组织既要加强行政管理，提高行政效率，又要防止行政管理加强后权力过分集中所带来的消极后果，实行必要的分权，使行政组织基于民主的基石之上。在中国，自秦统一后两千多年实行中央高度集权的体制，在这一体制下，要么中央高度集权，要么出现地方割据，没有形成理性的中央集权与地方分权相统一的历史传统。但在现代社会，集权体制的弊端已为人们所充分认识，分权体制的价值遂逐渐为人们所承认。从中央与地方关系的角度，建立适度集权与适度分权的行政组织法制体系，将有利于中央与地方行政组织关系的健康发展。① 在这新的制度框架中，专/地行政组织作为地方中层机构，对于适度集权和适度分权体系的形成，无疑将发挥其中层组织所具有的调节性功能。第二是控制行政的作用。在控制行政的过程中，尤其要注意遏制行政组织机构的自我膨胀和行政组织的无序状况，将行政组织纳入法治和理性的轨道。② 专/地行政组织机构的严重扩张问题，充分表明了行政组织法控制行政机构膨胀的极端必要性。

　　行政组织法能够规范和控制行政组织，还是由其特有的功能决定的。其特有功能主要有：第一，权力配置的功能，即设定、分配权力和调整权力等功能；第二，规范管理功能，即规范行政机构的设置，规范行政组织的外部管理形式，规范行政组织的名称、术语等功能；第三，保障功能，即保障行政组织的管理符合客观规律，保障行政机构设置、权限适应社会和经济发展的需要，保障公民行政参与权的实现，保障行政改革的成果等功能；第四，控制功能，这是行政组织法最重要的一项功能。如前所说，可以控制行政组织权力

---

　　① 有的学者指出，随着现代化进程的推进，中央与地方必将从单纯的中央行政性集权的权力关系，发展为法律保障下的中央集权与地方分权并存并且相互依赖的政府结构。建立这种法律保障下的中央/地方集权与分权并存的双向依赖均权结构，才能走出在集权/分权两个极端间摇摆的困境，才能最大限度地体现中央整体利益和地方局部利益的客观要求，实现中央宏观调控能力与地方自治的平衡。见金太军、赵晖等：《中央与地方政府关系建构与调谐》，广东人民出版社2005年版，第299页。

　　② 关于行政组织法的性质问题的论述，部分地参考了行政法学家应松年、薛刚凌《行政组织法研究》（法律出版社2002年版，第16—18页）的有关成果。

的自我膨胀。由于权力具有扩张的本能,通过行政组织法对行政组织权力加以限定,可有效控制其自我膨胀,可以控制行政组织机构总数及内部机构、公务员的规模。① 行政组织法的这些特有功能,在本书对专/地行政组织法制的研究中,已得到有力的证明和明确的揭示。

制定完善的行政组织法,是行政组织发展的内在客观要求。但至目前,"我国对行政的组织仍基本处在法律控制之外"。② 现行的组织法远未达到完善的要求。因此,制定完善的行政组织法,成为我国目前亟待解决的一项课题。一部比较完善的组织法,根据行政组织法的依法组织原则、行政分权原则和组织效率原则③的要求,在主要内容上应包括:行政机构的设置、变更、调整的规定;行政组织的职权、职掌、分类事项的规定;一般职位、领导职位及编制的规定;领导任职资格、任用或选举程序的规定;工作原则、工作程序、工作方法的规定;财政经费来源的规定;上、下级人事任免的规定;在地方上,除省、县辖区比较稳定外,地、乡两级,应有辖区范围、下辖单位数量或人口数量的规定;行政组织上下级职权划分的规定;法律责任的规定。行政组织法内容的详备、周密、具体,既可使行政组织法满足行政组织较长时期发展的需要,又可使行政组织长期处于行政组织法规的严密约束之下。鉴于我国现行的行政组织法体系很不完善(除了国务院有单行组织法外,其他各级行政组织均无单行组织法,只有一部地方各级人大和各级地方政府合编的组织法)的状况,因此,应尽快制定各层级行政组织的单行组织法,包括制定作为省派出机关地区行署的组织法④,建立完善、科学的行政组织法体系,使各级行政组织处于有法可依的状态,从而将行政组织纳入依法行政的轨道。

---

① 关于行政组织法的功能问题,参见应松年、薛刚凌:《行政组织法与依法行政》,《行政法学研究》1998 年第 1 期;孟鸿志:《中国行政组织法通论》,中国政法大学出版社 2001 年版,第 25—28 页。又见应松年、薛刚凌:《行政组织法研究》,法律出版社 2002 年版,第 16—18 页。

② 应松年、薛刚凌:《行政组织法研究》,法律出版社 2002 年版,第 67 页。

③ 应松年、薛刚凌:《行政组织法研究》,法律出版社 2002 年版,第 60—77 页。

④ 在实行地方村民自治的基础上,如果根据法律的规定进一步推行地方自治制度,当条件成熟时,省县间的虚级地区行署层可以取消;而且,省县间的实级层地级市也可以取消,以缩减行政层级。在此条件下,推行缩小省区的改革、实施省县(市)二级制的地方行政体制不是不可能的。

结 语

一叶而知秋。专/地行政组织虽然只是中国行政组织体系的一个层级，通过它，我们看到了中国行政组织体系中行政组织的组织结构、层次结构和发展脉络；看到了行政组织的历史积淀和时代风貌；看到了行政组织与法的连接之精髓："依法治国。"

三、建构理性的行政组织法制工程

仅仅制定了行政组织法，还不是我们的目标。因为，有法不依的尴尬，使制定出的法律将失去其神圣和尊严，这样不仅严重伤害行政组织本身，对国家政治生活和社会生活也会产生相当负面的影响。因此，在关注行政组织法制定问题的同时，还应关注行政组织法的实际运行问题，即行政组织法的法制怎样实践的问题。笔者认为，行政组织法的制定和实践是一个系统的工程，我们应该努力地建构理性的行政组织法制工程。

现代法治精神和理性具有密切的亲缘关系，理性是现代法治的思想基础。"法治"和"理性"，实际上如同"共和"、"民主"、"科学"、"自由"、"革命"等思想一样，都是近代西方政治文明的重要遗产。在中国近代由传统向现代社会转型的过程中，"共和"思想、"民主"思想、"科学"精神、"自由"精神、"革命"思想为国人所崇尚，成为鼓舞中国人民独立和进步的巨大精神动力和思想基础。然而，"法治"和"理性"在中国近代以来却没有受到这样好的礼遇；在当代中国，对大多数人来说，这一概念在改革开放以前的社会和政治生活中还相当陌生[①]。改革开放以来，法治的思想逐渐得到国人的认同，"依法治国"成为治国的重要方略。但是，法治或法制工程的建设并不等于仅仅制定法律文本，尤在于人们养成守法的意识和习惯，在于法治成为人们自觉尊崇的信仰。毋庸讳言，法律实施的现状并不令人乐观。其重要原因之一，就在于中国缺乏崇尚法治的理性素养。理性是法治的基础性思想

---

① 法治在民国时期虽然时有提倡，但法治思想并未能在社会上扎根；中华人民共和国成立到改革开放前，"法治"被认为是资产阶级的专利而成为批判的对象。

来源,这在西方法治的历史中是不争的事实。因此,建设法治,借鉴西方法制的历史经验,就必须养成理性的素养,培养理性精神,使法治理性成为中国人精神传统的一个有机部分。在这方面,近代西方法治与理性的结合为我们提供了宝贵的启示。

在西方,法治与理性的结合有着悠久的历史。西方具有崇尚理性的传统。古希腊和古罗马崇尚的是与宇宙相通的理性,崇尚理性的法治。西塞罗早就认为,法律本身不是别的,正是理性。他说:"真正的法律是与本性相合的正确的理性……它以其指令提出义务,并以其禁令来避免做坏事。"① 在近代西方资产阶级革命过程中,理性是反对宗教迷信和封建专制制度、建立资产阶级政治法律制度和社会经济制度的奠基性概念,是西方资产阶级思想学术界高扬的一面旗帜。洛克认为:"人的自由和依照他自己的意志来行动的自由,是以他具有理性为基础的,理性能教导他了解他用以支配自己行动的法律,并使他知道他对自己的自由意志听从到什么程度。"② 在洛克看来,正是理性确立了个人自由与国家法律的正确关系。柯克则从更广泛的意义上认识理性,他认为"法律理性乃是最高级的理性"。柯克所说的这种英国的法律理性,是英国的法律历史传统的理性结晶,正是在这一意义上,他认为"法律乃是理性之完美成就"。③ 近代西方的政治思想家们正是在理性④的旗帜下,设计

---

① 西塞罗:《国家篇·法律篇》,商务印书馆1999年版,第104页。
② [英]洛克:《政府论》下篇,叶启芳等译,商务印书馆1964年版,第39页。
③ 转自秋风:《立宪的技艺》,北京大学出版社2005年版,第25页。
④ 法国学者埃德加·莫兰指出:理性经过17世纪和18世纪两个发展阶段。第一阶段,"17世纪是理性建设、理性批判和合理化酝酿和相互妥协平衡的时期。这个世纪的思想家需要原则和方法,需要构造关于世界的体系,为了保证宇宙的完美,也需要保存上帝这一宇宙的关键。正是合理化驱使思想家们去构想一个具有完美秩序的世界……笛卡尔提出了一个既是批判性也是建设性的独创性方法论。他从一个不可怀疑的证据我思故我在(cogito)作为起点,将上帝放在顶端,保证具有可理解的秩序,于是他证明自己的体系完美,自己的体系又证明上帝的完美"。第二阶段,"理性在18世纪挣脱了宗教的羁绊而举起了启蒙的火炬。启蒙哲学家的理性是彻底批判性和彻底建设性的。一方面,启蒙时代的理性向神话、宗教和专制发起进攻;另一方面,理性建立起一个完整的后来被称之为理性主义的哲学体系"。见埃德加·莫兰:《反思欧洲》,康征、齐小曼译,生活·读书·新知三联书店2005年版,第50—51页。

结　语

并形成了西方近代资产阶级的民主宪政制度和近代法律体系。韦伯就认为,西方所以能走上资本主义道路,"问题的核心是西方文化独见的、特殊形态的'理性主义'的本质"[①]所使然。在韦伯的笔下,他所称赞的西方文化具有独特的资本主义"理性",包括"合理"的经济体系、"合理"的科学、"合理"的法律、"合理"的司法、"合理"的行政,等等。[②] 当然,这种政治、经济和法律制度不能看作是思想家们凭空杜撰出来的,而是他们根据前人的思想积累和当时社会实践提出的时代发展要求进行理性选择和理性总结的产物。

随着科学技术的发展、资本主义向世界的扩张和资本主义自由竞争向垄断的过渡,资本主义世界对人的感情的忽视、对其他民族残暴的征服和20世纪两次世界大战资本主义内部的疯狂屠杀,充分暴露了资本主义的深刻危机,但把这些问题和危机都算在理性头上的简单做法显然是有失公平的。[③] 应该说,资本主义从它登上历史舞台的那天起,它一方面在理性的指导下理性地建构着政治、经济和法律制度,另一方面又非理性非人道地杀人越货、贩卖黑奴、对其他弱小民族和国家进行残酷的征服和战争。然而,资本主义发展初期的这种对外非理性的一面,并没有被资产阶级的思想家们所认识,但是,面对资本主义非理性的发展和竞争引发的两次世界大战足以

---

① 《韦伯作品集Ⅴ·中国的宗教·宗教与世界》,康乐、简惠美译,广西师范大学出版社2004年版,第459—460页。

② 《韦伯作品集Ⅴ·中国的宗教·宗教与世界》,康乐、简惠美译,广西师范大学出版社2004年版,第447—459页。

③ 埃德加·莫兰指出,"理性主义认为世界服从理性的秩序,从而完全可以被理性认识……理性在自己内部又创造了神话,如理性秩序的神话。这是由于理性将自身与真理等同起来,势必将自己神化。而将自己神化,理性便走向疯狂。"他批判说:"在20世纪,人们看到人道主义的、理性的和科学的文明,一头撞进两次世界大战的疯狂屠杀里。人们看到技术理性和政治理性同意识形态神话一起联手共同制造了奥兹维辛和科利玛集中营的人间惨剧;看到在以历史进步为名义下最恶劣的历史倒退;看到在科学唯物主义名义下的对永远伟大正确的英明领袖的个人崇拜;看到理性的机器工具摆脱理性的目的,不但不替人道主义服务,反而成为强权、压迫和暴力等原始野蛮行径的帮凶。"见埃德加·莫兰:《反思欧洲》,康征、齐小曼译,生活·读书·新知三联书店2005年版,第51、53—54页。实际上,莫兰所批判的,正是在理性的名义所做的非理性的行为,这些恰恰不是理性,而是反理性的。莫兰又辩证地指出,"理性一词之下,包含有欧洲文化中最好和最坏的东西"。见前引书第56页。所谓最坏的东西,显然是指他所指出的那种反理性的屠杀、征服、集中营、强权等等。

毁掉资本主义世界的严重事实,西方世界的思想家们在反思这种危机的时候,却把这一罪责推到了理性的头上,而事实上,资本主义世界的巨大危机恰恰是资本主义反理性的一面疯狂发展的结果。上述问题和危机的出现,正是资本主义由于其内在矛盾的深刻和尖锐无法解决而失去理性孤注一掷的做法所造成的。就理性的生成来说,现代理性虽是经近代西方思想家们的大力提倡而为世人所接受的,但是,理性并不是西方所特有的品质,也不是资产阶级的专利,中国古代传统文化中就有许多理性的光辉①。理性是人类的一笔共同的精神财富。法国学者莫兰在对欧洲理性进行反思后指出,"理性精神过去是、现在也是普世的"。② 他强调指出:"理性是走向衰落中的欧洲所能带给世界的最高尚最宝贵的成果。"③当然,由于人类认识的阶段性和有限性,人类的理性也是有限的、相对的,它只能有助于人类接近真理,却不能使人类穷尽真理。因此,尽管思想家们批评理性,那却是在完善理性;尽管认识到理性的有限性,却是在保护理性。莫兰说:理性"它非常脆弱,需要不懈地加以保护"。④ 哈耶克虽然站在自由主义的立场上对理性设计持批评的态度,他提出"理性的限度"问题并不是否定理性,如他自己所宣称,"我们所努力为之的乃是对理性的捍卫"。⑤ 他明确地说:"毋庸置疑,理性乃是人类所拥有的最为珍贵的禀赋。"⑥在今天看来,哈耶克笔下所称赞的英国的法律和美国的宪政,不正是英美两国的法律理性设计和法律理性实

---

① 如道德观念、"仁"的观念、"正"的观念、"公"的观念、"中"的观念、"民为贵"的观念、"和为贵"的观念、"天人合一"的观念、"道法自然"的观念等等,对人类社会的稳定和发展,都是极具理性的贡献。
② [法]埃德加·莫兰:《反思欧洲》,康征、齐小曼译,生活·读书·新知三联书店2005年版,第56页。
③ [法]埃德加·莫兰:《反思欧洲》,康征、齐小曼译,生活·读书·新知三联书店2005年版,第57页。
④ [法]埃德加·莫兰:《反思欧洲》,康征、齐小曼译,生活·读书·新知三联书店2005年版,第57页。
⑤ [英]弗里德利希·冯·哈耶克:《自由秩序原理》上,生活·读书·新知三联书店1997年版,第80页。
⑥ [英]弗里德利希·冯·哈耶克:《自由秩序原理》上,生活·读书·新知三联书店1997年版,第80页。

结　语

践相互作用的结果吗？西方思想家对理性的辩证思考、捍卫和保护，为我们认识并运用理性及其价值提供了充分的思想营养；他们对非理性的批判，为我们全面认识理性的可贵提供了认识论方面的镜鉴。回顾我们在"文化大革命"期间对法律的肆意践踏和破坏的疯狂，对领袖崇拜和迷信的自我扭曲，正是缺乏理性和法制约束的结果。专/地行政组织发展演变的历史，既表明行政组织与法制工程不可分离的辩证关系，也表明了行政组织理性地发展的重要性。

行政组织法制是法律理性的重要组成部分。法律理性必然要求行政组织法制也必须是理性的。就行政组织法制本身来说，完备、科学的行政组织法，固然需要立法者的理性考察、调研、论证和制作，是从认识到实践，再从实践到认识，经过多次理性认识和理性实践过程才能完成的；而且，这一立法工程的实施，又是一个理性实践的过程。这一工程对行政组织自身的长远发展来说，代价最小、收益最大，是对行政组织的最大的保护。我们在专/地行政组织的实证研究中看到，行政组织由于缺乏法制的规制，既缺乏法制的约束，也缺乏法制的保障，其机构变动的无序和频繁，既使行政组织获益，也使行政组织受损。史实表明，当行政组织的机构和职权膨胀到一定程度时，往往也就到了该行政组织进行大改组甚至被撤销的时候了。历史也表明，行政组织机构的极度膨胀、人浮于事往往与行政官员的官僚作风甚至腐败行为紧密相连。这种高成本的组织变动和组织异化，不仅严重危害行政组织体系的正常运作和行政效率的正常发挥，而且是导致政治乃至社会不稳定的重要诱因。庞德曾强调说，"我想说明的是，应将法律看作是满足各种社会需求（文明社会中存在的各种请求、要求）的社会体制，手段是以最小的牺牲尽可能促使这种体制有效。人们只有通过政治组织化社会对人们行为的规范，可使这种要求得到满足，或者使这种请求产生效果"。法律是一种高效率的"社会工程"。[①] 因此，法制化工程是行政组织运作和长远发展的最佳选择。正是基于行政组织法的理性和这一法制工程实施的理性，才能

[①] 见张乃根：《西方法哲学史纲》，中国政法大学出版社1997年版，第297页。

形成自觉守法的理性精神,行政组织法在实施中才能成为理性的行政组织法制工程。

在法治语境下,法治的重要内涵之一,是政府的法治化。政府的法治化的重要途径之一,就是行政组织法制工程的实施。这种行政组织的法制工程,具有鲜明的时代要求:那就是充分体现法治精神和理性价值,全力维护行政组织的健康发展、人民的自由和社会的进步。我们乐观地期盼着理性的行政组织法制工程的全面实施和建成,当然,基于理性的限度,我们还应保留监督的权利。

主要参考文献

一、档案与文史文献

1.《关于改划省区提议》,全宗号:二;案卷号:1093。南京中国第二历史档案馆藏。

2.《关于缩小省区及更改省名等建议》,全宗号:一;案卷号:1850。南京中国第二历史档案馆藏。

3. 河南省第一区行政督察专员公署:《五年来工作纪要》,全宗号:旧4—2;案卷号:38。开封市档案馆藏。

4.《河南省第十二区行政督察专员公署、保安司令部、陕县县政府职员一览表》(1936年6月),全宗号:旧3;案卷号:205。开封档案馆藏。

5.《专区各级官长到职报告履历表》,全宗号:0055;目录号:0101;卷号:61。重庆档案馆藏。

6.《四川省第三行政督察专员公署》,全宗号:0055;目录号:0101;卷号:5。重庆档案馆藏。

7.《为据财委会呈明培修东北城门超支工料费拟恳在预备费项下动支,永川县政府呈专署》,全宗号:0055;目录号:0104;卷号:264。重庆档案馆藏。

8.《永川县临江实验乡为派教师事呈专署》,全宗号:0055;目录号:0106;卷号:18。重庆档案馆藏。

9.《四川省第九区行政督察专员李鸿焘万县起义电稿一束》(1949年11—12月),《档案史料与研究》1995年第4期。

10.《内政部年鉴·二十四年续编》,商务印书馆出版。出版年不详。

11.《杨永泰先生言论集》,沈云龙主编:近代中国史料丛刊第九十八辑(975),台北文海出版社1966年影印版。

12. 刘国铭主编:《中华民国政府军政职官人物志》,春秋出版社1989年版。

13. 刘寿林等编:《民国职官年表》,中华书局1995年版。

14.《中华民国史档案资料汇编》,第五辑·第一编·政治(一),江苏古籍出版社1994年版。

15. 中国第二历史档案馆编:《国民党政府政治制度档案史料选编》上、下,安徽教育出版社1994年版。

16. 陈雁翚:《记四川推行行政督察专员制》,《四川文史资料选辑》,第二十七辑。

17. 邓汉祥:《四川省政府及重庆行营成立的经过》,《文史资料选辑》(全国),第三十三辑。

18. 李克己:《抗日战争时期张倵生主持河南省第三区行政督察专员公署情况略述》,《浚县文史资料》(河南),第三辑(1989年)。

19. 刘绪俊:《九区专署在经扶》,《光州文史资料》(河南潢川),第7辑(1990年)。

20. 彭国安:《我所知道的第十区专署情况》,《洪江市文史资料》(湖南),第一辑(1986年)。

21. 石月秋:《国民党临夏专员公署始末》,《临夏文史》(甘肃),第二辑(1986年)。

22. 王凌云:《蒋军十三绥靖区在南阳反人民的罪恶纪实》,《河南文史资料》,第四辑。

23. 许维屏:《抗战胜利后的商丘专员公署》,《河南文史资料》,第三十辑。

24. 严中英:《回忆国民党云南省第六行政督察专员公署的一些活动情况》,《新平文史资料选辑》(云南),第一辑(1988年)。

25. 严尧中:《我所了解的台州专员公署概况》,《椒江文史资料》(浙江),第4辑(1987年)。

26. 邵文杰总纂:《河南省志·政府志》,河南人民出版社1997年版。

27. 徐秀丽编:《中国近代乡村自治法规选编》,中华书局2004年版。

28. 北京大学法律系宪法教研室资料室编：《宪法资料选编》，第一辑，北京大学出版社1983年版。

29. 北京大学法律系宪法教研室资料室编：《宪法资料选编》，第二辑，北京大学出版社1982年版。

30. 中共中央档案馆等编：《中共中央文件选集》，第1—14册，中共中央党校出版社1982—1987年陆续出版。

31. 中国人民解放军国防大学党史党建政工教研室编：《中共党史教学参考资料》，第12—24册，国防大学出版社1985—1986年印制。

32. 王健英编著：《中国共产党组织史资料汇编》，红旗出版社1983年版。

33. 中共中央组织部等编：《中国共产党组织史资料》，第1—9卷（1—19册），中共党史出版社2000年版。

34. 河北省社会科学院历史研究所等编：《晋察冀抗日根据地史料选编》上、下，河北人民出版社1983年版。

35. 山西大学晋冀鲁豫边区史研究组编：《晋鲁豫边区史料选编》，第一辑，1980年印。

36. 陕西省档案馆、陕西省社会科学院编：《陕甘宁边区政府文件选编》，第一辑，档案出版社版。

37. 韩延龙、常兆儒编：《中国新民主主义革命时期根据地法制文献选编》，第1—3卷，中国社会科学出版社1981年版。

38. 张焕光、苏尚智等编：《中华人民共和国行政法资料选编》，群众出版社1984年版。

39. 中共开封专员公署党组：《关于专署体制讨论情况的报告》，全宗号：33；案卷号：21。开封市档案馆藏。

40. 《中共中央关于适当扩大某些专署权限问题的意见》（1958年3月21日成都会议通过，4月2日政治局会议同意）。转见全宗号：2；案卷号：242。开封市档案馆藏。

41. 《毛主席的革命路线胜利万岁》，河南省新郑县工代会、贫代会印，1969年10月。

42. 《三中全会以来重要文献选编》上、下，人民出版社1982年版。

43.《十二大以来重要文献选编》上、下,人民出版社1986年版。

44.《中国共产党河南省信阳地区组织史资料》(1925—1987),河南人民出版社1992年版。

45.《中国共产党河南省开封市组织史资料》(1922—1987),中共党史出版社1992年版。

46.《中国共产党河南省开封市组织史资料》(1988—1995),中州古籍出版社1997年版。

47.《中国共产党河南省驻马店地区组织史资料》(1926—1987),中共党史出版社1993年版。

48. 陈潮、陈洪玲主编:《中华人民共和国行政区划沿革地图集》,中国地图出版社2003年版。

49. 中华人民共和国民政部编:《中华人民共和国行政区划简册》,中国地图出版社2005年版。

50. 中华人民共和国民政部编:《中华人民共和国县级以上行政区划沿革》,第1—2卷,测绘出版社1987年版。

二、著作文献

1. 吴经熊、黄公觉著:《中国制宪史》,上海商务印书馆1937年版。

2. [英]赫勒斯著,张永懋译:《各国地方政府》,商务印书馆1937年版。

3. 董霖著:《中国政府》,上海世界书局1941年版。

4. 陈之迈著:《中国政府》,上海商务印书馆1946年版。

5. 钱端升等著:《民国政制史》上、下,上海商务印书馆1946年版。

6. 萧文哲著:《行政督察专员制度研究》,重庆独立出版社1940年版。

7. 萧文哲著:《行政效率研究》,重庆商务印书馆1942年版。

8. 萧文哲编著:《现代中国政党与政治》,南京中外文化社1946年版。

9. 萧文哲著:《苏联政府与政治》,南京新光出版社1949年版。

10. 张富康著:《中国地方政府》,汉口新昌印书馆1947年版。

11. [汉]班固撰:《汉书》,第二、三册,中华书局1962年版。

12. 白钢主编:《中国政治制度史》上、下,天津人民出版社 2002 年版。

13. 薄贵利著:《近现代地方政府比较》,光明日报出版社 1988 年版。

14. 陈廉编著:《抗日根据地发展史》,解放军出版社 1987 年版。

15. 陈瑞云著:《现代中国政府》,吉林文史出版社 1988 年版。

16. 陈顾远著:《中国法制史》,民国丛书第一编(28),上海书店 1989 年影印版。

17. 陈景良主编:《当代中国法律思想史》,河南大学出版社 1999 年版。

18. 陈小京、伏宁、黄福高著:《中国地方政府体制结构》,中国广播电视出版社 2001 年版。

19. 程幸超著:《中国地方政府》,中华书局香港分局出版社 1987 年版。

20. 蔡立辉著:《政府法制论:转轨时期中国政府法制建设研究》,中国社会科学出版社 2002 年版。

21. 曹润芳、潘贤英编著:《中国共产党机关发展史》,档案出版社 1988 年版。

22. [日]池田诚著:《中国现代政治史》,京都法律文化社 1952 年版。

23. [美]奥斯特罗姆等著,井敏等译:《美国地方政府》,北京大学出版社 2004 年版。

24. [美]昂格尔著,吴玉章、周汉华译:《现代社会中的法律》,中国政法大学出版社 1994 年版。

25. [法]埃德加·莫兰著,康征、齐小曼译:《反思欧洲》,生活·读书·新知三联书店 2005 年版。

26. [瑞典]阿姆纳等主编,杨立华等译:《趋向地方自治的新理念?——比较视角下的新近地方政府立法》,北京大学出版社 2005 年版。

27. [加]理查德·廷德尔等著,于秀明等译:《加拿大地方政府》,北京大学出版社 2005 年版。

28. 戴均良著:《中国市制》,中国地图出版社 2000 年版。

29. 龚祥瑞著:《比较宪法与行政法》,法律出版社 2003 年版。

30. 郭道晖、李步云、郝铁川主编:《中国当代法学争鸣实录》,湖南人民出版社 1998 年版。

31. [英]弗里德利希·冯·哈耶克著,邓正来译:《自由秩序原理》上、下,生活·读书·新知三联书店 1997 年版。

32. [美]弗里德曼著,李琼英、林欣译:《法律制度》,中国政法大学出版社1994年版。

33. [美]费正清主编,章建刚等译:《剑桥中华民国史》,第一部,上海人民出版社1991年版。

34. [美]费正清主编,章建刚等译:《剑桥中华民国史》,第二部,上海人民出版社1992年版。

35. [美]费正清、麦克法夸尔主编,王建郎等译:《剑桥中华人民共和国史》,第一部,上海人民出版社1990年版。

36. [美]费正清、麦克法夸尔主编,李向前等译:《剑桥中华人民共和国史》,第二部,海南出版社1992年版。

37. 高应笃著:《内政春秋》,台北华欣文化事业中心1984年印行。

38. 高旺著:《晚清中国的政治转型》,中国社会科学出版社2003年版。

39. 何勤华著:《西方法学史》,中国政法大学出版社1996年版。

40. 韩延龙主编:《中华人民共和国法制通史》上、下,中央党校出版社1998年版。

41. 河南省统计学会等编:《民国时期河南省统计资料》上、下,1986年印制。

42. 胡春惠著:《民初的地方主义与联省自治》,中国社会科学出版社2001年版。

43. [德]赫尔穆特·沃尔曼著,陈伟、段德敏等译:《德国地方政府》,北京大学出版社2005年版。

44. [美]尼古拉斯·亨利著,张昕等译:《公共行政与公共事务》(第八版),中国人民大学出版社2002年版。

45. 金太军、赵晖等著:《中央与地方政府关系建构与调谐》,广东人民出版社2005年版。

46. 江荣海、刘奇等著:《行署管理》,中国广播电视出版社1995年版。

47. 江南著:《蒋经国传》,中国友谊出版公司1987年版。

48. 蒋廷黻著:《蒋廷黻回忆录》,岳麓书社2003年版。

49. [美]吉尔伯特·罗兹曼主编,"比较现代化"课题组译:《中国的现代化》,江苏人民出版社2003年版。

50. 孔庆泰等著:《国民党政府政治制度史》,安徽教育出版社1998年版。

51. [美]卡多佐著,刘培峰、刘晓军译:《法律的生长》,贵州人民出版社 2003 年版。

52. 罗豪才等著:《中国行政与刑事法治世纪展望》,昆仑出版社 2001 年版。

53. 梁治平编:《法治在中国:制度、话语与实践》,中国政法大学出版社 2002 年版。

54. 李维汉著:《回忆与研究》上、下,中共党史资料出版社 1986 年版。

55. 李新、陈铁健总主编:《中国新民主主义革命通史》,第 1—12 卷,上海人民出版社 2001 年版。

56. 李贵连著:《近代中国法制与法学》,北京大学出版社 2002 年版。

57. 李振宏著:《历史学的理论与方法》,河南大学出版社 1999 年版。

58. 李玉洁主编:《中国早期国家性质——中国古代王权和专制主义研究》,河南大学出版社 1999 年版。

59. 李治安著:《元代政治制度研究》,人民出版社 2003 年版。

60. 李治安著:《行省制度研究》,南开大学出版社 2000 年版。

61. 李学智著:《民国初年的法治思潮与法制建设》,中国社会科学出版社 2004 年版。

62. [唐]柳宗元著:《柳宗元集》,中国书店 2000 年版。

63. [英]洛克著,叶启芳等译:《政府论》,商务印书馆 1964 年版。

64. 毛寿龙等著:《省政府管理》,中国广播电视出版社 1998 年版。

65. 孟鸿志等著:《中国行政组织法通论》,中国政法大学出版社 2001 年版。

66. [英]麦考密克、[奥]魏因贝格尔著,周叶谦译:《制度法论》,中国政法大学出版社 1994 年版。

67. [英]麦基文著,翟小波译:《宪政古今》,贵州人民出版社 2004 年版。

68. [英]梅因著,沈景一译:《古代法》,商务印书馆 1959 年版。

69. [法]孟德斯鸠著,张雁深译:《论法的精神》,商务印书馆 1982 年版。

70. 马齐彬等编著:《中国共产党执政四十年》(1949—1989),中共党史资料出版社 1989 年版。

71. 马啸原著:《西方政治思想史纲》,高等教育出版社 1997 年版。

72. 马小泉著:《国家与社会:清末地方自治与宪政改革》,河南大学出版社 2001

年版。

73. 马长山著:《国家、市民社会与法治》,商务印书馆出版2002年版。

74. [英]马丁·洛克林著,郑戈译:《公法与政治理论》,商务印书馆2002年版。

75. [德]马克斯·韦伯著,康乐、简惠美译:《韦伯作品集·中国的宗教·宗教与世界》,广西师范大学出版社2004年版。

76. [美]诺内特、塞尔兹尼克著,张志铭译:《转变中的法律与社会》,中国政法大学出版社1994年版。

77. 浦兴祖主编:《当代中国政治制度》,复旦大学出版社1999年版。

78. 浦兴祖、洪涛主编:《西方政治学说史》,复旦大学出版社1999年版。

79. 潘伟杰著:《宪法的理念与制度》,上海人民出版社2004年版。

80. 钱穆著:《国史大纲》(修订版),商务印书馆1996年版。

81. 钱穆著:《中国历代政治之得失》,生活·读书·新知三联书店2001年版。

82. 钱穆著:《文化与教育》,广西师范大学出版社2004年版。

83. 钱端升著:《钱端升学术论著自选集》,北京师范学院出版社1991年版。

84. 钱实甫著:《北洋政府时期的政治制度》上、下,中华书局1984年版。

85. 瞿同祖著,范忠信等译:《清代地方政府》,法律出版社2003年版。

86. 瞿同祖著:《瞿同祖法学论著集》,中国政法大学出版社2004年版。

87. 乔耀章著:《政府理论》,苏州大学出版社2003年版。

88. [明]宋濂等撰:《元史》第八册,中华书局1976年版。

89. [美]塞缪尔·P.亨廷顿著,王冠华等译:《变化社会中的政治秩序》,生活·读书·新知三联书店1988年版。

90. 尚金明著:《法治行政的逻辑》,中国政法大学出版社2004年版。

91. 田兆阳:《行政组织初论》,中国政法大学出版社1992年版。

92. 田穗生、罗辉、曾伟著:《中国行政区划概论》,北京大学出版社2005年版。

93. [美]汤森、沃马克著,顾速、董方译:《中国政治》,江苏人民出版社2004年版。

94. 汤志钧编:《康有为政论集》上、下,中华书局1981年版。

95. 文正邦等著:《共和国宪政历程》,河南人民出版社1994年版。

96. 王年一著:《大动乱的年代》,河南人民出版社1988年版。

97. 王永祥著:《戊戌以来的中国政治制度》,南开大学出版社1991年版。

98. 王健著:《中国近代的法律教育》,中国政法大学出版社2001年版。

99. 王奇生著:《党员、党权与党争——1924—1949年中国国民党的组织形态》,上海书店出版社2003年版。

100. 王宇飞、李兰色、贾志刚著:《中西视野中的地方政府》,新华出版社2004年版。

101. 韦庆远主编:《中国政治制度史》,中国人民大学出版社1989年版。

102. 魏宏运、左志远主编:《华北抗日根据地史》,档案出版社1990年版。

103. 吴经熊、华懋生编:《法学文选》,中国政法大学出版社2003年版。

104. 吴宗国主编:《中国古代官僚政治制度研究》,北京大学出版社2004年版。

105. [德]沃尔曼等著,王锋等译:《比较英德公共部门改革——主要传统与现代化的趋势》,北京大学出版社2004年版。

106. [加]沃尔特·怀特、罗纳德·瓦根伯格、拉尔夫·纳尔逊著,刘经美、张正国译:《加拿大政府与政治》,北京大学出版社2004年版。

107. [古罗马]西塞罗著,沈叔平、苏力译:《国家篇·法律篇》,商务印书馆1999年版。

108. [日]西村成雄著:《20世纪中国的政治空间》,青木书店2004年版。

109. 徐矛著:《中华民国政治制度史》,上海人民出版社1992年版。

110. 夏勇著:《朝夕问道——政治法律学札》,上海三联书店2004年版。

111. 夏海著:《政府的自我革命——中国政府机构改革研究》,中国法制出版社2004年版。

112. 谢振民编著:《中华民国立法史》上、下,中国政法大学出版社2000年版。

113. 谢俊美著:《政治制度与近代中国》,上海人民出版社2000年版。

114. 谢庆奎著:《政府学概论》,中国社会科学出版社2005年版。

115. 萧公权著:《中国政治思想史》,新星出版社2005年版。

116. 熊十力著:《十力语要》,辽宁教育出版社1997年版。

117. 杨鸿烈著:《中国法律思想史》上、下,上海书店1984年版。

118. 杨鸿年、欧阳鑫著:《中国政制史》,安徽教育出版社1989年版。

119. 杨光斌著:《中国政府与政治导论》,中国人民大学出版社2003年版。

120. 杨冠琼著:《当代中国行政管理模式沿革研究》,北京师范大学出版社 1999 年版。

121. 尹伊君著:《社会变迁的法律解释》,商务印书馆 2003 年版。

122. 应松年、薛刚凌著:《行政组织法研究》,法律出版社 2002 年版。

123. 袁刚著:《中国古代政府机构设置沿革》,黑龙江人民出版社 2003 年版。

124. 颜廷锐等编著:《中国行政体制改革问题报告》,中国发展出版社 2004 年版。

125. 阎照祥著:《英国政治制度史》,人民出版社 1999 年版。

126. 郁建兴等著:《政治学导论》,浙江大学出版社 2003 年版。

127. 中共中央党史研究室著:《中国共产党历史》第一卷,中共党史出版社 2002 年版。

128. 张友渔著:《张友渔学术论著自选集》,北京师范学院出版社 1992 年版。

129. 张晋藩著:《中国古代政治制度》,北京师范大学出版社 1988 年版。

130. 张晋藩主编:《中国法制史》,群众出版社 1991 年版。

131. 张晋藩著:《中华法制文明的演进》,中国政法大学出版社 1999 年版。

132. 张晋藩总主编:《中国法制通史》,第 1—10 卷,法律出版社 1999 年版。

133. 张晋藩著:《中国近代社会与法制文明》,中国政法大学出版社 2003 年版。

134. 张晋藩著:《中国法律的传统与近代转型》(第二版),法律出版社 2005 年版。

135. 张希坡、韩延龙主编:《中国革命法制史》(1921—1949),上册,中国社会科学出版社 1987 年版。

136. 张明庚、张明聚编著:《中国历代行政区划》(公元前 221—公元 1991 年),中国华侨出版社 1996 年版。

137. 张文范主编:《中国省制》,中国大百科全书出版社 1995 年版。

138. 张乃根著:《西方法哲学史纲》,中国政法大学出版社 1997 年版。

139. 张中秋著:《比较视野中的法律文化》,法律出版社 2003 年版。

140. 张国庆主编:《行政管理学概论》(第二版),北京大学出版社 2000 年版。

141. 张玉法著:《民国初年的政党》,岳麓书社 2004 年版。

142. 张玉法著:《中国现代政治史论》,台北东华书局 1988 年版。

143. 张皓著:《中国现代政治制度史》,北京师范大学出版社 2004 年版。

144. 左言东著:《中国政治制度史》,浙江古籍出版社 1989 年版。

145. 周必璋著:《改进行政督察专员制度刍议》,重庆中央政治学校研究部 1941 年版。

146. 周振鹤著:《中国地方行政制度史》,上海人民出版社 2005 年版。

147. 周毅等主编:《张学良文集》上、下,香港同泽出版社 1996 年版。

148. 朱勇著:《中国法律的艰辛历程》,黑龙江人民出版社 2002 年版。

149. 赵震江主编:《中国法制四十年》,北京大学出版社 1990 年版。

150. [英]詹姆斯·布赖斯著,张慰慈等译:《现代民治政体》上、下,吉林人民出版社 2001 年版。

151. [美]詹姆斯·R.汤森、布兰特利·沃马克著,顾速、董方译:《中国政治》,江苏人民出版社 2004 年版。

三、论文文献

1. 伍朝枢:《缩小省区提案理由书》,《东方杂志》第 28 卷第 8 号,1931 年 4 月 25 号。

2. 刘峙:《党与政府的关系》,《河南政治月刊》第 4 卷第 2 期,1934 年。

3. 罗时实:《做过行政督察专员以后》,《政治评论》第 120 号,1934 年 9 月。

4. 陈之迈:《研究行政督察专员制度报告》,《行政研究》第 1 卷第 1 期,1936 年 10 月 5 日。

5. 陈之迈:《再论政制的设计》,《独立评论》第 205 号,1936 年 6 月 14 日。

6. 陈之迈:《论中央与地方的关系》,《独立评论》第 208 号,1936 年 7 月 5 日。

7. 杨适生:《专员制度之研究》,《行政研究》第 1 卷 1 期,1936 年 10 月 5 日。

8. 吴景超:《中国的政制问题》,《独立评论》第 134 号,1935 年 1 月 6 日。

9. 吴景超:《地方财政与地方新政》,《行政研究》第 1 卷第 1 期,1936 年 10 月 5 日。

10. 张锐:《新政的透视与展望》,《行政研究》第 1 卷第 1 期,1936 年 10 月 5 日。

11. 高铦:《地方行政改革中之行政督察专员制度》,《东方杂志》第 33 卷第 19

号,1936年10月11日。

12. 凌士钧:《地方行政制度之商榷》,《河南政治月刊》第6卷第1期,1936年10月。

13. 蒋廷黻:《我的行政经验与感想》,《行政研究》第1卷第1期,1936年10月5日。

14. 陈迹:《地方行政改进论》,《河南政治》第7卷第2期,1937年2月。

15. 江禄煜:《我国地方行政制度改革刍议》,《东方杂志》第34卷第14号,1937年7月16日。

16. 张公量:《战时地方行政机构的改进》,《东方杂志》第37卷第10号,1940年5月11日。

17. 萧文哲:《行政督察专员制度改革问题》,《东方杂志》第37卷第16号,1940年8月16日。

18. 钱穆:《论地方自治》,《东方杂志》第41卷第11号,1945年6月15日。

19. 施养成:《论缩小省区与调整县区域》,《东方杂志》第42卷第14号,1946年7月15日。

20. 洪绂:《重划省区方案刍议》,《东方杂志》第43卷第6号,1947年3月30日。

21. 傅角今:《东北新省区之划定》,《东方杂志》第43卷第13号,1947年7月15日。

22. 陈柏心:《宪法中的省制问题——省制问题论争的检讨》,《东方杂志》第43卷第16号,1947年10月。

23. 陈柏心:《民国以来的政治演变》,《东方杂志》第44卷第4号,1948年4月。

24. 杨兆龙:《法律的阶级性和继承性》,《华东政法学院学报》1956年第3期。

25. 张晋藩:《关于法的阶级性和继承性的意见》,《政法研究》1957年第3期。

26. 王正华:《国民政府初创时之组织及党政关系》,张玉法主编:《中国现代史论集》,第7辑,台北经联出版事业公司1982年。

27. 程千远:《从行政区划的法律地位探讨市管县的体制改革》,《中国法学》1984年第3期。

28. 陆建洪:《论南京国民党政府行政督察专员制度之性质》,《华东师范大学学报》(哲学社会科学版)1988年第4期。

29. 沈怀玉:《行政督察专员制度之创设、演变与功能》,台北,《中央研究院近代史研究所集刊》,第 22 期,上,1993 年。

30. 毛寿龙:《中国地级政府的过去与未来》,《安徽教育学院学报》1995 年第 2 期。

31. 邸乘光:《法治化:理顺党政关系的根本出路》,《政治与法律》1995 年第 5 期。

32. 龚祥瑞:《宪法与法律——读戴雪〈英宪之法的研究导论〉》,《比较法研究》1995 年第 3 期。

33. 周振鹤:《市管县与县改市应该慎行》,《探索与争鸣》1996 年第 2 期。

34. 李治安:《元代行省制的特点与历史作用》,《历史研究》1997 年第 5 期。

35. 郝铁川:《中国近代法学留学生与法制近代化》,《法学研究》1997 年第 6 期。

36. 许正文:《论我国省制的沿革与发展》,《陕西师范大学学报》(哲学社会科学版)1999 年第 1 期。

37. 范正银:《行政督察专员公署体制下的四川第九专署(1935.5—1949.12)》,《档案史料与研究》1999 年第 2 期。

38. 宫桂芝:《地级市管县:问题、实质及出路》,《理论探讨》1999 年第 2 期。

39. 王奇生:《民国时期县长的群体构成与人事嬗递——以 1927 年至 1949 年长江流域省份为中心》,《历史研究》1999 年第 2 期。

40. 武光华:《行政自由裁量权与法治——兼谈戴雪法治观的发展》,《山东法学》1999 年第 6 期。

41. 王奇生:《党政关系:国民党党治在地方层级的运作(1927—1937)》,《中国社会科学》2001 年第 3 期。

42. 刘会军、李秀原:《论南京政府宪政时期的党政关系》,《长春师范学院学报》2002 年第 3 期。

43. 陈晋肃:《21 世纪中国行政区划体制改革的问题与出路——刘君德教授访谈录》,《探索与争鸣》2002 年第 4 期。

44. 黄胜林:《市管县体制的法律挑战》,《中国方域》2002 年第 5 期。

45. 林怀艺:《论建构法治化的党政关系》,《中共福建省委党校学报》2002 年第 9 期。

46. 李金龙:《市管县体制:中国特色的地方行政制度》,《湖南社会科学》2003 年第 3 期。

47. 陈红太:《从党政关系的历史变迁看中国政治体制变革的阶段特征》,《浙江学刊》2003 年第 6 期。

48. 张晋藩:《综论中国法制的近代化》,《政法论坛》2004 年第 1 期。

49. 卢毅:《从"市领导县"到"强县扩权"——对浙江省"市管县"体制兴衰原因的逻辑分析》,《云南行政学院学报》2004 年第 6 期。

50. 孙学玉、伍开昌:《当代中国行政结构扁平化的战略构想——以市管县体制为例》,《中国行政管理》2004 年第 3 期。

51. 朱光磊、周振超:《党政关系规范化研究》,《政治学研究》2004 年第 3 期。

52. 何显明:《市管县体制绩效及其变革路径选择的制度分析——兼论"复合行政"概念》,《中国行政管理》2004 年第 7 期。

53. 孙宏云:《行政效率研究会与抗战前的行政效率运动》,《史学月刊》2005 年第 2 期。

54. 李格:《简述当代中国地方政府制度沿革》,《党的文献》2005 年第 6 期。

55. 姜作培:《规范地方党政关系的方向和重点探讨》,《湖北社会科学》2005 年第 8 期。

后　记

本书是在我的博士论文的基础上,稍加修正而成的。我的博士论文的写作与完成,是与导师中国政法大学终身教授、著名法学家张晋藩先生的指导与督导分不开的。尽管,先生对我的培养绝不足于用"感激"二字所表达,在此,我还是愿表达我对先生为我的学习和研究所费心血的感谢:在先生的悉心指导与要求下,通过博士阶段的学习和博士论文的写作,使我的治学方法、学术思想、学术视野和学术境界得到了提升。在向先生求学的过程中,先生精深博大的学术固使我在学业上受益甚巨,而先生高尚纯真的人格犹如春风化雨惠泽我心。

向先生求学,在我看来,真是一种缘分。我仰慕先生可谓久矣。那要从1989年肖黎先生主编的《中国史学四十年》一书说起。那时,刚刚中国近现代史专业研究生毕业不久的我,在河南大学历史系李光一教授家中看到新出版的《中国史学四十年》,这部书是主编肖黎先生约请史学界各个专业的学术权威撰写该专业建国四十年的学术研究总结的汇集,我便借回家细读。其中,由先生所撰写的建国四十年法制史研究回顾的长文,引起了我的兴趣。因为,我的硕士论文写的是国民政府政治制度的选题,先生撰写的法制史研究总结与回顾的信息,无疑扩大了我的学术视野。自然,那时在素昧平生的笔者眼里,先生是这一领域令笔者仰慕的学术权威;十分明显,权威不是自封的,是历史形成的;跨学科的影响也是历史形成的。后来,和我曾合住一室的一位搞宋史研究的同学和同事考取了先生的博士,使我对先生更增加了一份尊敬和亲近。今天想来,我虽晚进,中间曾有若干曲折,那竟也许是一种安排。故此,我对这段求学的经历,尤其是先生对我的教诲,感到特别的珍惜。与先生相处的师生缘,先生对我的关爱,是我一生中美好生活的回忆,是今后我学习工作中的珍贵的精神财富。只有在今后的治学路途中,更加严格要求自己,用自己的学术成果,作为对先生教诲和期望的回报。

同时,还想说明的是,在本书的写作中,曾得到众多学界前辈、专家、学者与师友的帮助,在此表示最真诚的感激:感谢中国人民大学彭明教授、李文海教授,中国政法大学朱勇教授、怀效锋教授、郭成伟教授、刘广安教授、曾尔恕教授、徐世虹教授,北京大学蒲坚教授、李贵连教授,中国社会科学院高恒教授、陈铁健教授,北京师范大学王桧林教授,南开大学魏宏运教授,中共中央党校郭德宏教授,首都师范大学秦英君教授,河南大学李振宏教授、陈景良教授、李玉洁教授等曾给予各种形式的指导;感谢师兄弟中国政法大学陈红太教授、中国青年政治学院李力教授、中国公安大学叶晓川博士等在我求学期间,给予的诸多关怀;感谢河南大学历史文化学院领导给予本书出版基金的支持;本书作为我承担的2004年国家哲学社会科学基金项目《行政督察专员区公署制度研究》的阶段性成果,感谢国家哲学社会科学规划办公室的领导和专家们的支持。感谢那些虽未曾谋面但在本书写作过程中受其论著启发之惠的学人;感谢给我提供资料便利的有关档案馆、文史委员会和朋友;感谢我周围给予我各种支持和帮助的众多友人……

惟将所有感谢铭记心底,并作为自己今后学术生命的沃土。

学海无涯,而人生有限。学者将自己有限的生命,投入到无涯的学术世界作为自己的生存方式,苦亦苦矣,乐亦乐矣,苦乐之味惟有自知。敝人有缘得忝列学界一分子,其中苦乐体味颇有感触。近人熊十力有言:"为学,苦事也,亦乐事也。唯有真志于学,乃能忘其苦而知其乐……孜孜于所学,而不顾其他,迨夫学而有得,则悠然油然,尝有包天地之概。斯宾塞氏所谓自揣自重,正学人之大乐也。既非有所逐,则此乐乃真乐,毫无苦之相随,是岂

后 记

无志者所可语者乎!"①熊氏此语,甚合我心。本书即是在这一生存方式中所作若干考察和思考的记录。只是能力所限,虽尽力谨勉,书中仍会有错谬之处,敬祈识者教之。

心中所想,谨记于此。

作者　翁有为
2006年10月19日

---

①　熊十力:《十力语要》(二),卷四,辽宁教育出版社1997年版,第332页。

责任编辑:王世勇
装帧设计:徐 晖

图书在版编目(CIP)数据

专区与地区政府法制研究/翁有为 著.
-北京:人民出版社,2007.6
ISBN 978－7－01－006200－6

Ⅰ.专… Ⅱ.翁… Ⅲ.地方政府-法制-研究-中国 Ⅳ.D927

中国版本图书馆 CIP 数据核字(2007)第 067607 号

专区与地区政府法制研究
ZHUANQU YU DIQU ZHENGFU FAZHI YANJIU

翁有为 著

人民出版社 出版发行
(100706 北京朝阳门内大街166号)
北京新魏印刷厂印刷 新华书店经销

2007年6月第1版 2007年6月北京第1次印刷
开本:700 毫米×1000 毫米 1/16 印张:18.625
字数:250 千字 印数:0,001—3,000 册

ISBN 978－7－01－006200－6 定价:43.00 元

邮购地址 100706 北京朝阳门内大街166号
人民东方图书销售中心 电话 (010)65250042 65289539